中沢新一

SCIENTIA LEMMATICA

SHINICHI NAKAZAWA

レンマ学

講談社

レンマ学

Scientia Lemmatica

序

これは鉱脈から取り出されたばかりの「レンマ学」の原石である。研磨も整形もほとんどなされていない、ほぼ原石のままの「レンマ学」である。

「レンマ学」の鉱脈は、かつてインドや中央アジアや中国などのアジア各地で、人間の知性の触れうる地表近くに露頭していた。そこから掘り出された原石を加工して、それらの地域ではしばしば驚くべき知的達成がなされた。しかしこの鉱脈はその後しだいに産出を減じて、とうとう一千年近く前には多くの地方で放棄されてしまった。ときおりその重要性に気づいた優れた先覚者によって再発掘が試みられたことはあるが、かつての豊かな産出の状態には戻ることがなかった。

私はいったんは廃れたこの鉱脈を、現代の知的装備を駆使して掘り直す試みをおこなうことによって、「レンマ学」を現代にも有効な「学（サイエンス）」としてよみがえらそうと試みた。

この学は現在と未来の人間にとって必要不可欠な知的体系であると私は考える。「レンマ学」は、人間の理性についての認識を拡張する可能性をひめている。そのことが今日の急速な人工知能の発達によって、逆説的なかたちで明らかになってきている。理性には現代科学によっては未開発の領域が大きく残されているのだ。

古代ギリシャでは理性という言葉で、二つの意味が同時に言われていた。一つは今日でも認められているこの言葉の通常の用法、すなわち「事物をとりまとめて言説化する」という意味であるが、そこにかつてはもう一つ別の意味が加わっていた。それは「直観によって全体をまるごと把握し表現する」という意味である。前者は普通に「ロゴス」と呼ばれたが、後者には「レンマ」という別の呼び方が与えられた。理性には「ロゴス的な知性」と「レンマ的な知性」の二つの知性が共存しているのである。

西洋では伝統的に真理を思考するために、このうちの「ロゴス」の面がもっとも重要視され、そのうちに理性といえばこの意味での「ロゴス」ばかりが用いられるようになった。ところが東洋では反対のことがおこった。「レンマ的知性」こそが理性本来のあり方であって、「ロゴス的知性」はそこからの不完全な派生体と考えられたのである。そこでは知的建築をおこなうための基底材として「レンマ的知性」が用いられ、それによってさまざまな学がうちたてられた。ここから東洋に特有な多様な文化的達成がおこなわれたのである。

大乗仏教がその最高の達成を示している。大乗仏教は全体が「レンマ的知性」によって貫かれている首尾一貫した巨大な宇宙をつくりだした。それによって大乗仏教は人間理性の完成された状態を実現しようとしたのである。この大乗仏教の発展の初期における高度な産物が『華厳経』である。この仏典では純粋状態にある「レンマ的知性」の活動をあらゆる方面から探究し尽くそうと試みられている。

我々の「レンマ学」は、『華厳経』とそれに基づいて東洋で発達した華厳学の中に示された空前絶後の思考を現代によみがえらせることによって、人間の理性に関する新しい学を創造しようとしている。人間の理性能力のうちの「ロゴス的知性」の部分をコピーしている人工知能の発達によって、より根源的なもう一つの理性能力である「レンマ的知性」の存在が鮮明に浮かび上がろうとしている。我々は理性という言葉の意味する領域を、新しいレンマ的理性批判を通じて拡張する必要に迫られている。

長いこと打ち捨てられていた東洋的伝統の鉱脈から採掘した「レンマ学」の原石を基底材として、我々は今日普遍的とみなされている知的建築術とは異なる思想に基づいた別の学を構築してみようと思う。「建築術的（アルシテクトニック）」という言葉には、構築されたものを意味する「構造的（テクトニック）」という言葉と、根源的な根拠と原理にしたがってということを意味する「アルケー」という言葉が含まれている。

この「アルケー」の部分の基底材として、これまでの「ロゴス」とは異なる「レンマ」の知性が据えられるとき、このようなレンマ的建築術によって、どのような現代的な学が現出することになるか。「レンマ学」はいままでの人間諸科学に解体と再編成とをうながしていくであろう。その試みの第一歩がすなわち本書である。

目次

目次

第一章

レンマ学の礎石を置く

レンマ学の発端

レンマ学は、大乗仏教の縁起の論理を土台として、新しい「学」を構築しようという試みである。かつて鈴木大拙（一八七〇―一九六六）や井筒俊彦（一九一四―一九九三）によっても、このような「学」が構想されたことはあったが、いずれの試みも未完成に終わっている。私は彼らの挑戦を受け継いで、現代科学を補完する存在となりうる新しい「学」として、このレンマ学を創り出したいと考えている。

まず「レンマ学」の名称についてである。この名称は哲学者の山内得立《やまのうちとくりゅう》（一八九〇―一九八二）が『ロゴスとレンマ』という著作で提出した概念である「レンマ」に基づいている。山内は仏教の縁起的論理の特徴を、古代ギリシャ哲学の概念であるレンマによって表現した。レンマは「ロゴス」と対比される。ロゴスはギリシャ哲学でもっとも重視された概念であり、語源的には「自分の前に集められた事物を並べて整理する」を意味している。思考がこのロゴスを実行に移すには、言語によらなければならない。人類のあらゆる言語は統辞法にしたがうので、ロゴスによる事物の整理はとうぜん、時間軸にしたがって伸びていく「線形性」を、その本質とすることになる。

これにたいしてレンマは非線形性や非因果律性を特徴としている。語源的には「事物をまるごと把握する」である。ここからロゴスとは異なる直観的認識がレンマの特徴とされる。言語のように時間軸にそって事物の概念を並べていくのとは異なって、全体を一気に摑み取るようなやり方で認識をおこなう。仏教はギリシャ的なロゴスではなく、このレンマ的な知性によって世界をとらえようとした。

それはゴータマ・ブッダ以来、仏教では世界をつくるあらゆる事物が、「縁起」によって相互につながりあっているという認識を出発点にしたからである。世界は縁起によって動き変化していく。それゆえに形あるものをいつまでも自分のもとにとどめておこうとする人間は苦しむのである。この人間本来の「人間苦」から解放されるためには、縁起の理法によって動き変化していく、世界の実相を認識しなければならない。そこから仏教では縁起をめぐる論理学が発達することになった。この縁起的論理は西欧で発達することになったロゴス的論理と、まったく異質の展開をとげることになった。私はこの縁起論＝レンマ的知性に基づく「学」を創り出そうとしている。その「学」の名称はそれゆえ「レンマ学」となる。

いうまでもなく縁起の論理に基礎づけられた「学」を創り出す際の最大の困難は、その論理構造の複雑さにある。今日私たちが手にしている「学」の多くは、ロゴス的な知性に基づいている。ロゴス的知性は「自分の前に集められた事物を並べて整理する」。この整理は言語の統辞法に基づいておこなわれるが、この情報処理法は、神経組織でニューロンがおこなっている電気的化学的過程と同じプロセスにしたがっている。

ニューロンは感覚受容器で一次的分類をほどこされた情報を電気信号の形で受け取り、その信号にさらに分類を加え、「同じもの」とみなされた類似要素をひとまとめにして縮減をおこない、次の処理過程に送り出す。この過程は、ホモサピエンスである人類の用いている言語の処理方法と、基本は同じである。それゆえに、ロゴス的知性は人類の脳組織の働きと、自然な形で適合する。中枢神経系と脳組織をもった人類の思考は、自然な形でロゴス的知性を生み出すと言ってもいい。

しかし、このロゴス的な知性を用いて縁起によって生起し全体運動している現実をとらえようとすると、あまりの複雑さに知性はお手上げになってしまう。そういう場合に備えて、人類にはレンマ的知性が用意されている。「全体をまるごと直観によって把握する」別の知性を働かせるのである。直観によって全体を把握できるブッダ的ないしシャーロック・ホームズ的知的能力である。ところがこのレンマ的知性については、それを脳内の神経的な過程としてデータ化することも部分的にしかできないし、いわんやその思考過程を外部に取り出してレンマ型計算機のようなものをつくることもできない。働きはわかっているのに、それを実体として取り出すこともできないのである。

人類の知性のうちに実在しているにもかかわらず、ロゴス的知性には非実在としか見えないこのようなレンマ的知性によって、縁起の論理は動いている。私たちはそのような縁起の論理に基づいた厳密な「学」を創り出そうとしているわけである。そこに仏教思想のおこなった知的達成がなかったとしたら、現代人のおこなうそんな「学」の企てには、まるで見込みはないに違いない。

人類の知性に、縁起によって全体運動している現実を捉えることのできる、ロゴス的知性とは別種の能力の潜んでいることを最初に理解したのは、龍樹《ナーガルジュナ》をはじめとする大乗仏教の思想家たちである。彼らはロゴスを重視するギリシャ哲学の存在を知っていた。そのうえで広く一般化しているロゴス型論理とは異なる、レンマ型の論理学を開発することに成功した。

しかし大乗仏教の知的生産力は、中世を境に長い停滞に落ち込み、西欧における科学技術の急速な発展がつくりだしている現代世界には、多くの場所ではその適応能力を失ってしまっている。人類の知性からレンマ的な能力がなくなってしまっているわけではない。しかし日常生活のすみずみにまでロゴス的知性の産物のゆきわたっている現代世界の中で、縁起型＝レンマ型の知性はその存在意義を失いつつあるように見える。

ところがいったんは衰えたと思えたこのレンマ的知性が、現代科学の先端分野で活発な活動を再開しはじめているのである。その端緒を開いたのは、二十世紀の前半期に誕生した量子力学である。量子力学の最初に創り出された理論では、マトリックス（行列）が利用された。縦横の行列の形に並べられた無限個の要素が、いっせいに全体運動しながら変化していく様子を、そのマトリックスは表現していた。

　とうぜん理論は全体的な変化を前提とするので、非局所的な性質を持つことになる。観察過程にはかならず不確定性がつきまとう。量子空間は通常のような交換関係のなりたたない非可換空間になる。こういう量子力学をアインシュタインなどは「不完全な理論」と呼んだが、その言い方は間違っている。レンマ的知性を理論の内部に組み込んだがゆえに、ロゴス型の理論としては不完全にならざるを得ない。それゆえ不完全な理論であるにもかかわらず、予言は当たるのである。

　数学の領域でもレンマ的知性の蘇りが起こっている。量子力学が見出した非可換空間の考えからは、アラン・コンヌ（一九四七―）による非可換幾何学が生まれている。この新しい幾何学は人類の空間概念を本質的に変化させようとさえしている。どのような数学モデルにも、標準的（standard）な部分の外に超準的（non-standard）な領域が存在していることが、数学基礎論によって示されている。この超準的な領域の存在を認めると、長いこと実在ではないと考えられてきた無限小や無限大のような概念が実在するようになる。レンマ的知性は、ロゴス的知性の真に外部にある実在に触れている。そのような新しい概念が、数学の領域で今日つぎつぎに発見されている。

　そこでレンマ学の目指すところはこうなる。いままでに人類の得たレンマ的知性の本質をめぐる最高の哲学的表現は、大乗仏教の縁起の論理によってもたらされた。だが残念なことにそれは長いこと発達を止めていた。それに代わって人類の知性は無意識のうちに、現代科学の領域でレンマ的な知性の蘇りを図っている。

必要なのは、縁起の論理と現代科学に生まれている新しい傾向との二つを結合することである。人類が無意識におこなっている諸探究に意識を与えて、相互連関をもたないままおこなわれているさまざまな現代の試行に、真の意味を定めること。人類の知性は個々の領域では劣化などしていない。ただ事物を相即相入させる縁起の理法が欠如しているために、個々の達成がなされてもその達成の真の意味を自覚する前に、ただちに古いロゴス的思考法の餌食にされてしまっているだけである。

そもそもレンマ学に今日新しい可能性が見え始めているのは、人工知能（ＡＩ）の急速な発展によるところが大きい。人工知能はチューリング機械の原理に基づくロゴス型計算機にほかならない。この人工知能の発達によって生活の隅々までロゴス型知性の働きが行き渡ってゆくとき、人類の心（脳）に宿るもう一つの知性様式であるレンマ的な知性の活動領域は狭められていくのと同時に、それが内蔵するロゴス的知性とは異質な能力の特異性は際立ってくる。そのときはじめてレンマ的知性は一つの「学」として立っていく可能性を得るようになる。

鈴木大拙や井筒俊彦が仏教論理による新しい「学」の創出を企てた時代には、まだ人工知能は今日のように発達していなかった。そのために、ロゴス的知性とは異質なレンマ的知性による「学」の意味は、西欧対東洋の対立として考えられなければならなかったのである。ロゴス的論理の西欧に対するレンマ的直観論理の東洋という対立である。

しかし人工知能の発達が、そのような対立を解体してしまった。ロゴスもレンマも、もはや西欧の特権物でも東洋の独占物でもない。それはいまや人類全体の未来に関わる問題である。知性の先端部では次々と、レンマ的知性の関与する新しい発見が起こっている。しかしその発見の正しい意味を定義することのできる「学」が存在しなかったら、その発見はただちに古い知的体制の内部に組み込まれ吸収されていってしまうだろう。レンマ学は真のシンギュラリティを擁護する「学」をめざす。それゆえそれは今日創られるべくして創られる「学」である。

源泉としての南方熊楠書簡

私のレンマ学にはいくつもの源泉がある。そのうちのいちばん重要な直接的源泉は、南方熊楠《みなかたくまぐす》（一八六七—一九四一）が明治三十六年（一九〇三年）に、那智の山中から高山寺住職であった友人の真言僧土宜法龍《ときほうりゆう》にあてて書いた手紙である。この手紙の中で熊楠は、当時隆盛を極めていた西欧近代科学の方法の限界を指摘しながら、大乗仏教の縁起の論理に基づく新しい科学を創造することによって、人類の科学的思考に真の前進をもたらすことができるであろうと書いた。博学な熊楠は大乗仏教にも正確な知識と理解を持っていた。主に『華厳経』の思想に依拠しながら、じっさいに近代科学を支配する因果律的思考を、縁起の論理によって改造する方法まで、明らかにしている。

この手紙が書かれた頃、南方熊楠は那智の山中にこもって、植物の採集に没頭していた。キノコをはじめとする菌類が、彼の関心の中心である。昼は採集籠を背負って森の中での採集に集中し、夜は山中の宿にこもって裸眼による観察と写生、さらに顕微鏡による観察に時間を費やした。顕微鏡による観察は、熊楠にとっては一種の瞑想法であった。外界からの情報を遮断して、顕微鏡に映し出される微細な生命活動の様子に意識を集中していると、観察者の意識と生命活動との間に一体化が起こるようになる。この瞬間の訪れるのを、南方熊楠は好んでいた。大宇宙の不思議を覗き込む喜び、と彼は書いている。

なかでも熊楠が深い関心を寄せていたのが「粘菌 physarum」であった。この生物は、植物的から動物的まで生活形態を自由に変化させ、一つの体の中にたくさんの核を持ち、非細胞性の原形質の塊のまま移動していくことができる。その当時の生物学界にとって、粘菌はまことに不可解な存在であったが、南方熊楠はこの不可解な生存の形態の中にこそ、生命現象を解き明かす鍵が潜んでいると見抜いていたのである。

今日では南方熊楠の直観の正しさが広く認められている。小さな粘菌はいまや生命研究の最前線で活躍し、研究者たちにインスピレーションを与え続けている。かつての生物研究では粘菌の分類学上の位置などが大きな問題となっていたが、現代ではコンピューターサイエンスからの影響によって、多くの問題点がテクノロジーの用語で表現されるようになっている。生命を情報処理装置として考える生物学のこの新しい傾向にとっても、粘菌はおそろしくエキサイティングな研究対象なのである。

粘菌は中枢神経組織を持たない。外部からの刺激は細胞構造の全体で情報処理されている。粘菌の「知性」はいわば細胞全体に分散されているのである。その知性は主に捕食活動においてみごとな能力を発揮する。食料を見つけた粘菌は、変形体自身を移動させたり、仮足を伸ばして食料にたどり着くと、それを包み込んで酵素を分泌して消化する。そうやって取り入れた栄養を、こんどは核どうしを結んでいる管のネットワークをつうじて、細胞の隅々にまで行き渡らせていくのである。研究者たちは、そのとき粘菌が摂食の効率を最適化する「計算」を、じつにすばやい速度でおこなっているように見えることに驚きを隠さない。

シャーレの中に粘菌を複数の栄養源といっしょに置いたとき、どんなに栄養源の配置が複雑になっても、粘菌はつねにもっとも効率の良いネットワークを間違いなく見つけてしまうのである。空間内に分散した地点間を結ぶもっとも効率の良い経路を見つけるという問題は、ロゴス型計算機によるコンピューターサイエンティストたちを悩まし続けてきた。その問題を中枢神経系も脳も持たない粘菌が、あざやかに解決していくのである。これは粘菌の示す驚くべき能力の一端にすぎない。粘菌はきわめて原始的な段階にあるとはいえ、ある種のレンマ型計算機の能力を持つ。かつては生命現象の原基を示す生物と考えられていた粘菌は、今日では知性現象の原基を示す生物として、生命研究の最前線にいる。

このような粘菌の生態は、レンマ的知性の本質の理解にとっても、きわめて重要である。人間の心で活動するレンマ的知性は、中枢神経系でおこなわれている情報処理のやり方とは原理的に相容れない。そのためそのような知性は実在しないという扱いを受けがちである。ところが粘菌のうちで活動している知性は、たしかにきわめて原始的な形ではあるが、中枢神経系や脳を必要としないでも、生存にとって必要なことに関しては、まったく正確な情報処理と「計算」をおこなっている。その知性は細胞全体に分散している情報を集めて、それを一気に処理することによって、次の行動を決めている。粘菌にあっては思考に「器官」は必要ないのである。それは人間の心で活動するレンマ的知性と、多くの点で著しい共通性を示している。レンマ的知性も中枢神経系を超えた広がりを持つ空間で活動をおこない、思考するのに「器官」を必要としていないように見えるからである。

このような粘菌の生態を、南方熊楠は日夜顕微鏡で覗き込んでいた。仏教を熟知していた熊楠にとって、粘菌が知性体そのものであることは、疑うことのできない事実である。湿気や気温に恵まれているときにはアメーバ状の変形体となり、環境が悪化すると植物の形態をとり、胞子を飛ばして生き延びていくという、その生活サイクル自体が知性の活動をあらわしている。

その知性はすぐれてレンマ的である。ロゴス的な分別は生と死を分離するが、粘菌の知性にはある種の無分別がセットしてあって、生と死が分離できない生活形態をあらわに示す。中枢神経系のニューロンがロゴス的な情報処理をおこなうのとは異なり、全細胞に分散された知性が全体で情報処理をおこない、つねに生存のために正しい「計算」結果をはじきだしている。南方熊楠は日夜、顕微鏡を通してこのようなレンマ的生命体の生態を覗き込んでいた。

そんな瞑想的な毎日を送っていたある日、ロンドン滞在時代からの友人土宜法龍から、一通の手紙が届いた。その手紙の中でこの開明的な真言僧はこう熊楠に問うた。「この科学技術の時代において大乗仏教に可能性ありやなしや」と。この問いは熊楠の精神を大いに刺激した。熊楠は「大乗仏教に望みあり」と応答し、そこから書簡の往復が始まった。そのとき土宜法龍にあてて熊楠の書いた何通もの返書の中に、私がこれから開発しようとしているレンマ学にとっての、重要な発想の源泉となる思想が記されている。

大乗仏教に希望あり

南方熊楠は那智に山籠りするに際して、わずかな書物だけを携えて出発した。そのとき携帯した書物の中には、法蔵（六四三—七一二）の『華厳五教章《けごんごきょうしょう》』という本が含まれていた。法蔵の先祖は中央アジアの出身、長安に生まれて出家、華厳思想を大成して、中国に華厳宗を確立した。巨大な影響を日本思想に与えた人物である。この人の著した『華厳五教章』は、インド的な茫洋を湛えた巨大な『華厳経』から思想的エッセンスを取り出し、それを厳密な思考に基づく哲学的体系にまとめあげた書物である。

この本の中で、法蔵は「法界縁起」の構造について詳しく論じた。「法界縁起」についてはのちに詳しく説明するので、今は簡単に「法界」を「存在の全域」、「縁起」を「事と事をついでいる相互連関」と理解しておこう。重要なのは縁起という言葉で、相互連関を保ちながら事物が生起することを意味している。法蔵はこの縁起が、事物どうしが「相即相入」することによって起こる、と定義している。

なぜ個体性をもった事物が他の個体的事物とつながっていくことができるのかというと、あらゆる事物が空《くう》を本体としているからである。個体性は空から生じ、空が個体性を包み込んでいる。それゆえに、あらゆる事物は空に基づいた同じ構造をしていて、その共通構造をもって他の事物と「相即」することができる。

このとき事物と事物の間に力の出し入れ（力用）が起こる。一方から一方へ力が流れ込む時、一方の事物は力を得て顕在化に向かうが、力を失ったもう一方の事物は隠伏空間の中に隠れていくことになる。これが「相入」の過程で、顕在化した事物のつくる世界の中での変容がつくりだされるのみならず、顕在化していた事物が見えなくなり、しばらくして形を変えて隠伏空間から現れて作用をなす、という事態も起こる。このような「相即相入」の複雑な過程をへながら、縁起の全体運動が起こっていく。

南方熊楠は『華厳五教章』のこのような記述を読みながら、近代科学の方法に思いを馳せたに違いない。近代科学は実証を重視する。そのために隠伏しながらも顕在世界に影響を及ぼすことがあるという、縁起の空間を実験でとらえられないのは当然である。また重々無尽につながりあった縁のネットワークの存在を考慮した理論を立てるのも難しい。じっさいガリレイ（一五六四―一六四二）以来の近代科学には、縁起の理法はまったく取り入れられていない。それに代わって、そこで主流をなすのは「因果」の理法である。

縁起の全体運動をごく狭い範囲に制限して（局所化して）観察したのが、因果である。「因」は原因であり、「果」は結果である。因果が観察されると、事物を線形的な関係で並べることができる。ここでロゴスの語源が思い出される。ロゴスは「集められた事物を並べて整理すること」を意味した。これから見ても、ロゴス的知性と因果の論理と相性との良いことがわかる。ところが縁起によって動き変化していく世界の実相をとらえるのに、このような因果律的な論理はおよそ不適合なのではなかろうか。

それについて、南方熊楠は土宜法龍への返書の中で、つぎのように書いた。

> 因はそれなくては果がおこらず。また因異なればそれに伴って果も異なるもの、縁は一因果の継続中に他因果の継続が竄入《ざんにゅう》し来たるもの、それが多少の影響を加うるときは起、（熊楠、那智山にのぼり小学教員にあう。別に何のこともなきときは縁。）（その人と話し

て古え撃剣の師匠たりし人の聟ときき、明日尋ぬるときは右の縁が起。）故にわれわれは諸多の因果をこの身に継続しおる。縁に至りては一瞬に無数にあう。それが心のとめよう、体にふれようで事をおこし（起）、それより今まで続けて来たれる因果の行動が、軌道をはずれゆき、またはずれた物が、軌道に復しゆくなり。予の曼陀羅の〈要言、煩わしからずと謂《い》うべし〉というべき解はこれに止まる。

南方熊楠はここで縁起によって変化し運動する世界の構造を「曼荼羅《マンダラ》」という言葉で表現している。曼荼羅は因果を超える縁起で関係しあっている事物が、全体で変化し運動していく世界の実相を表現しようとして生まれたグラフィックである。この曼荼羅の構造は複雑すぎるので、普通の思考ではそれを諸因果の集積体として処理している。しかしそれではいつまでたっても、科学は縁起によって変化し動いている世界を、ほんとうに理解したとは言えないのではないか、と熊楠は問いかけるのである。

（因果は断えず、大日は常住なり。心に受けたるの早晩より時を生ず。大日に取りては現在あるのみ。過去、未来一切なし。人間の見様と全く反す。空間また然り。）故に、今日の科学、因果は分かるが（もしくは分かるべき見込みあるが）、縁が分からぬ。この縁を研究するがわれわれの任なり。しかして、縁は因果と因果の錯雑して生ずるものなれば、諸因果総体の一層上の因果を求むるがわれわれの任なり。

今日の科学は因果については分かるが（もしくは分かるべき見込みはあるが）、縁起を理解できない。縁起の理法を理解するためには、ロゴス的な知性の拡張ともいうべき別の知性が必要である。「大乗仏教に望みあり」と熊楠が言うのは、大乗仏教の根本思想がレンマ的思考に基礎づけられた縁起の思想に置かれているからだ。その縁起思想の最高の表現を『華厳経』と中国華厳宗の中に見出すことができる。科学は大乗仏教の縁起の理法を取り入れることによって、より完全な知識へと近づいていくことができる。

那智山中でしたためられた南方熊楠の何通もの手紙類が、幸運にも高山寺に保存されてあったことによって、私の構想するレンマ学は可能になったとも言える。粘菌、華厳学、曼荼羅を結ぶ先に、熊楠は近代科学の限界をある部分では超えてそれを補完する「新科学（ノヴム・オルガヌム）」の創造を考えていた。レンマ的な生命体である粘菌の示す不思議に導かれながら、レンマ的＝縁起的論理によって基礎づけられた新しい「学」に、南方熊楠は近づこうとしていた。私のレンマ学はそのとき熊楠の蒔いた種子から成長したものである。

生命の中のレンマ的知性

多核単細胞生物である粘菌が示すある種の「知性」は、中枢神経系を備えたより進化した他の生物の示す知性とは、根本的に異質なものである。中枢神経系では情報を線形処理していく。ところが粘菌は細胞全体で短時間に情報処理して、判断を実行に移している。中枢神経系を持つ生物の情報処理がロゴス型であるとすれば、粘菌のそれはあきらかに原始的なレンマ型の情報処理である。どう考えても、粘菌のほうが地球上に早くからいた生物である。すると、生物の世界では、レンマ的知性がロゴス的知性に先行していると考えられる。

ところが宗教史を語る人々によると、縁起の思想はゴータマ・ブッダ（前五世紀頃）によって人類にはじめてもたらされたのである。ロゴス的知性を発達させ運用してきた「凡夫」の世界の真只中に、ブッダは高度なレンマ的知性に裏打ちされた「覚者」の知恵をはじめてもたらした、というわけである。人類の知恵の歴史は、はたして生物学的範例に反しているのだろうか。レンマ的知性は覚醒や悟りによるのでなければ、人間の心に現れてくることはないのだろうか。

旧石器考古学は、レンマ的な知性による知恵が、ホモサピエンスの出現と同時に活動を開始しているらしき痕跡を、さまざまな遺跡で発掘している。旧石器時代の人類は、生活や作業や憩いの場所とは別に、人目につきにくい藪や岩陰に入り口を隠してある洞窟の奥に、特別な祭祀場を設けていた。その洞窟は普段は近づくこともタブーとされているが、特別な祭祀の行われる日にだけ、入り口を覆っていた藪が払われるのである。

その日、洞窟には長老や大人といっしょに、今年成人（おそらくは十一、二歳）を迎える若者だけが入る事を許された。若者たちはその日に備えて、長期間にわたる試練の行を耐えてきた。洞窟の奥は大きなホールになっていて、ここで集団の儀式がおこなわれる。洞窟の壁面には野牛などの狩猟動物の姿を描いた壁画がある。集団による音楽もおこなわれたであろう。洞窟内は倍音が発生しやすいから、そこで音階による音楽の認識も生まれたのであろう。

それがすむと、若者は長老に連れられて、細い通路をくぐって洞窟の奥に入っていく。そこで長老から「世界の秘密」が語られることになる。若者たちが知らされることになる「世界の秘密」は、いままで彼らが教えられてきた常識を覆す内容を持っていた。現実の世界で正しいとされていた常識とも、焚き火の周りで老人たちによって語られてきた神話とも、まったく違う内容をもった教えである。

現実の世界では、事物を二元論の思考で分類して理解する「現実的思考」が支配的である。これに対して、「神話的思考」はこの「現実的思考」のつくりだす世界についての認識に変容を加える。「現実的思考」は分別の世界をつくる。そこではあらゆる事物がたがいに分離され分別されている。その分別された世界に、「神話的思考」は無分別を持ち込む。現実の世界で分離されてあるものを結合し、あらゆる事物が統一されていた原初の状態を、思考の中で取り戻そうとする。この二つの思考様式は、多くの場合、たがいに協力しあって事をなしている。それはちょうど、フランス革命の神話がフランスの現実政治にいまだに影響を及ぼし続けているように、現実と神話は相互補完しあっている。

ところが洞窟の最奥で、長老たちから開示される「世界の秘密」は、現実とも神話とも異なる思考をおこなうのだ。「現実的思考」が事物の世界に持ち込む分別でもなく、分別された事物に原初の統一をもたらそうとする「神話的思考」の複論理（分別と無分別の結合）でもなく、無分別が無分別のままおこなう思考である。そこでは全体を一気に把握する非線形思考が前面に出てくる。分別された事物の世界を因果律で結んでいた思考も否定される。「神話的思考」の虚構性も否定されて、事物はあるがまま、個体性を保ったままで、銀河に象徴される宇宙的な空に星々のように撒き散らされている。

もちろん旧石器時代の人類の思考の中でおこっていたことの記録などはないから、洞窟内での儀式について私の描いていることは、すべて憶測である。ただしその憶測には人類学的な根拠がある。十九世紀以後、地球上の各地から報告されてきた、いわゆる「未開社会」の人々の精神生活についての膨大な量の集積がおこなわれてきた。それによると、どんな未開社会にも並外れた知的能力をもった「賢者」が存在しており、その賢者たちは普通の人たちとは違う思考をおこなっている。オーストラリアの砂漠地帯で、そういう賢者の何人かに出会ったある人類学者（『アボリジニー世界の賢者たち』の著者エルキン氏〔一八九一―一九七九〕のことである）の研究によれば、賢者たちはそこの社会で通用している分類体系を斥け、人間の心は銀河の星々のように宇宙に広がっている、と語るのであった。賢者たちが、ロゴス的知性である「現実的思考」とも、それを変形した「神話的思考」とも異なる、レンマ型の知性に基づく知恵の思考をおこなっていたことが考えられる。

私の考えが正しいとすれば、レンマ的知性はホモサピエンスの出現と同時に、人類の心（脳）に発生している。いやむしろ、レンマ的知性を心的活動の中で解放できる脳組織の条件が整ったことによって、旧人類の新人類《ホモサピエンス》への進化が可能になったのではないか。私たち人類の心に「粘菌的なもの」が弁証法的に回帰してくることによって、その進化が実現されたとも言える。

そう考えてみると、ゴータマ・ブッダが弟子たちに語っていたという、つぎのような言葉の意味がわかってくる。ブッダは自分が人間の間に出現した最初の覚者ではない、と語るのである。自分の前に六人のブッダがあり、自分はただ彼らの後に現れて、彼らと同じ縁起の教えを説いている、と。ここでブッダは精神の「先史学者」としてふるまっている。縁起の思想は未開社会以来の伝統であったが、狩猟社会が農業社会に移り変わるにつれて、しだいに忘れ去られるようになった。ブッダはそれを新しい形で復活させたのである。縁起の思想の根源は深い。その認識は、人類の心（脳）にレンマ的知性の活発な活動が、高度な知的活動として「再開」

されたときに、すでに始まっていた。

この縁起の思想を、巨大なレンマ学として展開発展させたのが、『華厳経』とそれに基づく華厳学である。そこには、人類の心（脳）の中で活動を続けているレンマ的知性の原理とその現象形態が、古代中世的テクノロジーの限界内で、くまなく調べ上げられている。長い間忘れ去られていたこの「古レンマ学」を、私は「新レンマ学」として刷新再生させようとしている。

レンマ的知性は言語と同じように、人類に普遍的な能力である。それゆえレンマ学の試みは、東洋思想論でも仏教論でもなく、一つの「普遍学」の試みとなろう。私たちは人間的と非人間的とを問わず、あらゆる領域にレンマ的知性の活動の現場を探し出すだろう。地球の生命誌の中に、考古学的発掘の現場に、人類学モノグラフィーの中に、科学研究のおこなわれているラボラトリーに、数学研究の先端部に、アートと哲学と精神分析学の世界に。人類の脳がレンマ的知性のもっとも活発な活動場所であるとするならば、しかもそれが神経組織で遂行されているロゴス的過程にはおさまりきらない空間的広がりを持つものなら、脳とレンマ的＝縁起論的知性の関係を明らかにしていかなければならない。これらすべての問いに『華厳経』が鍵を握っている。まこと南方熊楠の予言した通り、「大乗仏教に望みあり」である。

第二章

縁起の論理

大乗仏教と縁起思想

大乗仏教が開発した「縁起の思想」は、現代の「レンマ学」にとっても、建設の基礎である。縁起の思想はブッダの悟りの体験に淵源し、数百年をかけてその内容の解明がおこなわれてきたものであるから、まずはその歴史的展開のさまを見ておく必要がある。

縁起の思想がブッダの悟りの体験の中心であるとは、じつは大乗仏教による一種の「発見」なのである。もちろんそれ以前から、縁起をめぐるブッダの種々の説法は、仏典の古層に属するパーリ語のテキストにもはっきりと記録されており、その重要性はよく認識されていた。しかし、縁起という考えに内包された思想の革新性を明確に理解し、そこに内蔵されている思想的含蓄を全面的に開展することによって、ブッダの宗教体験から一つの思想体系を取り出すのに成功したのは、ひとえに大乗仏教の努力にかかっている。

仏典の古層に記録されたブッダの「縁起 pratītya-samutpāda」をめぐる説法は、いたって具体的かつ素朴なものである。この言葉はもともと、「ものごとはつながりのあることによって生ずる」という程度の意味しか持っていない。そこからのちに大乗仏教は「すべての現象は相互依存の関係でなりたっている」という意味を引き出し、それを「すべての現象は縁起するゆえに、固定的な実体をもつものはなく、固執する対象もない」という意味に広げていくのであるが、そもそもの出発点ではそれは拍子抜けするほどに素朴な概念であった。

ブッダは菩提樹下における自身の悟りの内容（内証）を、「十二支縁起」として語った。十二項目からなる人間の実存にとって重要な現象が、時間的・論理的に相互につながりあっていくことによって人間苦が生み出されている、その過程を、「縁起」という考えを用いて説明した。十二の項目とは（一）老死（二）生（三）有（四）取（五）愛（六）受（七）触（八）六処（九）名色（十）識（十一）行（十二）無明である。縁起についてのこのきわめて具体的なブッダの説法をもとにして、数百年後には『華厳経』に展開されるような高度な哲学体系を内包する「法界縁起」論が創造されたのであるが、その飛躍の妙を知っていただくために、ここに原初的なブッダの説法の内容を紹介しておこう。

ブッダは人生苦のおおもとを老死の中に見た。老死は生物としての自然な過程をあらわしているが、これが人間には苦を与える。なぜ老死があるかと言えば、生につながって（縁）生起する現象であるからだが、生は有に縁起していることによって、有＝存在世界の中に一定の身分を得ることになる。有の世界に置かれた生は、そこで自分の内部に外のものを取り入れる（取）ことに執着する。つまり有は取につながって縁起しているのである。この取の基底をなしているのは愛を求める渇愛である。そして渇愛には憎悪・怨恨・憤怒などのネガティブな欲念が伴う。まさに愛こそが人間苦の根底をなし、取と一体になって強力に人間の感情生活を駆動している。

愛は感情を持つ生物に特有のものである。外界からの刺激を受けて発動する感情を受とする。愛はこの受につながっていて、自分の外にあるものに対して苦楽の感情を味わうことになる。愛が外界に触れあうには触の働きがなければならない。五感の働きのことである。この触はそれを感覚として受け取るための器官がなければならない。すなわち触は六つの感覚器官である六処に縁起している。感覚器官からもたらされる刺激を、受・想・行・識のような心の作用に組織立てているもののすべてを名色と総称する。わたしたちの心身のことである。この心身のあるおかげで、人間は官能を働かせながら、苦の源泉である外界の対象や出来事に巻き込まれ、緊縛され、身動きがつかなくなっていく。

心身そのものである名色に縁起することによって識が起こる。名色が識に組織立てられ、統一されて認識作用がつくられる。この識は奥底では生命活動そのものにつながっており、愛や感覚にもつながっている。それらすべてを識の働きが統一しながら、主観（自分）と客観（自分の外）を生み出すのである。この識の働きが積極的に外界に向かって働くとき、行すなわち行為が発生する。

ブッダはこうした縁起の全過程が、無明に突き動かされている、と考えた。妄想のゴーグルのようなものを、あらゆる有情が着装しながら生きている。そのゴーグルは目が覚めているときも寝ているときもはずれない。そのために生そのものが無明によって起こり、無明の上に生物の認識作用が形成されることになる。無明は縁起の全過程に浸透し、あらゆる縁起の項目が、無明に動かされ染まっているとも言える。無明を原基として、縁起につながれた全過程が駆動しているのである。

ブッダは宗教者として、人間苦が生み出されてくる縁起の全過程を見届けることによって、今度はその過程を逆にたどることによって、縁起のつながりを解いていくことが可能であると説いた。十二の項目が時間的に順々に連なっているのではない。すべての項目が相互につながりあいながら、縁起の網の目をつくりなしている。

縁起をめぐるこのようなブッダの説法に含蓄されている意味を熟考する努力をとおして、のちの大乗仏教思想のすべてが展開したのである。ナーガールジュナ（龍樹）の中観空の思想も、『華厳経』の壮大な哲学体系も、すべてがそこから発展した。それゆえ、われわれの「レンマ学」の出発点も、そこに据えられる。

プラジュニャーと縁起

この十二支縁起の説法は、ブッダの縁起思想の一端をしめしているにすぎない。この考えを徹底すれば、ありとあらゆる事物は相依相関しあいながら複雑な関係の網の目（ネットワーク）としてつくられているという、「縁起法」の考えにたどり着いていく。縁起は宇宙を貫く「法《ダルマ》 dharma」であり、その意味で人間の思考や思惑を超えた、絶対的客観であると言える。

古層に属する仏典にはそのことが「縁起法はわが所作にあらず、また余人の作にもあらず、かの如来出世するもいまだ出世せざるも、法界常住なり。かの如来みずからこの法を知って正覚を感じたまいしもの」（『阿含経《あごんきょう》』）と語られている。縁起の法は、人類によって認識されようがされまいが、宇宙を貫いて作動しつづけている。真理の認識（如来）が世界にあらわれようがあらわれまいが、法界《ダルマダーツ》（存在世界）につねに充満し、縁起法は働き続けている。この縁起法の働きが理解できないことから、無明が発生して、十二支縁起のような機構が自動的に作動して、人間に人生苦を生み出すのである。大乗仏教にとっての悟りは、存在世界を隙間なく充たしている、この縁起法の働きを如実に知ることにつきる。

しかしどうやったら、法界を隙間なく充たしているというこの縁起の法を、人間の心をもって知ることができるだろうか。あらゆる事物が相依相関しあっている無限の網の目を知るためには、人間が自分たちの世界を構成するために用いている知性では不十分だ、と大乗仏教は考えたのである。人間はロゴス的機構を備えた言語を道具として、世界に立ち向かう。この言語は主観の構造をつくるためにも、また主観の外部にある客観世界の構造を表現するためにも、最適な仕組みに進化してきている。人間は自我を中心にして、自分の周りの世界を組織立てるが、言語がそれを強力に支えている。また客観世界の表層レベルの出来事は、言語の句構造でおおよそ対応できるような構造をしている。

しかし、この言語による知性をもってしては、縁起法によって動き変化している世界を把捉することができない。縁起そのものがロゴス的な仕組みで動き変化していないので、言語のロゴス機能ではその一部分しか捉えることができないからである。縁起によって生成していくこの世界の実相（リアリティ）を把捉しうる知性がなければならない。しかしそんな知性はほんらい如来のものであって、人間の心（脳）にそのような知性が実装されるような事態が起こりうるのだろうか。大乗仏教はそれが可能であるというのだ。

その知性は「般若《プラジュニャー》 prajñā」と呼ばれる。プラジュニャーは縁起法にもっとも近い機構できている知性である。プラジュニャーによれば、ロゴス的知性が完全には把捉できない縁起の法によって動き変化する世界の実相に近づくことができる。プラジュニャーはすべての人間の心（脳）に内在した知性の働きであるが、脳の神経機構の仕組みに適合しているロゴスの働きが前面に出て認識をおこなっている人間の心にあっては、背後に隠されていて、そんな知性は存在しないもののように思われている。しかしその知性は実在していて、それを活発に働かせることができれば、世界の様相は確実に変わるであろう。

ブッダ入滅から五百年ほどかかって、大乗仏教はこのプラジュニャーの内部構造を明らかにし、それをもって縁起法で動き変化している世界の実相をとらえるための論理を開発した。それが「縁起の論理」であり、その根底ではロゴスと異なる仕組みをもった知性が活動している。ロゴスと異なるその知性の機構の特徴を、ここでは「レンマ」と呼ぶことにする。すなわちプラジュニャーはレンマ的な知性の仕組みを備えているのである。

レンマ的論理

大乗仏教の運動が起こってすぐに、何種類もの『般若経《はんにやきよう》』がつくられた。プラジュニャーの働きやその内部構造を明らかにしようとした仏典である。それらの『般若経』では、「あらゆる事物は相互につながりあっている」という縁起の考えは、「空《くう》」の思想として語られている。あらゆる事物は他のものにつながり、他のものによって成り立っているのであるから、どんなものにもそれ自体の自性(自己同一性を支える性質)はなく、ほんらい空である、という考えである。

縁起から展開された空の思想によれば、わたしに自性なく、他のものにも自性がないのであるから、自己に対する執着も、他者に対する執着もほんらい起こらないことになる。『般若経』の思考法で縁起の論理を徹底させると、次のような思考にたどり着く。

また、ものが他によって存在することが空性の意味である、とわれわれは言うのである。他による存在には本体はない。（中略）私のことばさえも、他によって生じてきたものであるから本体をもたず、本体をもたないから空であるということになる。

しかし、車とか壺とか布などは、他によって生じてきたものであるために本体が空であるけれども、（それらはそれぞれに）木や草や土を運んだり、蜜や水やミルクを盛ったり、寒さや風や暑熱から人を保護するというようなそれぞれのはたらきを行なうのである。このように、私のこのことばも、他によって生じてきたものであるために本体をもたないけれども、ものに本体のないことを証明するはたらきをするのである。

これは『般若経』創作運動が絶頂期を過ぎた頃、南インドに出現したナーガールジュナの『論争の超越』という本に書かれたことばである。ナーガールジュナはブッダの縁起法をめぐる説法にあらわれた思想を、「あらゆるものは相依相関しあっているから、ものには自性や本体がなく、空である」という空論的論理に研ぎ澄ませた。ナーガールジュナの活躍によって、大乗仏教の思想はようやく盤石の土台を得ることになった。それによって縁起の論理が、明確なレンマの構造を持つ体系として確立されたのである。

ナーガールジュナの思考法の特徴をもっともよくあらわしている文章を見てみよう。これは彼の代表作の一つである『中論無畏疏《ちゅうろんむいそ》』の一節である。

縁起論とは、
滅なく、生なく
断なく、常なく
来なく、去なく
異義にあらず、一義にあらず
と説かれた。

(一) 滅なしというのは、縁起のつながりの中に消滅ということがないからである。なぜなら、そこに発生ということがないからである。
(二) 発生がないというのは、消滅がないからである。
(三) 断なしというのは、種子と芽の関係のようであるからである。
(四) 常なしというのは、種子と芽との中間にある存在のように変化していくからである。
(五) 来なし、去なしというのは、縁起が空《そら》のようであるからである。
(六) 異義にあらずというのは、穀物の粒のごとくに、差異はそのままにして同一性で

あり、

（七）一義にあらずというのは、穀物の種子のごとくに、同一性はそのままにして差異であるからである。（龍樹『中論無畏疏』）

ここでナーガールジュナの駆使しているのが、いわゆる「両否の論理」と言われるものである。インド人は人間の思考が、（一）肯定（二）否定（三）否定でもなく肯定でもない（四）肯定にして否定、という四つの場合の組み合わせでできていることを、古くから見出していた。これに対してヨーロッパで発達した論理学では、（一）肯定、と（二）否定、だけを取り出して、その二つの論理操作の組み合わせで合理的論述がなされると考えられた。そこからはごく自然に、同一律と矛盾律と排中律という三つの規則が導かれる。このメカニズムは、アリストテレス論理学からブール代数とチューリングの計算理論をへて、現代のコンピューターに至るまで一貫して活用されている。それどころか、それが唯一の論理道具になってきた。

じっさい現代の論理学は、￢（でない）、∧（そして）、∨（または）、→（ならば）、∀（すべての）、∃（存在する）という六つの論理記号を用いるだけで、すべての論理思考が遂行されている。じっさいそれらを組み合わせるだけで、すべてのロゴス的論述は表現できる。それらの根底に、同一律、矛盾律、排中律という三つの掟が据えられている。

ところが、インドではそこに（三）否定でもなく肯定でもない、と（四）肯定にして否定、という二つの論理道具が加わって、多彩な思考を繰り広げるのである。ナーガールジュナはとくに（三）否定でもなく肯定でもない、を重視した。ブッダの縁起論が説くように、「あらゆる事物は相依相関しあっている」とするならば、ものにはそれほんらいの自性も本体もなく、縁起の網の目の萃点《すいてん》に生起するつかの間の現象に、存在者としての名前が与えられているにすぎないことになる。それゆえ、ものは「ある」でもなく「ない」でもないようにして、存在している。これは（三）否定でもなく肯定でもない、という「両否」的論理道具を用いなければ、それについて思考することはできない。

こうして縁起論は常識的な論理学を覆してしまうことになる。まずは同一律と矛盾律が論理学から取り外されることになる。ものには本体も自性もなく、縁起の無限な網の目のうちに生起する現象として思考しなくてはならないのなら、これは当然の手順である。さらに重大なのは、縁起論が排中律まで取り外してしまうことである。排中律が規制しているロゴス的な論理にあっては、肯定か否定かがあるだけで、それらの中間を思考することは許されない。しかし縁起論では（三）否定でもなく肯定でもない両者の「中間」こそが、世界の実相に同調できる論理であることを主張する。すると、縁起の論理では、ロゴス的論理が作動するための要である排中律まで排除されることになる。これは驚くべき思想の冒険である。ナーガールジュナはその冒険を「中論 madhyamaka -kārikā」の創造としてなしとげたのだった。

アラビアとヨーロッパに発達した数学では、同一律、矛盾律、排中律の三法則を鉄則とするアリストテレス論理学が基礎に据えられた。とりわけ排中律が重視された。この排中律を取り除いたオルタナティブな数学が開発されるのは、ようやく二十世紀のブロウアー（一八八一—一九六六）による「直観主義数学」まで待たなくてはならない。しかしこのブロウアーの試みも、計算手順があまりに複雑なために、今日でも賛同者はきわめて少ない。

インドでもこの「両否の論理」を用いる論述は別名「鰻の論理」とも呼ばれて、それを気味悪がる人々もいた。鰻のようにヌルヌルと論理の網の目をすり抜けていってしまうように感じられたからである。たしかにそれは常識的な思考（俗諦）ではない。しかしブッダの悟りの意味を考え抜いた末、大乗仏教は中論を土台とする縁起の論理こそ、ブッダの内証そのものであるという見解にたどり着いた。それは俗諦をたんに否定するのではなく、俗諦を包摂しそれを肯定かつ否定する新しい論理学を生み出していった。

このときナーガールジュナが駆使した論理の本質をさして、哲学者の山内得立は「レンマの論理」と呼んだのである。古代ギリシャ人はものごとを分別する通常のロゴスとは異なる、直観によって全体の様相を一気に把握する知性のことをレンマと呼んだ。レンマはいわば「無分別の論理」であり、直観に重きを置く論理ではあっても、その内部には複雑とはいえ明確な法と構造がある。古代ギリシャ人はロゴスを重視して、レンマの知性に立ち入った探究を加えなかった。

大乗仏教はそのレンマにもっとも重きを置いて、それを支える法と内的構造の探究に全力を注いだ。それはブッダの知性が悟りの中で捉えていた縁起法によって動き変化する世界の実相に近づくためには、ロゴスを超えたレンマの知性に依る必要があったからである。ナーガールジュナの据えた中論の礎石は、以後大乗仏教の生み出すすべての思想的創造の土台となる。私の「レンマ学」にとっても、それは構築のためのもっとも堅固な礎石となる。

空論から縁起へ

インドの平原部で『般若経』がさかんに研究されていた三世紀頃、北インドと中央アジアでは大乗仏教の別の思想運動が起こっていた。『般若経』はブッダの悟りの体験の内証を、もっぱら空の論理として展開していた。ブッダの説いた縁起法の考えから、ものには自性も本体もなく空そのものであるという思考を引き出し、それをレンマ的論理によって表現した。その展開はナーガールジュナの『中論』において頂点に達する。

ところが北方の大乗仏教徒は、ブッダの内証に別種の解釈と表現をもたらそうとした。中心人物は世親（ヴァスバンドゥ）、無着（アサンガ）、弥勒（マイトレーア）らである。彼らは、法界は心であると考えた。存在世界の全域は心と同じ広がりを持ち、心の働きの変化によって、存在世界のありようも変化していくのである。あらゆる生命体が自分の生物的条件にしたがってそれぞれの心の構造を持ち、その心の構造に対応してそれぞれの世界を妄想的に構成している。この考えはある意味でユクスキュル（一八六四―一九四四）などの生物環境論を想起させる。『般若心経』などによく示されているように、『般若経』の空思想では次のような二つの方向からの表現がなされている。

① 色即是空（諸現象は空である）

② 空即是色（空は諸現象と同じである）

ナーガールジュナの中論はこのうちの色即是空に焦点を合わせて、展開された思想である。どのような現象も縁起法にしたがって生起しているので、いっさいのものに自性も本体もない、すなわち空である、という思想は色即是空から生まれる。ところが北方の大乗仏教の思想家たちは空即是色に焦点を定めたのである。空は充実した力を内蔵する時空の原基（スパティウム）であり、諸現象はその空から生起する、ゆえに諸現象と空は一つであるという方向に、彼らは般若の思想を開展していった。中論の説く空に比べると、いくぶん有に近づいている空である。

世親や無着たちの思想は「唯識論」と呼ばれた。空の充実した力を内蔵する時空の原基を、意識存在（有情《うじょう》）の心と同一視し、空である心に諸現象のいっさいが生起する（三界は心である）と、考えたからである。

大乗においては、三種の領域からなるこの世界はただ心（の表象）にすぎないものである、と教えられる。経典に、

勝者の子息たちよ、実に、この三界は心のみのものである

といわれているからである。心、意、認識、表象というのはみな同義異語である。ここに「心」といわれているのは、（それに伴って起こる心作用と）連合している心のことである。「のみ」というのは、外界の対象の存在を否定するためである。（世親『唯識二十論』）

空である力の充実体である心から力の表象が生起して、それが「世界」と呼ばれるものになる。外界の対象の実在が否定されるのは、それが縁起法によって空である前に、力の表象にすぎないからである。このように考える唯識論はしばしば中観空論と論争を繰り返した。そしてそのような情勢の中から、色即是空の空論と空即是色の唯識論とを弁証法的に統合する『華厳経』が、中央アジアに出現したのである。

『華厳経』は仏教の原点である「十二支縁起」を「法界縁起」の思想にまで高めた。多層をなす存在世界（法界）の全領域にわたって、あらゆる種類の事物が相依相関によってつながりあい動き変化している様相を描き出すことのできる究極のレンマ的論理が、そこには展開されている。ナーガールジュナの空論と唯識の心構造論を一つに統合して、縁起の思考＝レンマ的思考を、物質から心にいたる存在の全域に展開していこうとした。それは大乗仏教が人類にもた

らした最大の贈与と言って良い。

南方熊楠はこの『華厳経』に展開された縁起の論理を、近代科学の方法論に組み込もうと試みた。その試みは、私の「レンマ学」の発端をなすものである。それゆえしばらくの間、『華厳経』とそこに内蔵された思想の体系化に成功した中国華厳宗の達成について、詳しい説明をおこなっておこうと思う。現代科学のロゴス的基底にレンマ的知性を結びつける試みを成功させるためには、まず大乗仏教のレンマ的論理のもっとも完成した形態をしめす華厳思想の本質を、正確に理解しておく必要があるからである。

レンマ学は否定神学ではない

ところでこの試みを始める前に、一つだけ注意しておきたいことがある。レンマ的論理を表現するさいに、ナーガールジュナは徹底した「否定の論理」を用いている。何かの考えが定立されるやいなや、それを否定していく論法が多用されている。その様子を見て、大乗仏教の思想をキリスト教とヨーロッパ哲学の伝統の中で「否定神学 theologia negativa」として知られる思潮と同一視する見解が、しばしば抱かれてきた。これは誤解である。そこで先に進む前に、私はまずこの誤解を解いておかなくてはならないだろう。縁起の論理の現代的展開を試みる

「レンマ学」は、中観空の否定の論理を前提とするが、それは否定神学とは異なる探究だからである。

キリスト教における「否定神学」の特徴は、トマス・アクィナス（一二二五頃―一二七四）の『神学大全』の随所に明晰きわまりない表現が与えられている。

第三問　神の単純性について

或るものについて、そのものの「在る」ということが知られた場合、探究すべくなお残されている問題は、「どのように在るか」であり、このことが問われるのは、そのものの「何であるか」を知るためである。しかしわれわれは神について、その「何であるか」を知りえず、ただ「何でないか」を知りうるのみであるから、われわれは神について「どのように在るか」ではなく、むしろ「どのようにないか」を考察しうるのみである。それゆえわれわれはまず第一に、神はどのようにないかを、第二に、われわれによってどのように知られるかを、第三に、どのように名づけられるかを考察しなければならない。（トマス・アクィナス『神学大全』）

トマス・アクィナスがここに示しているのは、東方で発生しそののち西欧に広がった「否定の道 via negativa」と呼ばれる神探究の方法である。神（一者）の超越性を強調してそれを思考と言説を超える者として、否定的に規定する方法である。この方法は新プラトン主義のプロティノス（二〇三頃―二七〇頃）にはじまって、しだいにキリスト教に受容されていった。

この否定神学の背後には、ロゴス的知性を重視したギリシャ哲学の強い影響を見ることができる。真理を語る言説と思考は、正しい言語用法、すなわちロゴスにもとづいていなければならないという前提に立つと、神はその言語的ロゴスから超越する者である。神は啓示と恩寵をつうじて人間に知られるが、それはロゴス的知性からは超越している。したがってその超越者である神について、思考と言説によって「かくかくの存在である」として語ることはできない。それゆえ、啓示の神については、「どのようにしてないか」という否定的な形をとおしてしか、語ることができない。

しかし大乗仏教の縁起の論理は、人類の心の潜在能力を超越しないのである。人類の心には、あらゆる事物が相依相関しながらつながりあって縁起している法界（存在世界）のありさまを、直観によって把握する（ギリシャ語でいうところの「レンマする」）能力が潜在的に内蔵されている。しかし通常の思考では、それはものごとを線形的に処理して理解するロゴス的知性の活動によって、表層を覆われているために、自在な活動を阻まれている。それゆえに、通常の思考と言説によっては、世界の実相に触れることができない。

ナーガールジュナの「否定の論理」は、このようなロゴス的知性に対して向けられている。ロゴス的知性によって定立されるいっさいの言説が、「……でない」によって否定されていく。

それは人間の心を超越するためではなく、縁起法を直観するレンマ的知性を肯定するためである。そのことを示すためであろうか、ナーガールジュナは『中論』を著したのち、『華厳経』の重要な一本である「十地品《じゆうじぼん》」への注釈である『十住毘婆沙論《じゆうじゆうびばしやろん》』を書いて、この大いなる肯定の書への賛嘆を惜しまなかった。

大乗仏教の縁起の論理は、超越論的な一神教になじまない。そのかわりに、科学的思考とは多くの通じあうものを持つ。西欧キリスト教は啓示と理性の複雑な統一体をなしている。そして理性の使用にあたっては、スコラ学以来アリストテレス論理学のみが重きをなした。この統一体から啓示の要素を排除する戦いをとおして、科学的思考の発達を可能にする条件が整えられた。

大乗仏教の縁起の論理は、はじめから啓示や恩寵によっていない。ブッダがそのようなものを人間は必要としないと宣言したからである。この点において、縁起の論理は科学的思考と共通の地盤に立つのである。しかし科学的思考がロゴス的知性の限界内で発達してきたのに対して、縁起の論理はロゴス的知性の限界を超えるレンマ的知性の開発に力を注いできた。ロゴスとレンマは対立するのではなく、ロゴスはレンマによって包摂され、レンマにおいて真であることは、ロゴスにおいても真なのである。だが逆はなりたたない。

それゆえに縁起の論理の中には、むしろ科学的思考の限界を開いていく可能性の宿っていることが予想される。「レンマ学」はそれへの道筋を探り当てようとしているのである。

第三章

レンマ学としての『華厳経』

大乗仏典の王

『華厳経』はほかの大乗仏典とは根本的に異なっている。鈴木大拙はそのことを次のように書いている。

ここでは、冷やかなもの、地上的な灰色のもの、人間的な矮小のものは全く見出されない。目にうつるあらゆるものが、すべてみな、たぐいのない光に輝きいでるからだ。われわれはもはや、暗い、硬い、そして限りのある、この地上の世界に居るのではない。不可思議にも身は運ばれて、天上の銀河の間に上る。この天上の世界は光明そのものである。地上の薄暗い祇園林、師子王釈迦が恐らくは座ったであろうと思われるみるかげもない枯草の座、無我の講説に耳を傾けるみすぼらしい托鉢僧の群、——これらはみなことごとくその影を消している。仏陀がある種の三昧に入ると、彼が身をおいていた楼閣は忽然として宇宙の端の端まで拡がる。いな、宇宙そのものが仏陀の存在の中に溶け込むのだ。宇宙が仏陀で、仏陀が宇宙である。(『華厳の研究』)

『華厳経』がほかの大乗仏典と異なっているのは、仏教思想の土台をなす「縁起」とその認識を生み出すレンマ的知性を、純粋な形態において取り出すことに、この仏典が自分の目標をぴたりと定めているためである。それを実現するために、『華厳経』の舞台は、ブッダが悟りを得てからまだその内容を人間に語り出す以前の、第二七日《にしちにち》すなわち第二週目の出来事と設定されている。

ブッダは自分の得た悟りの体験（自内証）を、高貴な存在たちに向けて語っている。人間相手に、相手の能力に合わせて語る対機説法の場合と異なり、ここでは自分がまだ一体状態でやすらっている、純粋状態のレンマ的知性の捉える空間の様相や、その空間をなりたたせている法則や内部構造について、比喩も駆使しながら自由自在に語り出している。そのため『華厳経』は、人間の心（脳）に内蔵されているレンマ的知性の働きを知る上で、他では見られない正確さをもった情報を、わたしたちに提供するのである。そこにはレンマ学の諸原理が、あるときは具体的にまたあるときは抽象的に、あますところなく表現されている。

『華厳経』は純粋レンマ的知性のとらえる世界を描いている。したがってそこで起こる出来事は、過去・現在・未来という時間秩序の中には配列されていない。現在の一瞬の中に、過去に生起した出来事のすべてが凝縮されて入り込んでおり、未来に生起することのすべてが現在の瞬間の中に含まれている。それが実在の真の姿であるが、脳内の神経組織はそれを過去・現在・未来という線形な時間秩序に順序立てて処理していく。ロゴス的知性とは「目の前にあるものを順序立てて並べる」を本義としているから、この時間処理のやり方は、ロゴス的知性の基礎を形作っていると言える。純粋レンマ的知性は、このようなロゴス的な時間処理を停止させて、縁起によって動き変化している実在の構造そのものに近づいていこうとするのである。

同じようにして、『華厳経』では通常の空間も消えてしまっている。そこにもある種の「広がり」はあるのだが、その位相（トポロジー）は数学的にも格別の構造をもっている（「第九章・第十章レンマ的数論」の章でその構造を詳細に検討している）。この「広がり」の中に存在するもののすべてが、相依相関しあっているのであるから、どんな極小の部分にも全体が影響を及ぼし、全体はあらゆる極小部分に広がって浸透している。この「広がり」の中では、遠い・近いの関係によって空間の内部を区別することができない。また「広がりをもたない点」という概念もなりたたない。どんな点にも他の点の影響が流れ込み、あらゆる点と点はたがいに互入しあっている。レンマ的知性のとらえる縁起的空間には、ハウスドルフ位相（そこでは点と点はかならず分離できる）が存在せず、どんな点も「広がり」を持っている。このような「広がり」には力と作用と差異が充満しているから、それをドゥルーズ哲学の言う「強度の充満したスパティウム（原基）」と比べることも可能である。

このように通常の時間と空間の構造が消滅した、レンマ的＝縁起的世界を舞台に、『華厳経』は展開する。その世界ではどんな思考がおこなわれ、どんな感情がそこを満たしているのか。

光はどんな波動でその世界を覆っているのか。それを描き出すのが、この仏典の主題である。一見すると『華厳経』はとてつもない想像力の産物のようにも見える。しかしじっさいには、そこで働いているのは想像力ではなく、わたしたちの心の本質をなすレンマ的知性に関する厳密な思弁にほかならない。その意味で、『華厳経』はこれから作られる「レンマ学」の偉大な先駆者なのである。

わたしたちの心がロゴス的知性の働きに覆われているのは、ロゴス的な情報処理をおこなう脳の神経組織によって、生物学的な限界を設けられているからである。レンマ的知性はそのロゴス的知性を包摂して、そのあらゆる活動に浸透している知性の働きではあっても、それ自身として取り出すことはできない仕組みである。仏教はそのレンマ的知性の実在に焦点を合わせ、それを「縁起の理法」として描き出そうとした。多くの他の仏典は、対機説法のやり方を通じて、それを一種の理性批判として展開するのであるが、この『華厳経』にかぎっては、レンマ的知性そのものを純粋形態として取り出すという、前代未聞な試みがなされている。それがこの経典が「大乗仏典の王」と呼ばれる所以であり、またいっこうに古びることのない現代性・未来性の根源となっている。

レンマ的知性の充満する法界

これから『華厳経』の世界の内部に分け入っていこう。この経典では、純粋レンマ的知性の活動領域の全体が「法界 dharma-dhātu」と名づけられている。この法界はその全域が、極微から大域にわたるまでことごとく、縁起の理法に貫かれながら、運動変化を続けている。そのために『華厳経』の描く世界は「法界縁起」の世界であると言われる。ブッダが人間の弟子たちに向かって説いた「十二支縁起」では、生命の誕生やそれが体験する苦しみや無明や死についてが、きわめて現実的に語られている。それにたいしてこの「法界縁起」では、生命体に内蔵されているレンマ的＝縁起的活動そのものを、あらゆる手段を用いて描き出すことが主題となっているから、もはや地上の光景は消え去って、「不可思議にも身は運ばれて、天上の銀河の間に上る」ごとき世界が、出現することになる。

そうなるとブッダ（世尊）も「法界」の存在にふさわしい存在様態に変容することになる。

（ここに言う世尊とは、）偉大なる知恵によってその心が目覚めたかたで、過去・未来・現在のすべての仏たちと身一つの平等性を体得し、その行ないはすべての仏たちと平等で、さえぎるもののない活動領域をすべて覚知した、知恵を本性とする法身《ほっしん》（すなわち、真理を体とする仏）である。（換言すれば、それは、眼に見える）相《すがた》がありながら、（しかし、真実には）実在しないものにもとづいているのであって、したがって、無二の真理の領域全体をその活動領域として、はたらきをあらわしつつ、端も真ん中もない平等のさとりを体得し、妨げるもののない自由の境地にあって歓喜したまうところの、虚空界の限界を限りとする（無限大の）法身である。（「華厳経如来性起品《にょらいしょうきぼん》」）

ついで『華厳経』はすぐさま、純粋レンマ的知性の働きを幾何学化して、空間の広がりとして描き出すことにとりかかる。レンマ的知性は「レンマ的空間」の構造に姿を変えて、わたしたちの前にあらわれてくる。それはあらゆる種類の純粋物質でつくりあげられた「宮殿《ぐうでん》・楼閣」の姿をしている。

ブッダやヴァイローチャナ（毘盧遮那）やマイトレーア（弥勒）などが説法をおこなうこの大楼閣は、宇宙と同じ広がりを持っている。広々として精妙な荘厳に飾られている。大楼閣の内部には、無限の数の楼閣が包摂されている。どの楼閣も同じように広大な広がりを持ち、精妙に荘厳されている。

一つ一つの楼閣はそれぞれが独自性を保ち、それぞれが固有の響を発している。人間の聴覚には美しい和音が鳴り響いているように聞こえる。しかし、どの楼閣も他の楼閣となんの障害もなく、自由無碍にコミュニケーションをおこなっている。一つ一つの楼閣が個体性を保ったまま、妨げるもののない状態で、相互に行き来して、そのまま全体の調和が保たれているのである。

そのために、一つの楼閣の中に立っていると、他のすべての楼閣の中にも自分の姿を見ることになる。どんなに微細な楼閣に起こる出来事も、すべての楼閣に瞬時に伝わっていき、楼閣の集合のそのまた集合へと、この出来事の情報は知られていくことになる。他の楼閣から異なる和音に所属する「出来事」が入り込んでくると、もとの楼閣に響いていた和音には「ゆらぎ」が生ずるであろう。その「ゆらぎ」によって、楼閣の構造には微細な変化が作られるが、その変化を飲み込んで微妙に構造を変化させても、全体の調和は保たれていく。全体の調和を保ちつつ、個体性を保持して変化していくのである。

ブッダが説こうとしていた「縁起の理法」を、レンマ的知性の働きとして純粋な形で取り出すと、『華厳経』に描かれているこのような幾何学的表象になる。法界を満たすこのような楼閣の描写から、わたしたちはレンマ的知性の内部で起こる、力や情報の伝達の模様を次のように推定することができる。Aという事象とBという事象との間につながりがあると思われるとき、そこには表面に顕在化していないCやDやEという事象も潜在的に影響を及ぼしている。このときロゴス的な因果律に立つ思考は、A→Bという変化を考えて、この変化をもたらす作用を「演算子」や「微分」として計算し予測する。ところが実相では、顕在化している部分と潜在化している部分とが、縁起的に互入しあいながら全体運動をおこなっているのが現実である。レンマ的知性は、そのような縁起の全体運動と同じ構造を備えた知性形態として、人間の心（脳）に内蔵されている。大乗仏教ではそれを「一心法界」と呼んでいる。

このような無限数の楼閣の集合する「広がり」の中で、説法という形を通して真理の伝達がおこなわれる。それは何段階ものステップを踏んでおこなわれる。人間の理解する言語の構造に到達するまでに、純粋レンマ的知性の「言語活動」は、何段階もの「変換」ないし「翻訳」をへなければならないからである。生成文法によれば、現在までホモサピエンスとしての人類が使用してきたすべての言語は、共通の深層構造を利用している。それはS＋V＋OないしS＋V＋O＋Cという「句構造」をしている。句構造の配列順序は自由に変えることができて、英語や仏語のように並べ方の順序が厳密に意味を決定する言語もあれば、日本語や梵語のように句の並べ方の順序が自由で、「てにをは」や「格変化」がそれを補っている言語もあるが、「線形性」の規則はどの言語においても守られている。

しかしレンマ的知性は線形性によらない思考をおこなう。したがって法界の楼閣で諸仏の発する言語は非線形的で、句構造を持たない。そのために人間の言語にとっては、ときおり「モワン」という不思議な響が発せられるだけで、そうでないとき諸仏は語らず、沈黙しているように見える。しかし諸仏はたえまなく「語っている」のである。諸仏の語るその饒舌な非線形思考を、線形言語で思考する人間の世界に通じるものにするために、象徴的な記号（エクリチュール）が利用される。この象徴的記号には意味が非線形的にぎっしり詰め込まれていて、その表現には動作、指弾、目配せ、微笑なども利用される。その非線形的エクリチュールを「翻訳」して、諸菩薩が人間に理解可能なように語るのである。

このような「変換」や「翻訳」がなされるたびに、法界に充満している意味＝力は、次々と別の表現平面に「射影」されていき、意味の次元を減少させていく。完全な充満状態から隙間だらけの句構造へ、多次元的な非線形言語から線形言語の二次元平面へ、レンマ的知性からロゴス的知性の平面へと、「射影」されていくにつれて、意味の豊かさは減っていく。しかしそれにもかかわらず、真理は間違いなく伝達されていく、というのが『華厳経』の言語思想である。

ロゴス的知性にとって「真」であるものはレンマ的知性にとっても「真」であり、レンマ的知性が「偽」と認めるものはロゴス的知性も「偽」と判断する。それはロゴス的知性とレンマ的知性が、「標準（standard）モデル」と「超準（non-standard）モデル」の関係にあるからである。標準モデルを拡張した超準モデルにあっては、標準モデルで正しい命題は超準モデルでも正しい命題となる。この問題も「レンマ的数論」の章でいずれ詳しく説明するが、何段階もの変換と翻訳によっても、如来の思考は間違いなく諸菩薩や人間と諸々の非人間に伝わっていくことを、『華厳経』は保証するのである。

法界の思考法

このような法界に、たくさんの菩薩が住んでいる。菩薩は人間であるから、わたしたちと同じ感覚器官や脳組織を持ち、線形的な句構造を深層構造とする言語を使って経験を秩序だて、それを使って他の人間とコミュニケーションしている存在である。しかし彼らは縁起の理法を深く理解することによって、自分に内蔵されているレンマ的知性の働きに気づき、ロゴス的知性がたえまなく生み出している認知平面の下ないし奥から、レンマ的知性を表面に引き出してくることのできた人間たちである。この菩薩たちは、ロゴス的知性の支配する世間界に生きているときも、縁起の理法によって動き変化しつつある法界の活動を生き生きと感じ取っていられる。

『華厳経』ではこのような菩薩が、レンマ的知性によってどのように世界をとらえているかを、詳しく描き出している。

仏子のみなさん、菩薩はこのような十の知恵を我が物としているので、以下のような十の普遍に入ることができるようになります。十の普遍とはすなわち（1）いっさいの世界を一本の髪の毛の中におさめ、一本の髪の毛をいっさいの世界に広げていくことができ、(2) いっさいの衆生の身体を一つの身体におさめ入れ、一つの身体をいっさいの衆生の身体に広げていくことができ、(3) 言語で表現のできないほどに長大な時間を一瞬の思考におさめ、一瞬の思考を言語で表現のできないほど長大な時間に広げていくことができ、(4) いっさいの経験(法)を一つの経験におさめ、一つの経験をいっさいの経験に広げていくことができ、(5) 言語で表現できないほど広大な広がりを一つの場所におさめ、一つの場所を言語で表現のできないほど広大な広がりに拡げていくことができ、(6) 無量の有情(生命)を一つの有情におさめ入れ、一つの有情を無量の有情に拡大していくことができ、(7) 無量の非情(非生命)を一つの非情におさめ、一つの非情を無量の非情に拡大していくことができ、(8) いっさいの想念を一つの想念におさめ、一つの想念をいっさいの想念に拡げていくことができ、(9) いっさいの言語音を一つの言語音におさめ、一つの言語音をいっさいの言語音に広げていくことができ、(10) いっさいの過去・現在・未来の三世を一つの時間におさめ、一つの時間を三世に拡大していくことができるようになります。これを菩薩が可能とする十の普遍というのです。(「普賢行品《ふげんぎょうぼん》第三十六」)

これが『華厳経』に名高い「一即多、多即一」、「一即一切、一切即一」の思考法である。楼閣の「建築原理」と同じ原理で、菩薩の世界認識がおこなわれているのがわかる。楼閣はどんな微小部分でも全体とつながりあい、相互嵌入しあいながら調和しているという、縁起の理法を原理として、建築されているが、そこを住処とする菩薩の思考もそれとまったく同じレンマ的知性の原理を働かせているので、楼閣の「広がり」の中で、まったく違和感がない。

大乗仏教では菩薩という存在を、人間の生きる理想像に掲げている。これはわたしたちの言い方では、心（脳）の中においてレンマ的知性の活動を表面に引き出して活動させる可能性を語っていることにほかならない。じっさい仏典の中で菩薩の条件としてあげられているものは、レンマ的知性の働きを前提とするものばかりである。

それらの条件を満了することが、菩薩のめざすべき六つの完成（六波羅蜜）と呼ばれている。

（1）布施すなわち惜しみなく与える贈与の能力。縁起の理法によって動き変化する全体運動の中では、贈与の与え手も受け手もない。また贈与される対象物もない。そのような理解のもとで、菩薩の布施はおこなわれるので、見返りを求めない純粋贈与がめざされる。

（2）戒律を堅固に守る能力。世間界に捕獲されてしまわないために、自己の存在のまわりに結界を張って、アジールとして守るのである。

（3）忍辱すなわち苦痛や侮辱に耐える能力。世間界をつくっているのはロゴス的な言語に基づいた諸システムであるから、そこではレンマ型の思考は否定され、非常識と蔑まれることが多い。それに耐えて世間界の只中で活動しなくてはならない。

（4）精進する能力。人間の心（脳）は自然状態に放置しておけば、生物的条件によって自ずとロゴス型認識に落ち着いていく。それを防いで、レンマ的＝縁起的認識を活発な状態に保ちつづけるための精進が必要である。

（5）心を安定させる禅定の能力。禅定はロゴス的知性の働きを停止して、心（脳）にレンマ的知性の働きを取り戻させる。

（6）レンマ的知性そのものであるプラジュニャー（智慧）を身につけること。

『華厳経』ではこのような能力を身につけた人間は菩薩として、法界の楼閣に入ること（入法界）ができると語る。これは見方を変えれば、人間の心（脳）には神経組織網と親和性の高いロゴス的知性とともに、それを拡張したレンマ的知性が内蔵されているわけであるから、人間には誰でも菩薩となる可能性が宿されていることになる。これは「如来蔵」と呼ばれる思想である。この意味では、わたしたちのレンマ学も一種の如来蔵思想に立つものと言えよう。

ロゴス的知性を包摂するレンマ的知性

これから展開されるレンマ学すべての基礎に、この『華厳経』の法界縁起の思想が形を変えて組み込まれることになる。これは『華厳経』自体が、レンマ的知性の内部構造と論理体系と運動法則そのものを、思弁の対象とした経典であることからして当然のことであるが、その経典が成立した千数百年前と比較して、ロゴス的知性の結晶体とも言える人工知能が非常な発達をとげている現代にとっては、また新しい意味も発生している。

レンマ的知性はロゴス的知性の拡張形であるが、その存在自体を実験によって取り出すことが困難である。これまではロゴス的な表現機構が誤作動を起こして、病理的な奇妙な表現があらわれでた時などに、ロゴスとは異質な思考の機構が働いているのかもしれないという仮説が立てられて、Ｅｓ《エス》とか無意識のような実体が想定されてきただけである。しかし『華厳経』の示すところでは、その実体はＥｓや無意識のような意識の「日陰者」などではなく、縁起の理法によって運動する法界という堂々たる高次知性の働きにほかならないのだ。その知性の働きを『華厳経』は否定神学によらず、絶対的な肯定表現の中に引き出してみせる。

このような形でレンマ的知性が引き出されることによって、人間の自己認識はむしろ増大するのである。レンマ的知性はロゴス的知性を否定しない。（実無限としての）無限大や無限小を組み込んだ超準的な数学が、それを含まない標準的な数学の得た諸命題を否定しないように、量子論が古典物理学を否定しないように、ロゴス的知性の拡張形であるレンマ的知性は、むしろロゴス的知性の得た知見の数々の意味を補完し豊かにすることができるのである。

そのような意味で、千数百年前になされた『華厳経』の冒険は、今日でもその価値をいささかも減じない。それは未知のレンマ的知性の現代的探究にとって、最高の海図を描き置いてくれている。その海図の要点を、『華厳の研究』における鈴木大拙に倣って次のように示すことができる。

（1）純粋レンマ的知性である法界を幾何学化したところに「楼閣」の構造があらわれる。人間の心の中にこの楼閣の構造をしたなにものかが存在している。この楼閣は曼荼羅と同じものである。

（2）ある見方からすると、法界は世間界ではない。世間界は差別と個で構成されているが、法界は縁起によって相依相関しあい、互入しあっているからである。しかしより高い見地に立てば、法界がそのまま世間界であるとも言える。

（3）法界は空虚な抽象で満たされているのではなく、具体的な個物の充満した充実体である。具体的な個物が雑華（普通の花 gaṇḍa）として法界を荘厳（vyūha）しているところから、この経典は華厳（Gaṇḍavyūha）と名付けられている。

（4）法界を満たす個多のもの（事）には完全な秩序があり調和がある。

（5）この秩序は非線形かつ相互嵌入的である。「入法界品」には次のような記述がある。「すべてのものが隔在せず融け合っているのだが、それでいて一つ一つのものが個性をけっして失うことのないように荘厳されている。個体の像が一つ一つのものに映じている。しかもそれはただ特殊な場所だけでなく、楼閣の全域にわたっていたるところでそうなっている。すべての像が完全に相互映発しあっている」。

（6）法界ではすべての個物は溶融するのであるが、しかもそれぞれの個性をけっして失わない。

（7）一つの個物に他のすべての個体が映し込まれているだけではなく、他のすべての個物の中にそれは映し出されている。

（8）このような法界の持つ特性を「無礙〔碍〕（なんの障害もない anāvaraṇa）」と呼ぶ。その意味は、すべての個物は分割性と相互抵抗を本質としながらも、法界にあっては完全な相互嵌入の状態にある。

（9）法界は純粋な光の波動の世界である。そこでは一つ一つの荘厳事は自らの色光をもって輝いているだけでなく、他からの光を受け入れてそれを反映することを拒まない。

ここに挙げられている特質は、すべてレンマ的知性に特有のものである。『華厳経』が一面において宗教的テキストでありながら、そのことを超えた普遍性・現代性を備えているのは、このテキストの主要な関心が人類の心（脳）の普遍的構造の探究に注がれているからだ。そこで「法界」として解明が進められているものは、ロゴス的知性の活動によって見えなくなっている心の原基的実体の様態である。

このような法界のスパティウム（原空間 spatium）が、心の基層部にセットされているために、人間の心は人工知能とは異なる作動を示すのである。法界スパティウムの内部では事物は孤立することがなく、すべてのものが相依相関している。そのためたとえば、この運動性が言語の線形的な句構造に流れ込むことで、語と語の隠喩的・換喩的結合が起こるようになる。そうするとそれまでの指示機能中心であった言語が「表現機能」を持つようになる。この表現機能を備えた言語を使って世界をあらわすと、世界を構成する事物の間には密接なつながりが発生するようになり、世界は全体のつながりとして捉えられるようになる。言語が表現機能を持つことによって、言語は世界を対象化して指示する働きだけではなく、主体と対象とのつながりやそこから発生する感情を含んだ表現も可能になる。このように、レンマ的知性なしには、芸術的なものすべてが生まれ得ない。

感情の発生も、法界スパティウムの存在と密接に結びついている。感情は自分と世界との一体感やつながりを基礎にして発生し、その一体性が安心に保たれたり、不調に陥ったりするたびに、幸福感から苦しみまで大きな変化を示しながら揺れ動く。ロゴス的知性は原理上このような感情の発生には関与していない。ある色彩が暖かく、ある色彩は冷たいと感じられる「共通感覚」の現象にも、心の基層部にセットされてある法界スパティウムが深く関与している。

このように、真の人間学を創り出すためには、レンマ的＝縁起論的な原理によって作動する法界スパティウムの実在を前提にする必要がある。大乗仏教の縁起の思想に基づくそのような学（science）はまだ存在しないが、人工知能の発達が急速に進む今日、その創出の必要性はますます高まっている。「大乗仏教に望みあり」という南方熊楠の言葉は、彼が考えていたのよりもはるかに大きな射程を持っているのだ。

マトリックスとしての法界

『華厳経』に美しい「楼閣」として描き出された法界スパティウムの本質を一言で言い表すとすれば、それは「マトリックス（matrix）」である。古代の神話的用法では、この言葉は女性的な現象事物の胎をあらわしている。胎の中では無数の生命や意味の萌芽が立ち上がり、不思議なやり方で相互のコミュニケーションをおこないながら成長し、個体として生まれでるのを待つのである。

現代数学のイメージでは、マトリックスはたくさんの（無数の）数の配列された集合をあらわしている。一つ一つの数は、マトリックスを構成する他のすべての数と関係しあっていて、一つの数に変化が起これば、その変化はマトリックス全体に広がっていく。数の配列にも規則がある。一番簡単で一番有用性の高いのは、数を行と列にしたがって二次元的に配列するやり方である。このように配列された数学的マトリックスは、四則演算（＋－×÷）の計算ができる。たいがいの場合、順番を変えて掛け算をすると異なった結果が出る（非可換性）。

いずれにしても、マトリックスは相依相関するたくさんの要素の集合体のことを意味している。それらの要素は他の要素とつながりあいながら、全体変化していく。それゆえ、要素間には何かのやり方で情報伝達がおこなわれている、と考えることができる。しかも各要素はマトリックスに包含される他のすべての要素からの作用と変化を受け取りながら、全体の調和を保つように自ら変化していくのである。『華厳経』が「楼閣」として描き出す法界スパティウムは、このマトリックスの定義を申し分なく完備している。

楼閣の構造自体が、法界スパティウムがマトリックスであることを示している。一つの楼閣の中には無数の小さな楼閣が包摂されていて、それらの楼閣のすべてが相依相関しながら影響を及ぼしあっている。つまり一つのまとまりを持った楼閣は、じつは無数の楼閣の集合体であり、『華厳経』の描くイメージでは、それらは三次元の中で明確な配列規則を持っている。一つの小楼閣の変化はすぐに他の小楼閣に波及していき、その小楼閣も他からの影響を受けつつ、たえまなく動き変化しているが、その変化は全体の秩序と調和が保たれるように調節されている。

こういう全体運動を続け、たえず全体からの影響を受けながらも、それぞれの小楼閣（その内部にはまた無数の小楼閣が包含されている）の個体性は保たれている。そして個体性を保ちながら、他の小楼閣のすべてを自分の中に映し込んでいる。逆のことも起こっている。一つの個体（小楼閣）の姿は、他のすべての個体の中に映し出され、無限の相互映発が起こっている。またこの相互映発があるからこそ、小楼閣の集合体である大楼閣も、個体性としての秩序と調和を保っている。

このように個体どうしの間には、自由な（無碍）コミュニケーションがおこなわれている。他からの情報や力が嵌入することによって、個体性が壊れてしまっては、マトリックスは持続できない。他からの情報や力の嵌入に耐える相互抵抗が働いて、はじめて持続可能な相互嵌入は可能である。その結果、個体性を保ったままの障壁のないコミュニケーションが起こる。

このようなマトリックスとしての性質を備えたスパティウムの構造を持つ知性的ななにものかが、わたしたちの心の原基をなしている。それを『華厳経』は「法界」と呼んでその内部構造を探究したのだ。『華厳経』がどうしてそういうところにたどり着いたか。それは大乗仏教の掲げる大テーマとして「縁起の理法」を追究していたからで、それを追っていくうちに人間の心の中に「法界縁起」を発見することになったからである。

縁起で動くこの法界で起こっている動きや変化を捉えるためには、レンマ的知性の働きがなければならない。いや、縁起の理法を内在させた法界そのものが、レンマ的知性それ自体なのである。『華厳経』はそれを暗い無意識としてではなく、光の波動に満ちた宮殿楼閣として描く。大乗仏教はわたしたちの抱く心の深層についてのイメージを根底から覆す。無意識は意識がないのではなく、逆に未知のマトリックス算法で動く法界スパティウムであるがゆえに、ロゴス的知性であるところの意識には、それが不可知の厚い雲に覆われた暗い世界のように見えるのである。原理的にいって、ロゴス的知性は縁起の理法によって運動する法界の一部分でこそあれ、法界＝レンマ的知性を制圧できるような立場にいない。それを人間の心（脳）から消滅させることもできない。むしろレンマ的知性があることによって、はじめてロゴス的知性も存在し活動することができるようになっているからである。ナーガールジュナに帰れ。レンマ学は、大乗仏教の持つ常識（世間智）を転覆する力を、現代に取り戻そうと思う。

第四章

脳によらない知性

『華厳経』から華厳経学へ

レンマ的知性はなにかの空間性を備えている。それはなにかを容れる器としての実体的空間ではないが、空間性の原基のような「広がり」を持っている。『華厳経』ではそれを「法界」と呼んで、その内部構造や運動様式などを詳しく研究した。

レンマ的知性の作動は、脳の神経組織でおこなわれているロゴス的な情報処理とは、大きく異なっている。縁起の理法にしたがって、非局所的な全体運動をおこなうのである。そのため、レンマ的知性の活動には人類の脳のような組織は、かならずしも必需品ではない。

そのことは中枢神経系を持たない単純な生物の「知性活動」を観察することによってもわかる。粘菌がその見事な実例を示している。捕食のために最適な形に姿を変化させ、取り込んだ栄養を身体中に行き渡らせるために管のネットワークを組み替えていく。そのために必要な最適解を得るために、粘菌は中枢神経系を用いないで、高速度の「計算」をおこなっているらしい。「誰」がこの計算をおこなっているのか。それは原始的な段階にあるとは言え、人類の心において活動しているのと同じ本質を持った、レンマ的知性にほかならない。

レンマ的知性は、ロゴス的知性を複雑高度に発達させたからといって、生まれるものではない。粘菌の知性活動を知って驚いた生物学者の中には、粘菌の示すようなレンマ型の知性は、ロゴス型コンピューターを並列にネットワーク連結することによってつくりだせると考えている人たちもいるが、その仮説は成功しないと私は予言する。また近い将来に量子コンピューター（量子コンピューターの原理はスピン量子化を用いた超並列ロゴス型コンピューターである）が開発されたとしても、レンマ的知性の機械による再現はうまくいかないだろう。

それは、非時間的な縁起の理法によって作動するレンマ的知性と、時間を介して線形的な情報処理をおこなうロゴス的知性とが、根本的に異質な知性だからである。レンマ的知性をロゴス的知性に落として変換するのは難しくないが、ロゴス的知性からレンマ的知性を生み出すことはできないのである。

脳を持つ人類の心の中では、この二つの知性様式が同時に活動をおこなっている。そのため人類の心は計算機械のような作動を完全にはおこなえない。また逆に言えば、チューリング機械のような時間性の原理に基づいて作られたどのような計算機械も、レンマ的知性を完全には模倣できない。では人類の心では、二つの異なる知性の活動様式がどのようにからまりあって、この心的現象を生み出しているのか。このことについて大乗仏教は独自の深い探究をおこなった。「法界」の構造を詳しく調べることによって、それが見えるようにしたのである。

『華厳経』の壮大な創造のあとを受けて、この問題をさらに発達深化させたのが、『華厳五教章』を始めとする中国華厳宗の諸著作と、馬鳴《めみょう》（アシュヴァゴーシャ〔八〇～一五〇頃〕）作と伝えられる『大乗起信論』である。このうち中国華厳宗では、法界＝レンマ的知性を駆動させている理法の徹底的な解明が進められ、『大乗起信論』では、レンマ的知性とロゴス的知性との構造関係を明らかにする探究が深められた。いずれも、人工知能と脳科学の発達した現代にも、大きな示唆を与えるにちがいない内容を持っている。

華厳宗は『華厳経』に説かれた複雑壮大な内容を、簡潔な漢字表現を駆使して、整然とした理論体系にまとめあげる仕事に取り組んだ。インド人はブッダの説いた縁起の理法から中観のレンマ論理学を作り、それをさらに法界縁起の思想にまで高めていった。レンマ的知性の働く領域を、無数の「楼閣」が相互に自在にコミュニケーションしあっている壮麗な空間性（＝法界）として、視覚化してみせたのである。中国華厳宗では、その法界の内部に働いている構造（体性）と力（力用）を律している原理を、「相即相入」の過程として精密に定義した。その代表作が法蔵の『華厳五教章』である。

それによると、法界縁起を作動させている諸法《ダルマ》を、空間性である「体性」と力作用である「力用」の二つの面から、あきらかにすることができる。法界にあるあらゆる事物が、体性の面から見れば、無自性（自分の本質というものを持たない）空に根を下ろし、そこから生起して個体性をもって、他の事物と縁起によってつながりあう。あらゆる事物が空から生起した有（存在）として、空有一体の同型を保っている。この構造原理によって、諸法は相互に自在につながりあうことになる。個体性が空に根ざしていることによって、個体性は個体同士の交通を妨げる要因とならないからである。こうして諸存在は相即することになる。

このとき顕在と潜在の違いが発生する。自が表面に出て有として顕在化すると、他は空に沈んで裏面に隠れて潜在することになる。この関係はすぐに転じて、他が顕在し自が裏面に隠れて潜在となる。したがって表面にあらわれている存在の裏面には、潜在している他の存在が隠れていることになり、孤立した個体はないことになる。自と他はこうしてこの面から見ても相即する。

縁起する諸存在はこのように空有一体の構造を持っている。そのため個体性を超えて相互に力の出入（力用）も起こるのである。自から他への力の移動があるとき、自が有力で他は無力である。その逆のことが起これば、自が無力で他が有力である。こうして自と他は有力無力を交互に入れ替えながら、力を満遍なく法界に行きわたらせていく。

この相即相入こそが、『華厳経』に説かれた「一即多、多即一」をつくりだす根本の原理である。体性における相即と力用における相入の働きのあるおかげで、法界を満たすもろもろの事物の間では、構造変換によって相互のつながりが生まれ、力の自由な往来が実現されることになる。「一」に起こることは即座に「多」に及び、他＝全体にかかわる情報はそのまま「一」に送り込まれる。こうして縁起の理法によって動き変化する、法界におけるコミュニケーションが実現されているのである。

奔放な想像力を持つインド人によって書かれた『華厳経』には、ここまで理屈っぽいことは書かれていない。しかし現代の私たちにとっては、『華厳五教章』の知的分析は、大いに役にたつ。それによって心（脳）内で活動するレンマ的知性の作動過程を、正確に理解できるようになる。その意味でこの書物は、レンマ学の重要な手引き書とも言える。

法蔵の達成

『華厳五教章』には、縁起の理法によって動き変化する法界の特徴を、次のような十の項目（十玄縁起）にまとめてある。

（1）「同時具足相応門」　すべての存在（法）は、空間的にも時間的にも縁起の理法でつながりながら、全体が一体となった動きや変化をおこなっている。空間と時間も一つにつながって、時空連続をなしている。全体運動する法界においては、すべてが空に生起して有に縁起しているから、「事々円融」の調和を保ち、主体と客体も相即相入しあっている。

（2）「一多相容不同門」　すべての存在（法）の働きを力用の面から見ると、一の力は多の内部に入り込み、多の力が一の内部に入り込むようにして、一多はたがいに自在に力の行き来をおこなっている。こういう力の移動が生じても、一は一のまま、多は多のままで、不同が保たれる。

（3）「諸法相即自在門」　すべての存在（法）は空有の二重構造をしているから、体性の面から見ると、すべてが相即しあっている。つまり一つ一つの構造は同一ではないが、構造変換によって互いに自在に移り合うのである。一即一切・一切即一という状態が実現されていて、互いの行き来は自在無碍である。

（4）「因陀羅《インドラ》微細境界門」　インドラ神の宮殿に懸けられた網の目ごとに置かれた宝珠が、お互いを映発しあっているように、法界にあっては、一つの個体に起こることはただちにすべてに及んでいって、全体に受け入れられていく。そうして起こる全体の変化もただちに一の個体に受け入れられていくから、法界の諸法は重々無尽に相即相入しあって、完全に融け合って（円融）自在につながりあっている。

（5）「微細相容安立門」　法界のすべての事物（法）は、小の中に大がすっぽり収まり、一の中に多がやすやすと容れられる。一の個性が多の個性と争って相互崩壊をおこすことがなく、整然として相入しあっている。まるで矢束が矢の穂先をそろえて一斉に出現してくるように、一念が生ずるやいなや同時にたくさんの思考の穂先が頭をそろえて、炳然《へいぜん》として突如顕現してくるのである。さきの「因陀羅微細境界門」では諸法がたがいに映発しあうのにたいして、この門では諸法がいっせいに頭をそろえて炳然と顕現する様式に注目されている。法蔵はここで、インスピレーションの湧き上がってくる瞬間の様子をとらえている。インスピレーションとは法界＝レンマ的知性に特有な思考顕現の様式なのである。

（6）「秘密隠顕倶成門」　縁起の諸法を隠（裏）と顕（表）の相即関係からとらえる。裏と表が一体で、ある事物が表となれば多の事物は裏に隠れることになるけれども、表裏はつねに一体で同時並存している。図と地の関係もしかり。法蔵が則天武后に説いた比喩では、純金でできた獅子像を見て、獅子（図）のほうを中心に見ていれば金（地）は隠れるが、金のほうを中心に見ると獅子は隠れてしまうように、あらゆる存在（法）が顕在部と潜在部が一体となって、法界縁起をおこなっている。したがって顕在部だけを観察して世界を知ったということにはならない。

（7）「諸蔵純雑具徳門」　縁起している一切法は、必ず純粋なもの（一）と雑多なもの（多）とを具えているが、純は純として雑は雑としてそれぞれが自分の本性を維持しながら、しかも一念のうちに同時に生起してまろやかに調和しあっている。

（8）「十世隔法異成門」　過去・現在・未来の三時制（三世）にそれぞれ三世があって九世となり、さらにこの九世は相即相入しているために、いまここの一念のうちに収まって十世となる。ここにいう十世（十時制）を分けたのが「隔法」であり、十世隔法が相即相入してもなお前後長短の別を失わないというのが、法界のしめす「異成」である。つまり、時間もまた相即相入して自在に交流する無碍の法によって成り立っている「仮設の法」ということになる。時間には実体がなく、ただこういう仮設法の上に成り立っているのだから、レンマ的知性にとっては時間も自在な秩序なのである。

(9)「唯心廻転善成門」 唯心とは如来蔵自性清浄心のこと。如来蔵は「さとり」と「まよい」をともに生み出す存在の土台。それが絶対的な清浄を自性としていることを言っている。「さとり」も「まよい」もいっさいの法が、この如来蔵自性清浄心の転変生成したものであり、如来蔵の一心を離れて生成するものはなにひとつない。

(10)「託事顕法生解門」 一多が相即相入しあう法界の縁起法は、事々物々にそのまま完全に顕現している。どんなにささいな事物であっても、そこには不可説不思議な法界法門が、そっくりそのままあらわれているのである。差別をもって現象する事相を体験することによって(託事)、法界の無尽の無差別法があきらかになる。したがって現象の背後に本体があるなどと考える必要はない。象徴や比喩はなにか別のものへずらして表現しているなどと考える必要もない。事についての象徴や比喩はそのままで、法界の構造の顕現にほかならない。あるがままの世界がそのまま法界であると了解(生解)することである。

『華厳経』をはじめとする如来蔵の思想によると、このような法界縁起の構造(体性)と力学(力用)をそなえたレンマ的知性が、あらゆる生命体(有情)に内蔵されているのである。それは中枢神経系や脳をもたない粘菌のような原始的生命の中でも活動しているし、人類のような高度なロゴス的思考を可能にする脳をもった生命の中でも活動している。

じっさい南方熊楠のような人を魅了してやまなかった粘菌の生命活動には、原始的な形態のレンマ的知性が現実にあらわな形で示されている。多核単細胞生物である粘菌の「体」は、全体が縁起一体で動いている。それぞれの核の周りに相即する類似の細胞構造がつくられ、それらを連結する「管」の中をエネルギー物質を運搬する液体が流動している。こうした管が全身にゆきわたっているおかげで、エネルギーの「力用」に関して、一細胞に形成されたエネルギー物質は多数の細胞に流れ込み、多数の細胞から一細胞への搬入が起こる。細胞各部分の情報(法)は、「因陀羅微細境界門」の理法によって、全身の細胞と相互映発しあいながら、情報の伝達をおこない、捕食という「煩悩」行動に最適な管の連結回路を短時間に「計算」して、自分の形を自在に変化させていく。

また、粘菌は「秘密隠顕倶成門」にしたがって、生命形態を植物的と動物的に自在に変化させる。湿気の多い好みの環境の中では、動物的形態が「表」に顕在化してくるが、このとき植物的形態は「裏」に隠れて潜在化する。ところが乾燥した困難な環境下では、植物的形態が「表」に顕在化し、動物的が「裏」に潜在する。動物的の目からみればまるで死んでいるように見える植物化した粘菌の内部では、たくましい生命活動が続けられている。生の「裏」に死が同伴し、死が「表」となるときも「裏」には生命が息づいている。

粘菌の驚異は、生命活動の奥でレンマ的活動を続けている「法界」の相即相入の理法が、目で見ることのできる「事々物々」のレヴェルの生命活動として顕わに現象していることにある。象徴でも比喩でもなく、法界縁起がそのまま顕在化しているのである。それゆえ、粘菌の不思議な生命活動を観察して、ただちにそこから『華厳経』の思想を想起した南方熊楠の直観は、まさしく天才的だったと言える。

人類の心（脳）においては、より高度な発達をとげたレンマ的知性が、同じように高度な発達をとげた中枢神経系と脳を通じて活動するロゴス的知性と一体になって（相即相入して）知性の働きをおこなうのである。しかしレンマ的知性とロゴス的知性は表面的には大いに相反しあっている。では心の中で、レンマ的知性とロゴス的知性はどのようにして相即相入しているのだろうか。そもそも二種の知性はどのような関係にあるのか。このような問題にアタックを試みて、目覚ましい認識を得たのが『大乗起信論』である。

『大乗起信論』による補塡

『華厳経』に比較すると、この『大乗起信論』はずっと現実世界に近寄った書物である。『華厳経』は生命体の奥に潜む純粋レンマ的知性＝法界の全容解明に、全力を傾注した。そのために全編に壮麗な光が充ち溢れることになった。「ここでは、冷ややかなもの、地上的な灰色のもの、人間的な矮小のものは全く見出されない」と鈴木大拙が書いたように、煩悩を抱えて現実を生きる人間の心は、背景に退いている。

ところが現実の人間（衆生）の心は、分別や差別をもって世界を認識し、嫉妬心や怒りの感情や貪りと愚かさに支配されている。如来蔵の思想では、人間の心はおおもとの姿（真実在）においては清浄な光の波動体であるのに、それがどこからともなく出現する煩悩に覆われることによって、ほんらいの光が見えなくなる、と考えられている。

それならば、法界のレンマ的知性と煩悩に覆われた知性は、どのような関係にあるのだろうか。真実在の心がどうやって迷いの心に変わってしまうのか。それは自然過程として、もう引き戻すことができないものなのか。『起信論』はそういういわば泥まみれの問いに、一つの解答をもたらそうとした。レンマ学は、レンマ的知性を土台にして心的現象の全域を探求しようという試みであるから、『起信論』のこの取り組みは、きわめて重要な意味を持つ。

「三界はすべて心である」（世親）という唯識論の立場に立って、『起信論』は人間の心が経験するところの全体は「一心」である、という基本的立場から出発する。その心は「真如《しんにょ》」と「生滅《しょうめつ》」という二つの面を備えている。

真如は「ありのままの心」である。分別するロゴスの働きの及ばない場所で、時間によって変化することのない永遠の相においてある心という意味であるから、レンマ学の言い方で言えば法界縁起する「純粋レンマ的知性」のことをさしていると見ていい。これにたいして、生滅のほうは、時間の変化にしたがって移ろい変化していく心で、差別相をもって多義的に散乱していく。一心はつねにこの真如と生滅の二面を併せ持ち、二つの面は不即不離の関係でつながっている。したがって心の働きを知るには、「心真如門」と「心生滅門」という二側面から、心のする経験の全体を同時に観察しなければならない。

『大乗起信論』は『華厳経』の達成を踏まえながら、次のように語る。

心真如すなわち一心の「ありのままの相《すがた》」を考えて見るに、これは一法界である。自己の経験の世界のすべては心において成立しているから、心は全体者であり、比較を絶している。その点を「一」といったのである。しかも心は無限に豊富な属性を具えており、悟りの智慧の聖法の生ずる因（界）である。この意味で心真如は一法界である。そして一切諸法を包含し、その総相となっているので、大総相と呼ばれ、一切諸法の生ずる門となっているので、法門の体である。

この心真如である心の本性は実在であるから、永遠の時間を経過しても変ることがない。故に心性は不生不滅である。しかしこのことは、心に生滅変化が成立しないというのではない。心の本性は無限に豊かな力であるから、不変の実在でありつつ、しかも生滅変化の世界で活動するものである。（『大乗起信論』平川彰による解説的な訳）

ここで「心真如」と呼ばれているものが、『華厳経』などに説かれた純粋レンマ的知性としての「法界」と同じものであることは明らかである。縁起の理法にしたがう法界には時間が入り込まない。それと同じに心真如も時間による生滅変化をしない。このことは『華厳経』では、法界のあらゆる事物（諸法）は相即相入することによって自ずから時間を消し去ると説かれるが、『大乗起信論』の関心事はむしろ、時間性のない心真如のうちに突然時間が入り込むことによって、心が時間存在に変容し、絶え間ない生滅変化を経験するようになるという事態のほうに向けられている。

一心は一面では不生不滅（無時間的）であるが、現実に凡夫の心は生滅心（時間的）となっている。この心の生滅すなわち時間の世界はどうして起こるかというように、如来蔵によるが故に生滅心があるのである。すなわち心の本性は真如であるが、しかし現実にはその真如は煩悩に覆われている。この煩悩に覆われている真心を「如来蔵」と名づける。如来蔵は真如と別のものではないが、しかし法身・仏智が煩悩に覆われてその智慧の光が現われていない。これが凡夫における自性清浄心の現実の相である。（同前掲書）

法界は心真如と生滅心を一つに包み込んでいる。法界のありのままは心真如となってあらわれるが、そこに時間の風を吹き込んで生まれた生滅心も、同じ法界に包摂される。この様子を一面から見ると、真如が煩悩に覆われているようにも見える。煩悩を生む生滅心のほうが表面に出てきて、真如の心を見えなくするからである。こうして衆生心は、心真如が煩悩で覆われた構造として描かれることになる。

つまり人間の心では、心真如と生滅心とが一体になることによって、心的現象を生み出していることになる。これを、真如の不生不滅と煩悩の生滅とは人間の心にあって「和合」していると見ることもできる。この真と妄の和合状態には「アーラヤ識」という特別な名前が与えられる。この真妄和合識としてのアーラヤ識から、いっさいの人間的経験が生じる。このことから、大乗仏教の唯識論の言うアーラヤ識は、フロイト(一八五六―一九三九)の語るＥｓすなわち無意識に対応するという説がしばしばなされるが、これについては後に詳しく検討を加える。

さて、生滅心は法界に時間性が介入してくるやいなや発生する、と『起信論』は語る。縁起の理法のもとにある法界の諸法は、過去・現在・未来という時間の秩序にはしたがわない。過去・現在・未来も相即相入しているからである。そこに時間が介入したとたん、主観と客観への世界の分裂が起こり、外界と内界との境界ができて、好ましい対象と嫌いな対象への愛(好き)・不愛(嫌い)の分別が生まれるようになる。すると苦楽の分別も生じて、この分別は記憶形成の重要な引き金をなして、執着と嫌悪の認識を生む。自己への執着(我執)が生まれ、それは記憶によって持続していく。

分別の発生が時間性の介入と深く関係しているという、『起信論』の分析はとても重要である。ほんらい相即相入して全体運動をなしている法界の諸存在（諸法）が、時間の線形秩序にしたがって「並べられていく」と、突如として妄念が発生する好条件がつくられ、もろもろの煩悩が生まれるのである。すると無分別の心真如が分別する生滅心に突如として変化を起こすが、二つの心は「和合」して、心的現象の全領域を生み出す。このようなアーラヤ識の形成に、時間性の介入による諸法の並べ立てが決定的な働きをするのである。

心真如の生滅心への変化を、『起信論』は「薫習《くんじゅう》」という概念を使って説明している。薫習はよく花の香りが衣服に移る様子に喩えられるが、もともとは他に働きかけて、自分の力を乗り移らせ、他を自己に同化させることを言う。『起信論』では、生滅心の無明が真如に薫習することによって、純粋清浄のままでありながら、無明の性格が真如に現れることを言う。またその逆に、無明が真如の薫習を受けて、無明でありながらしかも無明に背く働きをあらわすこともある。

ここからレンマ学にとってきわめて重要な一つの構図が立ち現れてくる。心真如は生滅心の無明に触れ、それに薫習されることによって、自らの本質を変えないままに、人間の心（衆生心）として活動する能力を得る。生滅心のほうはと言えば、心真如が近くに寄って来て薫習されなければ、活動することができない。したがって心真如と生滅心は不即不離の関係を保ちながら、アーラヤ識を形成しているのである。

アーラヤ識からレンマ的知性である心真如が生起するやいなや、無明を本質とする生滅心も突如として生起する。見かけ上は、心にはたえまない分裂が発生しているように見える。生滅心はすぐさま心真如を薫習する。生滅心は時間性を本質としているから、レンマ的知性＝心真如はたちまちにして時間性に薫習される。しかし心真如は、時間性の「香り」を移されても、レンマ的知性としての自性をまったく変えない。無明が表面を覆っているように見えても、あいかわらず心の内部ではレンマ的知性＝法界の活動は続けられている。

『大乗起信論』に説かれたこの構図を、『華厳経』の描く法界縁起の全体構造に組み込むことによって、レンマ学は大きな前進をとげることになる。縁起の理法によって動き変化する法界には、感覚器官につながっている生滅心からの時間化された情報が送り込まれ、薫習による変換（法界構造から時間性ロゴスへ）がおこなわれる。しかし薫習は双方向的で、法界の側からの薫習が生滅心にも加えられる。そしてこの双方向の薫習を経たなにものかを、「心」として人間は体験するのである。『起信論』『起信論』を介して、『華厳経』だけによっては理解の難しい、この心的過程の全体を見通すことのできる場所に、私たちは立つことができるようになった。

分別と無分別

『起信論』には生滅心のことが、分別とも無明とも染法《せんぼう》とも呼ばれて、詳しく分析されている。

レンマ的知性が一瞬にして薫習を受けて、それに変化するのである。分別＝生滅心は、縁起の全体運動をおこなう法界を一瞬にして、主観とその対象に分裂した世界を生み出す。その分裂した世界において、我執やさまざまな執着煩悩が発生する。しかしそのときでも、心の中では法界縁起であるレンマ的知性が活動し続けている。この全過程をレンマ学は次のように描くことができる。

分別＝生滅心は、時間性に基礎づけられている。諸法（存在）はもともと縁起による全体運動をおこなうが、そこに過去・現在・未来に向かう時間の秩序を当てはめて整序するのである。法界に線形性の秩序が入るとき、もろもろの分別の発生する基礎がつくられる。これは古代ギリシャ人が「ロゴス」と呼んだ知性作用そのものである。大乗仏教に説かれる分別、煩悩、無明はいずれもロゴス的知性の働きと深く結びついている。

『大乗起信論』は、この生滅心としてのロゴス的知性と真如心としてのレンマ的知性の関係を、次のようにとらえた。もろもろの知性の産出蔵であるアーラヤ識は、瞬間瞬間に知性作用を生起させる。知性作用は生起した瞬間にロゴス的知性とレンマ的知性に分裂を起こす。しかしその過程をさらに詳しく観察してみると、レンマ的知性は法界縁起の全体構造を具えており、それ自身本質的な変化を起こさないので、見かけ上はレンマ的知性がロゴス的構造を持つ生滅心に触れるたびに、その薫習を受けて、変容を起こしているようにも見えるのであると。

粘菌のような中枢神経系を持たない生物にあっては、このような過程は起こらない。時間性が彼らのレンマ的な知性作用に大きな働きを及ぼしていないからである。ところが、人類のような脳と中枢神経系を持った生物の場合には、ロゴス的知性の強力な活動が起こることによって、『起信論』に描き出されているような、真如心（レンマ的知性）と生滅心（ロゴス的知性）の弁証法的な過程が発生するのである。

　ニューロン（神経細胞）の構造が、ここではすべてを決定づけている。「ニューロンは、樹状突起（dendrite）、細胞体（soma）、軸索（axon）からなる情報処理素子である。樹状突起は多数のニューロンから電気信号を受け細胞体に伝達する。細胞体はそれらの入力信号を処理し、軸索から他のニューロンへ出力信号を出す。軸索は途中で細かく分岐して、その先端が他のニューロンの樹状突起と結合する。その結合部分はシナプス（synapse）と呼ばれる。大脳皮質のニューロンは、シナプスを介して数千以上のニューロンから入力を受ける」（伊藤宏司『ニューロダイナミクス』より）。このようなニューロンでおこなわれている情報処理は、時間性を最大利用しておこなわれている。中枢神経系と脳は、時間性を生産する有機的な機械なのである。

　脳と中枢神経系は時間を利用して情報処理をおこなう。それは諸事物、諸法を情報として線形に「並べて整理する」処理能力を持つ。ロゴス的な性質を持つあらゆるものが、そこから発生する。ロゴス的な分別、主客の分離、愛と不愛の発生、愛的対象への執着と不愛的対象への忌諱《きき》など、生滅心に経験されるすべては、ニューロンの作動の本質をなす時間を利用した情報処理と、深い関係を持つのである。

『大乗起信論』に描かれた法界縁起の全過程を、現代の科学的知見を加えることによって、次のように理解することができる。諸法を相即相入しながら全体運動するレンマ的知性は、人間の心を通して現実に働くとき、かならずや高度に発達した脳と中枢神経系を介して、世界と縁起しなくてはならない。ところがレンマ的知性と脳のロゴス的機能は矛盾する。レンマ的知性が非時間的な全体をもって作動するのにたいして、脳は時間性を利用したロゴス的情報処理によって、世界を知ろうとするからである。

そのため、レンマ的知性が脳の中枢神経系に流れ込むやいなや、そこにアーラヤ識の形成が起こり、レンマ的知性（正確にはアーラヤ識化されたレンマ的知性）とロゴス的知性へのたえまない分岐が発生するようになる。ロゴス的知性はレンマ的知性が、ニューロン組織の中を通過しなければ、活動を起こすことができない。しかしニューロン組織を通過して、世界との縁起を実現しようとするレンマ的知性は、時間性に薫習されることによって、法界縁起の能力を発揮しなくなってしまう。

大乗仏教の書物に、真如心は無明に薫習されてもけっして汚染されてしまうことがない、それはどんな水にいても白鳥が汚れないのと同じである、などと書かれているのは、このような神経学的事実に対応している。レンマ的知性は時間化＝ロゴス化の力を秘めたニューロンの組織体を通過しているときは、法界縁起の能力を奪われているが、それ自身は少しも変化を被っていない。脳のロゴス的拘束力を脱しているときには、レンマ的知性は法界の全能力を回復する。レンマ的知性がむき出しの状態にある粘菌の生態に、南方熊楠が仏教の哲理の体現者を見出したのは、そういう意味なのである。

脳によらない知性が実在するのである。それは人間の心の中で今も法界縁起の活動を続けている。ただその働きが現実世界に触れるためには、ロゴス機能を備えた脳と中枢神経系を介さなければならないので、その実在を実験によって検証することはできない。現実世界は差別相によってつくられているから、その世界を認識するには、脳によるロゴス的知性の分別能力によらなければならない。現実世界の出来事は、糸玉から糸が繰り出されてくるように、時間軸にそって潜在から顕在へと変換されて、現実化されて顕現してくるように見える。じっさいには法界の全体と相即しながら縁起しているのであるが、ロゴス的知性にはそう見えるのである。現実世界は差別相をもとに構成されている。そういう現実の顕現様式に適応するように、神経系が進化をとげてきた。現実とは分別による法界（華厳宗では「事法界」と呼ばれる）であり、その法界の構造に適合できるのがロゴス的知性である。

しかし、世界の出来事が時間を介して現実として顕現するまさにその瞬間に、まったく同じ場所で、レンマ的知性の宿る法界が活動している。現実世界もまた法界の部分にほかならない。その現実世界とも相即相入しながら、法界の全体運動は一瞬も止むことなく続けられる。人類の脳はそこに挿入されている極小のロゴス型観測装置にほかならない。

ゲノムや神経系組織をめぐる生物学の諸研究は、レンマ学にとってきわめて重要な意味を持っている。レンマ的知性はニューロンを通過するたびに、線形的なロゴス的知性に変換されていくので、この二つの知性の混成体である生命の活動は、ゲノムや神経系の構造から大きな影響を受けることになるからである。

たとえばAIにコピーされることになるホモサピエンスの知性活動は、脊椎動物としての神経系組織から決定的な影響を受けている。脊椎の中に収納された神経系とその先端部につくられている脳の働きを模して設計されたAIは、今日までのところ、脊椎動物への進化のいわば先端部として、ロゴス的知性に特化された活動に秀でているが、それは心＝法界全体を巻き込んだ「華厳的進化」にとっては、その可能性の一部分をあらわしているにすぎない。華厳的進化にとっては、法界に充ちるすべての生命体の心的活動を縁起的につないだところにあらわれる全体が、つねに問題となるからである。脊椎動物のものとは異なった神経系を発達させた生物の知性には、それゆえ法界の内蔵する可能性の別の表現形態を見出すことができるのである。

古生物学は、脊椎動物が進化の途上で軟体動物と分かれて独自の進化の道に入ったのが、カンブリア紀に先立つエディアカラ紀（六億三千五百万年前から五億四千二百万年前）であったと推定している。その頃、脊椎動物と軟体動物との共通先祖がいて、そこからY字のように分かれていったのである。この共通先祖はすでにニューロンを持ち、単純な眼も持っていた。この眼のまわりに多数のニューロンが集まり、さまざまな設計デザインにしたがった神経系を発達させていった。このうち、脊椎動物と（軟体動物の）頭足類がきわめて大きな脳を発達させた。

しかし脊椎動物と頭足類がそれぞれ発達させた脳の設計コンセプトは、大きく異なっていた。『タコの心身問題』においてピーター・ゴドフリー＝スミスは次のように述べている。

私たち人間へとつながる道筋で、動物は脊索（あるいは脊椎）という構造を持つことになる。脊索（脊椎）は、動物の背側にあり、身体の中央を貫く。脊索には神経が通り、一方の端には脳がある。この身体の設計は、魚類、爬虫類、鳥類、哺乳類などに共通して見られる。一方、頭足類は、それとは大きく違った設計の身体、違った種類の神経系を進化させる。脊索動物の神経系を中央集権型だとすると、頭足類の神経系はそれよりも分散型だと言える。無脊椎動物のニューロンは、多数の神経節に集まることが多い。小さな神経の集合である神経節が身体に散在し、互いにつながっている。神経節は、地球の緯線、経線のように身体を縦横に走る神経線維によって互いに接続され、すべてが他のすべてと組になって機能する。この種の神経系を「はしご状神経系」と呼ぶこともある。体内にはしごがあるように見えるからだ。初期の頭足類もやはり、その種の神経系を持っていたと考えられる。頭足類が進化する過程で、ニューロンの数はこの基本構造に基づいて増えていった。（『タコの心身問題』）

頭足類はニューロンの数を増やし、タコではついに五億個を超えるまでになった。「はしご状神経系」は表面からは見えなくなるが、基本設計は変わらない。ニューロンの多くは動物の体の前部に集中し、大きな神経節を形成するにいたった。それはもう「脳」と言っていいほどであったが、頭足類の場合、その「脳」の中央を貫いて食道が走っている。

タコの神経系と人間の神経系の最大の相違点は、人間にあっては神経系の重要な部分が脳に集中しているのにたいして、タコのそれが身体全体に分散していることである。とくにニューロンの多くは腕に集中している。その数は脳にあるニューロンの数の二倍近くになる。タコは脳ばかりではなく腕でも「思考している」のである。タコの腕には感覚器官（触覚ばかりでなく匂いや味まで知覚できる）と身体を制御する機能まで備わっている。吸盤一つあたりに一万個ものニューロンが配置されている。

そのため、タコの腕は脳から分離した活動をおこなうことができる。腕の中のニューロンには「短期記憶」を可能にするループまで形成されているため、腕だけでも記憶と思考ができるのである。腕の動きはみごとに全体統御されているように見えるが、それは脳が一種のCPUとして中央集権的に統御しているのではないらしい。脳は腕の思考だけでは解決の難しい状況が発生した場合にかぎって、何かの判断をおこないそれを身体全体に伝えている。タコの神経系では腕ごとがおこなう判断と、脳が中央集権的におこなう判断との混合系を発達させている。

カントがこの事実を知ったとしたら、タコの理性において「先天的総合判断」の能力が観察可能な事実の表面に現れていることに、彼も驚きをもったことであろう。それぞれの腕の神経系に組み込まれたロゴス型バイオコンピューター群の複雑な連携作動を可能にしているのは、「総合判断」をおこないつつ全体の動きを整えているレンマ型の別種の理性である。タコにあっても脳は中央集権的な方法でロゴス的知性を働かせているが、身体全体に分散された神経系はレンマ的知性の働きを前面に現しながら、それをたえまなく直交補構造的にロゴス的知性の働きに変換する。こうしてタコの知性は二種類の知性の混成系として、脳と腕による思考をおこなうのである。

この二種類の知性による混成系はきわめてすぐれた能力を持っている。その能力はとりわけタコの特技である擬態や変身のさいに大きな効果を発揮する。脊椎動物のなかにはカメレオンのように皮膚の色を変える能力をもつものがいるが、変身には数秒を要し、タコのように瞬時に全身の色を変化させるものはいない。タコはこの能力を使って、周囲の環境に合わせて体の色を変えてしまう。これをおこなうのに、タコは目で周囲を見るのではなく、皮膚で「見て」

体色を変化させる。タコの腕の皮膚には、光に反応する「オプシン」というタンパク質が多量に含まれている。このオプシンによって皮膚で「見て」、腕で「思考」し、その情報を神経伝達物質によって全身に伝え、色素胞や虹色素胞を開閉して、いちどきに体の色の変化を起こすのである。このときもタコは脳だけで思考しているのではない。

知能の高さという点に関して、脊椎動物の頂点に人間が置かれるとしたら、無脊椎動物の頂点にはタコが置かれるであろう。タコが高い知能を有することは、海洋民の間では古代からよく知られた事実であった。しかしタコの知能と人間の知能とは「質」を異としている。両者はレンマ的知性とロゴス的知性の構成配置（configuration）に根本的な違いをもっている。神経系の進化の分岐点で、両者は異なる道に進んでいき、それぞれが異なる理性の型を発達させることになった。そしてそのどちらもが高い知能を実現したのである。

この事実に人類はごく初期の段階から気づいていた。とくに分析能力の高い古代ギリシャ人は、タコやイカのような海洋生物に備わっている知性を、言語的ロゴスと区別して「メティス(metis)」の知性と呼んで関心を持っていた。メティスは海の女神である。陸上のロゴスは言語の意味を確定しようとする。ところがメティスは言語の秩序を乱して、意味を多様性の渦に引きずり込むのである。それはタコのように変幻自在に姿を変え、周囲の環境にまぎれて自分を見えなくしておいて慎重に近づいていき、いきなり相手に襲いかかるなど、策略にみちた行動を可能にする知性である。この知性は人間にも動物の世界にも見出される。

人間の世界でこのメティスの知性の持ち主と目されるのが、職人（彼らは一様でない素材の変化に合わせて繊細に道具や筋肉の使用法を変化させていく）、ソフィスト（哲学者のように真理の表現をめざすのではなく、ソフィストは相手を説得するために表現を自在に変化させていく。彼らは真理を語ることよりも、演説によって状況に変化がもたらされることのほうが重要と考える）、政治家（彼らも真理を語ることには関心がなく、嘘をつくのも平気で、そんなことよりも発言ができるだけ効果的であることにこころがける）、海洋民（動き変化を続ける洋上で安全に航海をおこなうための知性に富んでいる）たちである。たえまなく動き変化している実在を、厳密な論理命題によって取り押さえるのではなく、みずからを多数（multiple）多様（polymorphe）に変容させながら世界に変化をつくりだしていくのが、メティスの知性の特質である。

タコが描かれた古代ギリシャの壷（©Aflo）

　動物の世界では、「ずる賢い」と言われる狐が陸上におけるメティスの知性の王者であるが、海中におけるその達人はタコである（オッピアヌス『漁撈論』）。タコは地形にあわせて体形と体色を変化させて、自分の姿を見えなくする。岩や海藻と一体化してしまうのである。相手が近づくのをじっと待ち構えて突然に獲物に飛びかかる。吸盤を装備した八本の足を自在に絡めて相手を締め上げ、捕まえた獲物を口に運んでいく。皮膚全体が一種の視覚機能を備えた「目」の働きを持っているので、反応はすばやく的をはずさない。

タコにこのような高度なメティスの知性を与えているのは、神経系を独自に進化させた結果つくられた、ロゴス的知性とレンマ的知性の混成系の構造にほかならない。人間とタコでは、「心＝法界」の構成配置が異なっているのである。タコの知性にあってはレンマ的な全体認識知性が表面にあらわれているので、ときに驚嘆すべきメティスの能力を発揮することができる。ところが人間の世界で同じようなメティスの能力が発揮されると、言説の真実性を支えるロゴスは海洋のように動揺しはじめる。タコの知性の経験する世界は、動揺する大地の上に築かれている。この点でも、タコの生態はレンマ学にとってきわめて興味深い。

粘菌は脳や中枢神経系を介さないでも思考することができる。腕に多数の「脳」を装備しているタコは、人間を驚嘆させるメティスの知性に長けている。いずれの場合にも、進化による（レンマ的知性の）顕在化の度合いは異なっていても、本質において同じレンマ的知性の働きを認めることができる。生物の進化はレンマ的知性の充満する「法界」の相即相入を原理とする全体変化によって起こされるのである。そこには優劣の序列はない。このような「華厳的進化」の視点に立つとき、中央集権型神経系による人間のロゴス型の知性は、むしろレンマ的知性の活用において多くの限界を抱えていることがはっきり見えて来る。しかし限界があることは、そこに「開け」への可能性もあるということである。レンマ学はその可能性に向けて開かれた実践知をめざす。

第五章

現代に甦るレンマ学

直交補構造

現代レンマ学の骨格をつくりあげるための有力なモデルが、華厳学の体系である。華厳学（『華厳経』とその解釈学として発達した中国華厳宗の学問）は、大乗仏教の基礎にすえられたレンマ的知性の本質を、「法界《ダルマダーツ》」として描き出している。法界は心的現象いっさいの土台であり、その法界の全域をレンマ的知性の活動性が充たしている。レンマ的知性はあらゆる事物が相即相入しあっている縁起の原理によって活動している。そのため、そこには時間の構造も言語の秩序も介入することがなく、非線形的な全体運動そのものが、知性（インテリジェンス）の本質をなしている。

縁起の原理によって活動するレンマ的知性は、あらゆる生命現象（仏教はそれを「有情」と呼ぶ。もっともそこから植物もキノコ類も粘菌も細菌も除外されているが）の根底で働いている。それは脳も中枢神経系もなしに活動することができ、もっとも原始的な生命であるモネラからはじまって、原核生物（古細菌、真正細菌）、真核生物（粘菌を含むプロトクチスト、菌類、植物、動物）にいたるまで、すべての生命の中で、さまざまな発達段階のレンマ的知性が活動している。

人類の知性も例外ではない。きわめて発達したレンマ的知性が、人類の知性の本質をなしている。このことを華厳学では「一心法界」と呼び、分別によるロゴス的知性をその内部に包摂してしまっている。そして相即相入、重々無尽をその活動様式として描き出した。ところが今日私たちはインテリジェンスの典型を、脳と中枢神経系をとおしておこなわれる、ロゴス的知性の活動のうちに見出そうとしている。そのロゴス的知性の活動原理が人工知能として取り出され、人類の知性の典型としての扱いを受けている。しかし原理的に考えて、人工知能じたいはそのような地位に立つことはできないような仕組みになっている。

ロゴス的知性そのものが、レンマ的知性の変異体にほかならないからである。『大乗起信論』にきわめて明確に描かれているように、分別を本質とするロゴス的知性は、法界の内部に時間性が入り込んでくるとき、レンマ的知性の変異体として、突如として出現してくるのである。そこで『大乗起信論』では、変異体が出現する以前の純粋レンマ的知性を「如来蔵」と呼び、ロゴス的知性という変異体と一体になって、それ以後あらゆる心的現象を生み出すことになるレンマ的知性のことを「アーラヤ識」と呼んで区別している。純粋レンマ的知性に時間性が介入することによって、スペクトル分解がおこって、そこから分別を本質とするロゴス的知性の発生がおこるのである（図参照）。

このスペクトル分解の図式は、すべての大乗仏教徒によって認められているわけではない。

しかしロゴス的知性が「一心法界」の中で占めている非中心的な位置を考えるうえで、きわめて有効な考え方を示す。レンマ的知性は縁起論的、無分別的、非時間的、非線形的、非局所的に働く知性である。そこにロゴス的変異体が発生するとき、因果論的、分別的、時間的、線形的、局所的な働きを見せるロゴス的知性が働きを始める。したがってもともと、レンマ的知性とロゴス的知性は同体なのであり、分別するロゴス的知性が働いているときには、まったく同じ場所で、無分別によるレンマ的知性の活動も続けられている。しかしそのことは、分別的知性には認識されない。

そのことが『大乗起信論』にはこう説明してある。

> 心性は常に無念なるが故に、名づけて不変となす。一法界に達せざるを以ての故に、心に相応せずして、忽然として念の起こるを、名づけて無明となす。

（大意）心性はつねに無念であり、不変であるが、しかし心性が相対を超えた法の世界（一法界）であることを、心自身が知らないために、すなわち如実に真如の法一なりと知らないために、心に不相応の動きが起こる。すなわちその心の動きは、心性の唯一性とも相応せず、さらに分別心になってしまった後の「心と心所の相応」や、「主観と客観の相応」というのでもない最極微細なる「不相応の心の動き」が起こり、忽然としてそれが妄念となる。これが無明である。（平川彰『大乗起信論』）

ロゴス的知性は一法界に達することがない。それが動き出すとき、「主観と客観の対立」などという大きな動きではないが、もっと本質的な微細なレベルにおける「心性に不相応な動き」をしめすようになる。それがあらゆる生命体（有情）の活動を根底で動かしている無明にほかならない。そうなると生命体にとっては、無明のゴーグルをとおして感覚される世界こそが、リアルであることになるが、大乗仏教の縁起思想によればそのリアルはまだ、法界である心性に不相応な動きをするレベルに留まっており、その状態が無明と呼ばれる。

レンマ的知性とロゴス的知性の示すこのような関係性は、現代数学において「直交補構造（orthocomplemental structure）」と呼ばれている概念と、ゆるやかに対応している。純粋レンマ的知性が有情のアーラヤ識に送り込まれるやいなや、瞬時にしてそれは（アーラヤ識内の）レンマ的知性とその変異体であるロゴス的知性に分解を起こす。二つの知性は互いに「直交」しているので、ロゴス的知性は自分自身の本体をなすレンマ的知性の存在を認識することができない。人間の意識はロゴス的知性の制圧下にあるので、意識はレンマ的知性のとらえている世界認識を直接感知することができない。ただ無意識だけがそれを直観的に知ることができるのである。この様子が直角に交わりあっている二つの「ベクトル軸」の示す関係とよく似ているところから、「直交補構造」と呼ぶのである。これについては本書の「レンマ派言語論」の章で詳しい説明を与えるので（二八一〜二八五頁）、ここではレンマ的知性とその変異体であるロゴス的知性とが、直交しあっているベクトルどうしのように交わりながら互いを補い合う関係にあるという理解にとどめておくことにする。スペクトル分解をおこした二つの知性形態の間には、特殊な直交関係が保たれているのである。

澄観の「四種法界」

レンマ的知性は一心法界に相応する動きをみせる。ところが、それが生み出すところの変異体であるロゴス的知性はそうしないのである。ここからも、法界が単一の原理でなりたっているのではないことがわかる。法界は自分の内部にいくつかの異なる原理を含んでいて、そこから異種な様態（モード）を発生させる。しかしそれらの異種な様態もたがいに相即相入しあうことによって、相互の組み替えや力の交換がおこなわれ、重々無尽のつながりが生み出されていく。法界における事物の動きを決めている、このような様態の区別をめぐって、もっともすぐれた思考を展開したのは、法蔵の探求の後を受けた中国華厳宗の澄観（七三八〜八三九）である。

　澄観は法界が四種の異なる様態を含んでいることを示した。「四種」は法界を構成する最小数の基本原理を示すもので、じっさいは四種の異質な様態がたがいに関係しあうことによって、法界には具体的運動が発生している。これが華厳思想を代表する有名な「四種法界」ないし「四法界」の理論である。

　四種法界とは「事法界《じほっかい》」「理法界《りほっかい》」「理事無碍法界《りじむげほっかい》」「事々無碍法界《じじむげほっかい》」という、法界を構成する四つの様態のことである。『法界玄鏡《ほっかいげんきょう》』などで澄観の与えている説明をもとに、それぞれの概念について現代レンマ学の立場からの解説を加えよう。

「事法界」　法界では生起と縁起をつうじて、たえまなく現象の生起がおこなわれている。この現象から法界をとらえたとき、それは事法界としての様態をしめす。そこでは個々の事物がたがいに差別をもって対立している。そういう個々の事物が相依り相俟って、差別相をもった世界を現出させている。生物は知覚器官をつうじて、この差別相を感知している。さまざまな生物ごとに与えられた分別する認知機能は、この事法界の様態に対応しているのである。

「理法界」 法界は事法界の様態をつうじて差別相の無限の集積体という様相をしめすが、法界にはそうした差別の事法の一つ一つが対立しているように見えて、じつは平等にして一如であることを認識させる理法が内在している。これを理法界の様態という。レンマ的知性はこの理法界に対応する。法界を充塡するすべての事物は縁起しあいながら全体運動をおこなう。そこでは個物は他の個物に縁起し、部分は全体に縁起しているので、どのような個々の事物も自性（個物としての本質）を持つことなく、平等にして一如である。レンマ的知性はそれを覚知する法界の様態をしめす。

またこのレンマ的知性の変異体であるロゴス的知性も、「抽象」によって事法界の差別相の奥に、一元的な平等相を認識することができる。このさいロゴス的知性は「捨象」によってこの抽象をおこなう。事物を分類して、分類にあたって不要となる差別相は見ないように捨象するのである。ロゴス的知性はこのような抽象によって、事物間に一元的な平等相を見出すのであるが、これはレンマ的知性が縁起の理法によってみる平等相と同じではない。

それゆえ華厳学とは異なって、現代レンマ学では理法界の内部に、二種の異なる「理」が設定される。理法界はレンマ的理法とその変異体であるロゴス的理法との二種類の理にスペクトル分解している、とレンマ学は見なす。ただしスペクトル分解した真正体と変異体を一つのものと見れば、理法界の様態は縁起的理法一つである。

「理事無碍法界」　このような事と理が法界では、相即相入して、自在に交徹円融しあってい る。この言葉はそのような様態を言い表している。差別相をもった個々の事物は、法界にお いて空によって生起して、有の世界に現象している。このとき有の世界の差別相に着目すれ ば、事法界の様態が前面に浮上してくる。ところがそれは生起において「空に根を下ろして いる」のである。空は縁起の理法に貫かれている。それゆえ、事は理に「根を下ろしてい る」ことになる。縁起=生起している法界では、このように事と理は自在な行き来をおこ なっている。その様態をとらえて、理事無碍法界というのである。

あらゆる生命が、この理事無碍法界の様態をとおして出現し、活動している。(核を持た ない)原核生物も(核を持つ)真核生物も、自己を外界から差別する膜を持ち、RNAやD NAのおこなう情報転写をつうじて、自己を複製している。事法界の様態をとおして、生物 個体が現象しているのである。しかし生物個体はただちに外界との縁起的関係に入っていく。 栄養物質を取り入れ、廃物は膜の外に捨てられる。このようなことが可能であるためには、 自己と外界との平等を認識する理法界の様態が、生物の中で働いているのでなければならな い。また繁殖のためには、生物個体は短時間の間、分裂によって自己を空に開いたり、他の 個体との結合を実現するために、膜を溶解してつながりあう。ここでも理法界の様態が決定 的な働きをしている。法界の中で、理事無碍の様態が強力になることが、生命の出現を示す印である。

　したがって、法界に差別相を持って現象する事法界の理法だけをもってしては、生命の現象をとらえ尽くすことはできない。そこには理法界の本質をなすレンマ的知性が、事法界の差別相を縁起の理法につなぐ、理事無碍の働きをおこなっている。レンマ的知性は、人類の高度な精神活動にあらわれてくるだけではなく、原核生物のような原始的な生物にはじまって、植物や動物や菌類も含む真核生物の生命活動をも動かしている。ここでも南方熊楠の思想の先見性に驚かされる。二十一世紀の生命学には、大乗仏教による縁起の思想、ひいてはレンマ学の構想の組み込みが不可欠なのである。

　私たちは人類の心にあっては、レンマ的知性がロゴス的知性という変異体を発生させ、その変異体の活動を補強する脳と中枢神経系が、ロゴス的知性の圧倒的な優位を生み出していることを見てきた。したがって、スペクトル分解の結果であるロゴス的知性というもう一つの「理」が、事法界と相即相入をおこなう様相についても、詳しく観察しておく必要がある。

　ロゴス的知性の「理」は、捨象と抽象によって、異なる事物の間に「平等」の事態を見出そうとする。そのさいたるものが商品である。素材も形も利用法も異なる商品同士が、数量を尺度にして「等価」だと見なされて交換されるのである。商品が売買される市場では、あらゆる商品が「平等」でなければならない。これはロゴス的知性が世界に見出す、抽象に基礎づけされた「平等」の典型例である。事を構成している差別相は、数量の違いに還元され、理は数量という尺度をとおして「等しい」や「寡多」を見分けている。このように商品に代表される交換はすべて、ロゴス的知性の平面に還元された理事無碍法界の様態に基礎づけられている。しかしそれは法界には不相応な動きを示す。捨象と抽象が、事物どうしの相即相入を妨げて、交換が縁起的つながりを生まないからである。

商品の場合に比較すると、言語には強くレンマ的知性の働きが組み込まれている。言語は理事無碍法界という様態のみごとな産物である。人類がいま用いている言語には、ロゴス軸とレンマ軸の二軸が組み込んである。ロゴス軸では事象にたいして差別（分別）をほどこす分類がおこなわれる。事象の持っている多量の情報に捨象をほどこして、似ているところを持った要素をひとまとめにして、同じカテゴリーに収める。そうして分類された集合にはさらに二次的分類がほどこされ、下位のクラスターがつくられる。何段階もの分類をへて、感覚のカオスに分別がほどこされる。そうやって語彙がつくられる。

この語彙の集合から選択された要素が、次には「句構造（統辞構造）」にしたがって、線形に配列されて、発話されるのを待つのである。国語の違いによって句構造の配列は異なっているように見える。しかしチョムスキー（一九二八―）の研究は、人類の諸言語の用いている句構造のすべてが、変形によって一つの普遍構造に還元できることを示した。その普遍構造こそ、レンマ的知性の変異体として理事無碍法界を充塡している、ロゴス的知性の実現形にほかならない。

人類の言語にあっては、そのロゴス軸に交わるようにしてレンマ的知性の軸が嵌入している。カテゴリーに分別・分類された語彙と語彙の間に、縁起的連結を生み出す「喩（アナロジー）」の力が働くのである。そのとき語彙の間に相即相入が起こる。感覚的に共通したものを含むと直観された語彙どうしは、似ているものとして「相即」で結ばれ、語彙の間に力（力用）の移動が発生するときは「相入」が起こる。前者は言語学でいう「メタファー」の働きであり、後者は「メトニミー」の働きを示す。

人類の言語はこのようにロゴス軸とレンマ軸の組み合わせとしてつくられている。言語が世界を分別・分類しようとするときには、強くロゴス軸が働きだすが、「ゆらぎ」をもたらす喩の作用がただちに嵌入してきて、言語表現には人類の言語特有のふくらみがもたらされる。理事無碍法界という心的様態にレンマ的知性の働きが強く作用することのなかから、現生人類（ホモサピエンス）の言語は生まれてきた。

そのため言語はたえまなく変化をとげていく。句構造というロゴス軸の示す普遍構造は変わらないのに、表現のレベルではたえずゆらいでいる。このゆらぎは、ロゴス軸に嵌入してくるレンマ軸の作用によっている。それは法界に相応する縁起的運動に起因するものなので、人類の日常言語は、どのように人工知能の発する言語が発達しようとも、このさきもずっとゆらぎや変化を停止させることがない。

レンマ的知性をロゴス的構造を持つ表現手段に組み込んで、その構造を法界縁起の運動に相応するように変形していくところに、芸術言語が生まれる。芸術言語は、ロゴス軸とレンマ軸の協働体である日常言語が実現した「無碍（自由）」の能力を拡張して、生命体の奥で活動しているレンマ的知性に迫るものとして、十数万年前に現生人類の心に出現した。それはロゴス的「理」をレンマ的「理」で変形することによって実現された。そうやって芸術は、法界のもうひとつの様態である「事々無碍法界」に近づこうとした。

荒海や　佐渡に横たふ　天の川（芭蕉）

この詩の中で、「横たわる」という「理事無碍」的メタファーが、「荒海」「佐渡」「天の川」という三つの事法を喩的につなぎあわせる。激しく波立つ「荒海」は、遠くに黒々と横たわる「佐渡」の島姿と相即相入しあい、それを天空の天の川が横たわるように抱擁している。天の川を浮かび上がらせているのは空漠たる夜空。この空から生起した三つの事法（荒波、佐渡島、天の川）は、喩の力用によって縁起の全体運動に入る。芸術言語はこのようにして、ロゴス的本性を持つ言語を方便（手段）とすることによって、法界を満たすレンマ的知性に言語を円融させようとする。すぐれた芸術言語は、理事無碍法界の限界領域にまで出て行く。そして理事無碍法界に相応しながら、そのさきにある事々無碍法界を予想させるのである。

二十世紀の構造人類学者による次のような認識も、理事無碍法界の限界領域に生まれる思考である。

英仏両軍間の連絡将校だった彼（レヴィ＝ストロース）は、ある日曜日一茎のたんぽぽをわれを忘れて熟視する。このつつましやかな球体の完璧な形を説明するはっきりした理由は何もない。それは存在する。これ以外にいいようはなかろう。ただこの球体をとらえ、これを見るためには、同時に他の植物を見て、この球体をそれらと対置しなければならぬということだけはいえるだろう。このたんぽぽはこれを他のものから切り離すことをゆるす類似と差異の関係によってのみ存在する――そしてまたそのものとして理解可能となる、つまり感覚に提供された、《はるかに多くのもの》のうちに与えられた対象として理解可能となるのである。（ベルナール・パンゴー「どのようにして人は構造主義者となるか」『レヴィ＝ストロースの世界』所収）

植物の示す美しい形態的秩序は、ＤＮＡに内蔵された理法界のデータが物質的な事法界に嵌入を果たし、相即相入することから生み出されてくる、理事無碍法界の現象である。それは人類の脳内でおこなわれている、ロゴス的知性（それは事法界に適合性が高い）とレンマ的知性の協働で生み出される理事無碍的思考と深い相関関係がある。タンポポの本性は、それを他の植物との関係性のネットワークの中におくことによって、可知的となる。それはもともと植物の形態と人間の思考とが、理事無碍法界の産物として、相即相入しているからである。

現代生物学が明らかにしているように、「進化は不器用な日曜大工《ブリコルール》であり、手持ちの遺伝子を繰り返し再利用しているだけである」（フランソワ・ジャコブ）ために、ニューロンとシナプスからなる神経組織の中でおこなわれる情報処理の仕組みと、脳を用いて人類のおこなっている思考には、ほとんど同一の様式が反復して用いられている。そのために、タンポポの花の構造と神話のような攪乱されない状態の人類の思考との間にはある種の並行性が発見できるのではないか、という人類学者の直観には、深いレンマ学的根拠が見出されることになる。

理事無碍法界は、生命現象のみならず、言語とその象徴能力の関わっているほとんどすべての表現を生み出す。日常言語にはじまり哲学的言説や芸術的表現にいたるまで、一心法界の一様態である理事無碍法界の働きがなければ、生み出されない。その意味ですべての人文諸学は、この法界様態の生み出している現象に関わっているのだと言えよう。

「事々無碍法界」 これは芸術のさきにある法界の様態である。一心法界の本質は心性であり知性であるから、法界に生起するすべての事物は、心性的、知性的な本質を持つというのが、大乗仏教の基本的な考えである。それゆえ、ことさら「理」を表に出さなくとも、法界ではあらゆる事物はそのままで相即相入し、重々無尽に自在な交通を実現していると考えることができる。この事々無碍の様態においては、なんらの知的方便を介在させることなく、法界の自在な全体運動がおこなわれている。

すべての事象や事物は空から生起して有に転じるものであるから、この空有合成の構造をもってたがいに相即相入を果たし、重々無尽に自在な交通をおこなう。そのために法界に生起するあらゆる事象・事物が、法界を充塡している縁起＝レンマ的知性に相応した動きにしたがうのである。そのために局所的に見て一見それに相応しない動きを見せる事象も、他の事象と相即相入を果たすことによって、非局所的な視点から見れば、法界の全体運動中に固有の位置を持つことになる。事々無碍は、法界のレンマ的本質にもっとも肉薄した存在様態を示す。

事々無碍法界においては、理法界の働きは潜在空間に引っ込んでいる。そのために事と事が直接的に相即相入して重々無尽のつながりが実現されているように見えるが、それは現象面におけるあらわれで、じっさいには潜在空間からのレンマ的知性の働きかけがあることによって、事々無碍は起こるのである。したがって事々無碍の様態には、生命なしの宇宙、人類なしの宇宙の姿が映っているということもできる。人類が地球上から消え去り、生命が絶滅した宇宙においても、レンマ的な働きを持つ「理」が潜在空間に永在し続けて、再びの顕在化の時を待っている。これは大乗仏教の共通認識である。

ところでこのような事々無碍法界の考えが、ライプニッツ（一六四六—一七一六）の「モナド論」を想起させることは、古くから多くの哲学者が気づいていた。かのモナド論は西欧形而上学の枠組みの中で表現された、すぐれた華厳学としての側面を持つのである。モナドは「原始的な一者である根原的単純実体」としての神によって不断に創造される、個体性をそなえた単純実体である。一である神が多であるモナドを創造するのであるから、多の中には一が宿り、一は多の中に自らを表現することによって、無限の数のモナドの間には予定調和が実現されている。

モナドは「生起」と「縁起」の二側面からとらえられる。まず個体的な事と事のつながりである縁起の面で、モナド宇宙は次のような性質を持つ。

したがってすべての物体は宇宙の中に起こるすべてのことの影響を感ずるから、すべてを見る者はあらゆる処で今起こっていることばかりでなく、今まで起こったことやこれから起こることまでも各の物体の中に読み取ることができ、時間的にも空間的にも遠く隔たっていることを現在の中に認めるのである。「万物同気」とヒポクラテスは言った。

（『単子論』六一、河野与一訳、ただし訳文は一部変更、以下同）

こういうわけで創造された単子はそれぞれ全宇宙を表現してはいるが、特にその単子の用にあてられていて、その単子を自分のエンテレケイアとしている物体をことさら判明に表現する。そうしてこの物体は「あらゆる物質が充実空間の中で結合していること」によって宇宙全体を表出しているものであるから、精神は「特に自分に属している物体を表現すること」によって同時に宇宙全体を表現する。（『単子論』六二）

ただしモナドには外に向かって開かれた窓がないので、自ら鏡となって他のモナドの姿を無限に相互映発することによって、重々無尽につながりあうのである。したがってライプニッツの縁起論的法界においても、あらゆる事物は個体性を損なわれることのないまま、時間と空間のあらゆる障壁を超えて、無限の広がりの中で自在無碍な交通をおこなう事ができる。

個体性の立ち上がりである生起に関して、『単子論』はつぎのようなきわめて興味深い記述をおこなう。

そこで、神だけが原始的な一即ち根原的単純実体であり、すべて創造された即ち派生的な単子はその生産物としていわば神性の不断な電光放射によって刻々そこから生まれてくるものである。しかもこの創造された単子は、本質上有限な創造物の受容性のため

に制限を受けている。（同前掲書、四七）

ここで「電光放射（les fulgurations）」と言われているのは「突然の放出」を意味する言葉である。ライプニッツはここで「創造（la création）」と言ってしまうと神とモナドを引き離しすぎ、そうかと言って「流出（l'émanation）」と書いてしまうと、神とモナドを一体化してしまうきらいがあるので、それを避けるために互いの間に「無限小（les infinitésimaux）」の程度の距離を入れる意味で、中間的な「電光放射」の言葉を使った。この一神教的配慮が微積分学を生んだ。

「創造」を出発点とする西欧一神教の枠組みの中に置かれると、華厳的な本質を持つ「生起」から「無限小の距離」なる概念が出現することとなり、そこから近代解析学が誕生するのである。ところが同じ「生起」の概念は、「創造」を語らない仏教思想では、縁起と一体になった「縁起＝生起」という概念となって、別の思考を導き出している。華厳学では「数も縁起する」という性質がクローズアップされることによって、西欧的な微積分学はつくられなかったかわりに、異なる数論が生み出された。華厳学の語る縁起＝生起の概念から、どのような数の概念や算術がつくりだされることになるのか、これについてはいずれ「レンマ的数論」の章で詳しく語ろう。現代レンマ学は、華厳学とモナド論の両者にまたがりながら、数論の未来的形態にも触れようとしている。なぜなら数こそは、理事無碍法界の最高の産物であるからだ。

進化する華厳法界

ふたたび「一心法界」の内部に目を向けることとしよう。法界の内部では、あらゆる事物と生命が、縁起によって重々無尽のつながりをおこない、たがいに相即相入することによって、動き変化していく。法界には全体として増も減も起こらないが、相即相入することによって個物の組み合わせは、不断に変化していく。何一つとして自性を変化させないものはない。縁起的宇宙においては、そもそもあらゆる事物に自性がないのだから、それは当然のことである。同一なもの、固定したもの、不変なものも存在しない。重々無尽な相即相入によって、たえまなく事物の組み合わせは変化し、その結果として「法界は進化をとげていく」ことになる。

これを具体的事実の上で探ってみよう。生物学者リン・マーギュリスらの「細胞の共生進化」説は、そのための絶好の事例であろう。生物界は核を持たない原核生物と、核を持つ真核生物とに二大別される。プロトクチスト、植物、菌類、動物からなる真核生物は原核生物から進化したと見られる。その際に、別々な生物として発展していた生物を自分の中に取り込むことによって、新しいレベルの生命体へ進化を遂げた。すなわち、酸素呼吸の能力を持つミトコ

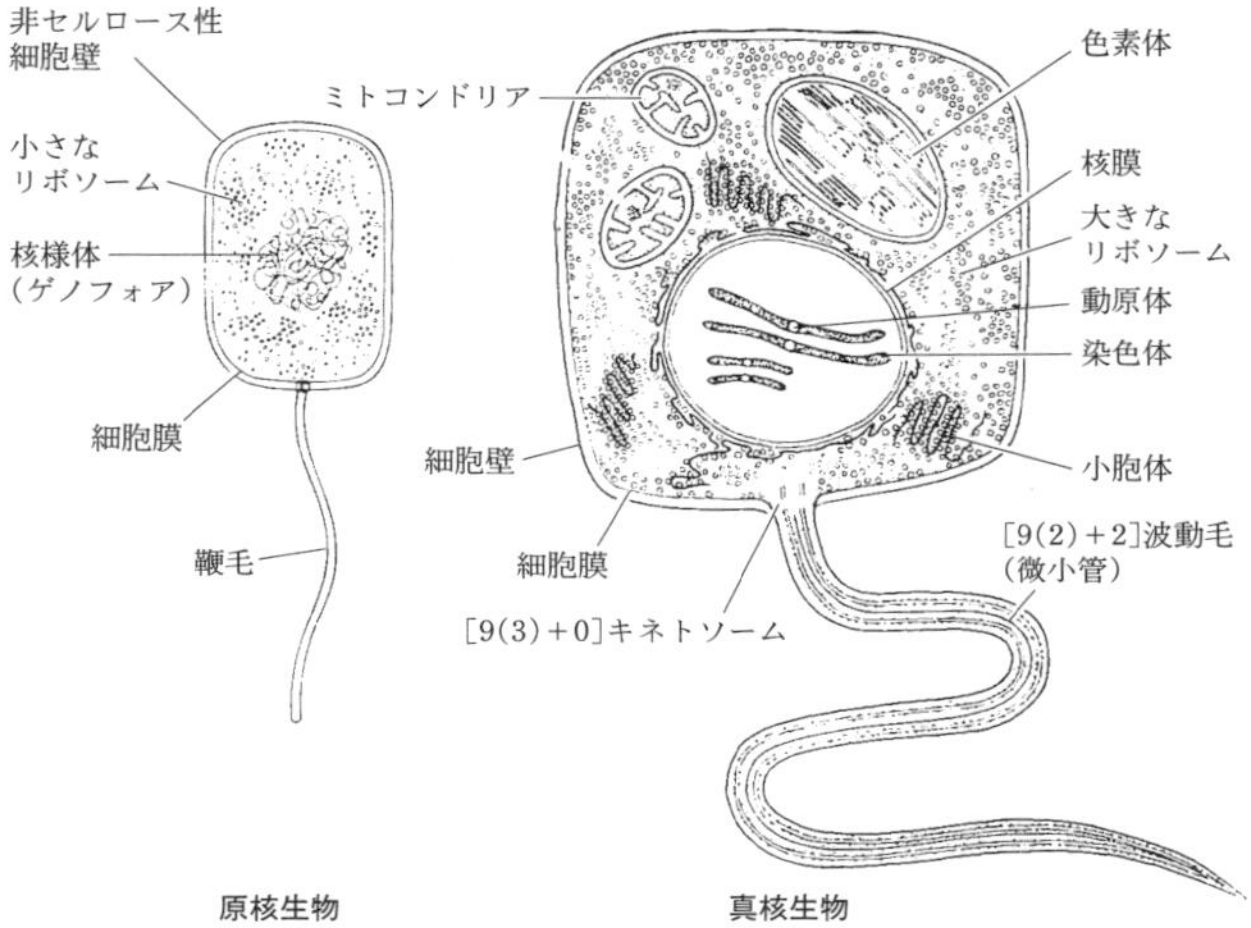

図　リン・マーギュリス『細胞の共生進化〈上〉』37頁より

ンドリア、光合成によって太陽エネルギーを変換してＡＴＰ（アデノシン三リン酸）にする能力を持つ色素体、運動能力に優れた波動毛（鞭毛）など、それまで別々の生物であったものを、自分の中に取り込んで円融させることによって、原核細胞の真核細胞への進化がおこった。真核細胞の各部分は別々に発生して発展し、やがて結合して全体を作り上げたのである（図参照）。

この「細胞の共生進化」は、きわめて華厳学的な現象を示している。華厳学では法界の事物が、同相と異相の両面にわたって、相即相入することによって、事々無碍なつながりを実現し、調和のとれた円融の状態を実現している様子を描くために、前章に述べた「十玄縁起」と並んで「六相円融」という考えを打ち出している。細胞の共生進化にあたって活躍しているのは、法界の示すこの六相円融の理法である。

六相円融はレンマ論理的な六つの相からなる。それぞれを真核細胞への進化に合わせて説明してみよう。

（1）総相　「一に多徳を含むが故に」と定義される。一細胞の中には、核・細胞質とともにミトコンドリア、色素体、鞭毛などのオルガネラが含まれる。ミトコンドリアは酸素呼吸を、色素体は光合成を、鞭毛は運動性を担当する。出どころの異なるそれらが一定の秩序に組み合わさって、統一集合体をなしている。これはまさしく「一に多徳を含む」である。

（2）別相　「多徳一にあらざるが故に」と定義される。一々の個々は別の法にしたがっており、互いに異質な働きを持つが故に、はじめて総相が形成できる。事実、進化の過程で真核細胞内に取り込まれたオルガネラは、どれも違う働きをしながら、一に統一されている。

（3）同相　「多義相違せず、同じく一の総を成ずるが故に」と定義される。外部起源を保つオルガネラの一つ一つは自分本来の自性を保ちつつ、一真核細胞内で縁によって結ばれ、相即相入することによって、よく全体を成立させている。たとえばミトコンドリアは酸素呼吸をおこなう自分の独自性を保ったまま、真核細胞の中で生活しているが、そのおかげでもともと嫌気性だった細胞にも酸素呼吸が可能になったのである。

（4）異相　「多義相望めて各各異なるが故に」と定義される。オルガネラの各自はみな自分の構造機能を自主的に保持しつつ、全体に縁起していくのである。異相なればこそ同相を生み出す事ができる。

(5) 成相「これによって諸々の縁起成ずるが故に」と定義される。異相と同相が互いに相依って、縁成をおこしている。

(6) 壊相「諸義各各自法に住し移動せざるが故に」と定義される。ここでは、細胞内に取り込まれた個々のものが個体としての独自性を手放すことなく、各々の力用をいささかも放棄しないからこそ、真核細胞への進化が可能となったと言われている。「壊相」とは分裂の意味を持ち、各自が自分の働きを守って、他の働きを侵害しないからこそ、統一が実現できている点を指している。

「六相円融」の思想は、「十玄縁起」を別の側面から言い換えたものにほかならないが、まさに分子生物学的な進化論の核心部分に触れている。法界はその全域において、異相と同相を含んだそれぞれの事物が互いに相即相入を実現することによって、新しい次元の統一個体に変化していく過程を含んでいるのである。理事無碍法界である生命は、それによって進化をとげていく。そして進化をとげながら、さらに高度なレベルの全体に円融していくのである。このようなレンマ的発想が現代の生命論には求められている。

こうして私たちは、現代レンマ学の構築を可能にする、新しい思考平面に歩み出ることができた。この思考平面には、いままで科学的精神をもって構築される「学」の体系は存在しなかった。そこに私たちは「レンマの動く楼閣」を創り出そうと思う。

第六章

フロイト的無意識

フロイト的無意識を超えるレンマ的無意識

レンマ学は心理学の風景を一変させる。「三界は心である」（世親）というのが大乗仏教の基本思想である。その心は法界としてのなりたちを持っている（これを一心法界と呼ぶ）。法界の全域は縁起の理法によって貫かれ、あらゆる事象が相即相入しあうことによって、全体で変化と運動を続けている。

縁起の理法は、人類の用いてきたあらゆる言語の能力を超え出ている。言語は時間性がなくてはなにごともなしえず、その時間性に沿って辞項が配列されていく成り立ちをしている。ところが、法界は過去—現在—未来という時間性のつくりだす線形秩序とは異なる、縁起の秩序にしたがっている。

レンマ学に基づく心理学は、このような縁起を理法とする法界を土台にすえる心の学であるために、主に西欧で発達してきた心理学の語る「無意識」にたいする理解を、根底からくつがえしてしまう。心理学の中で無意識として語られてきたのは、ロゴス的知性の側から捉えられてきた心的実体の可能的描像にすぎない。ロゴス的知性と言語は一体である。その言語によって捉えられた現実が、「意識」と呼ばれる。無意識はこの意識との関わりで確立された概念であり、意識によらない心的活動のすべてが、無意識として取り出されてきた。レンマ学はこのような心理学の前提となる図式をくつがえすことになる。

レンマ学における「無意識」の位置を確定する作業から始めよう。そのためにはまず逆からいって、言語と意識の位置を定めておく必要がある。心的現象すべての土台である法界の中で、言語は「分別」をもっとも重要な働きとしている。事物の差別相を知覚して、それを言語の弁別構造をつうじて認識するのである。したがって言語の一心法界における重要な働きは、「事法界」という法界の様態から発生していることがわかる。これは言語の記号的側面に対応している。

しかし事物の違いを見出す分別が働くためには、その前提として、ただの事物の集まりの中に、すでに何かの分類がおこなわれている必要がある。分類をおこなうには、事物の間に何かの同一性が見出されていなければならないから、分別の働くとき、法界の「理法界」という様態が同時に働き出している。理法界は異なる事物の間の平等性を発見できる能力であるから、抽象化の能力と言い換えることができる。記号としての言語には、このようにはじめから事法界とそこに働きかける理法界が、同時に作用していることがわかる。つまり言語は、法界における「理事無碍法界」の様態を含んでいる。

人類の用いている言語では、この理事無碍法界としての特性が、最高度の発達を見せている。

記号的な言語にあっては、分類は一次作業だけで終わるケースが多い。ところが人類の言語ではこうして分類されたカテゴリーにさらに二次的、三次的……な分類が加えられ、分類されたカテゴリーの間に理法界が働くことによって、前の段階の分類では「違うもの」と分けられていた項目同士が「似ている」として結合されていく、「喩の過程」が起こるのである。

理事無碍法界になぜこのような喩の過程が発生するのか。それは法界縁起の理法そのものである「相即相入」による。空有構造の共通している事物を相即させ、事物間に力の流通をおこし相入させることで、法界には形態と力用の間に自由な交通が発生できる。それが理事無碍法界である。類人猿や旧人類の間では、まだこの理事無碍法界の様態が強力に働き出していなかった。それが強力に働き出したとき、現生人類（ホモサピエンス）への進化が起こったのである。人類は相即によって発生したメタファーと、相入によって動き始めたメトニミーという、二つの喩的メカニズムを組み込んだ言語をしゃべりはじめた。それ以来、人類は十数万年もの間、ずっと同じ普遍構造を持った言語を用い続けている。

こういう特性を持った言語が、人類に「意識」をもたらす。この言語はロゴス的知性の働きに強く結びついて、心の外界と内界を分別する。外界の事物の事法界としての様態に焦点をあわせて、差別し、分類し、分別するのである。しかし人類の言語は、そこにレンマ的知性の働きを介入させる。レンマ的知性は無分別であるから、分別をおこなう意識にとっては全くの他者、すなわち無意識である。このように相即相入する法界の理法によって、分別的な事法界と抽象化する理法界を結合させた、生物界にかつてない構造を持った言語を、人類はわがものとしたわけである。

人類の心に発生した意識が、きわめてアンビヴァランな仕組みを持っていることが、以上のことからもよくわかる。言語は事法界に適合した構造を持っているから、ニューロン系による情報処理に最適な機能をもたらすことができる。しかし同時に、この言語は理事無碍法界にも開かれている。そのために、言語のロゴス的機構の内部には、たえまなくレンマ的知性の働きが無意識として侵入し、そのたびに記号論的機能は揺らいだり、客観的情報処理の進むべき道から逸脱させられたりすることになる。つまり、人類の言語は理事無碍法界の能力に開かれているおかげで、意識には無関係な心的領域、すなわち無意識に「道を開いている」わけである。

この「道を開く」という言い方は、フロイトの「通道《つうどう》（Bahnung）」という概念から来ている。フロイトは意識の働きにたえず無意識が介入し続けているという事実の発見から、彼の精神分析学を創造した。さらにフロイトの後を受けて、ラカン（一九〇一―一九八一）はこの「通道」が実現されるために、人類の用いている喩的な構造を持った言語が決定的な働きをしていることをつきとめて、そのことを「無意識は言語のように構造化されている」と表現した。フロイト＝ラカンは、心が理事無碍法界としての様態を備えていることを見出したのである。これについては、後にまた詳しい検討を加えよう。

しかし、華厳学と私たちのレンマ学にとって、無意識はフロイト＝ラカン的無意識につきるものではない。言語が意識を開く。それは一心法界において、事法界と理事無碍法界の二様態が、心に「意識」という状態を生み出す事を言っている。残りの心的領域のすべてが「無意識」である。精神分析学や心理学では、この「真正な無意識」についてほとんど語られることがなかった。真正な無意識とは言語を生み出しながらも言語によらないレンマ的無意識のことにほかならない。

アーラヤ識としての無意識

『華厳経』と『大乗起信論』に展開された法界の思想をモデルとして、私たちが構築しつつあるレンマ学において、人類の心的現象の基礎にあるレンマ的無意識はつぎのような特徴を持つ。

(1) レンマ的無意識は法界としての心の全域で働いている。人類の無意識として特別な構造を持つ「アーラヤ識」のみならず、そのアーラヤ識を包摂する純粋レンマ的知性体としての「如来蔵」でも、レンマ的無意識の活動が続けられているのである。アーラヤ識は無分別知性（レンマ的知性）と分別知性（ロゴス的知性）の混成体であり、言語の深層構造がその二つをつなぐ働きをしている。統辞法（シンタックス）の側面がロゴス的知性の働きを支え、メタファーとメトニミーからなる喩的構造がレンマ的知性の活動のための道具となっている。したがってアーラヤ識は意識と無意識の両方にまたがっており、そのうちのレンマ的知性の働きに関わる部分が無意識としての扱いを受けてきた。

そのアーラヤ識の活動を支えているのが、さらにその外部にある純粋レンマ的知性たる如来蔵である。この純粋レンマ的知性の活動は、法界としての心の全域を覆っている。意識のみならず無意識においても、純粋レンマ的知性の働きによらないものはない。アーラヤ識混成体に組み込まれた部分では、純粋レンマ的知性はフロイト精神分析学の言う「無意識」としての動きを見せる。しかしそれよりもさらに大きな無意識が、心＝法界の全域で活動している点を見落としてはならない。フロイト的無意識と区別するために、言語に捕獲されていないこの真正な無意識のことを「レンマ的無意識」と呼ぶことにする。

（2）アーラヤ識に組み込まれたレンマ的知性には、すでに言語構造を介して時間性の侵入が果たされているから、「無意識は言語のように構造化されている」ということができる。構造主義が問題にしてきたのは、この部分の無意識のことである。アーラヤ識の混成体では、一次過程（レンマ的知性に関わりの深い部分）と二次過程（言語の統辞法に支えられたロゴス的知性の働きに関与している部分）の間には「通道」が穿たれていて、この「通道」を介して二つの異種の過程がひとつながりになっている。一次過程は表と裏を分別しない「メビウスの帯」のトポロジーをしているが、二次過程は表から裏へ移れない分別的な「トーラス」のトポロジー構造をしている。「通道」がこの異種のトポロジーをつないでいる。ラカンはその様子を「クロスキャップ（僧帽）」のトポロジーとして表現してみせた。

しかしこのような構造主義には、レンマ的無意識の中に踏み込んでいくことはできない。そこに時間性が及んでいないからである。法界は過去─現在─未来という時間の線形的な流れの外にある。法界としての心には、縁起の理法によってあらゆる方向からある点に向かって力が流れ込み、そこからあらゆる方向に向かって力が流れ出て行く過程が繰り返され、事法界としての分別構造をそなえた事物の中に理法界の抽象化作用が及んでいき、理事無碍法界の様態への変化をとげさせていく。このようなレンマ的無意識の活動をとらえる能力を、構造主義も精神分析学ももっていない。しかし法蔵・澄観らによる華厳学が探求したのは、まさにこのような真正の無意識の働きなのであった。

（3）レンマ的無意識は一心法界のすべてを覆っている。それは「深層」に沈み隠れているのではなく、心の表層にも中層にも深層にも遍在している。それが事法界の様態をとるとき、感覚受容器や運動性ニューロンの中にあらわれる。理事無碍法界の様態をとるときには、言語やイメージや思考をつかさどる脳内の部位で活動する。理法界としての様態をとるときには、心の内部の「どこか遠いところ」から送られてくる解読不能な信号として感知される。

そうやってすべてのロゴス的知性の生産物の中に、レンマ的無意識は姿をあらわしている。しかしアーラヤ識の無意識のように、凝固した語彙やイメージの姿をとることはない。発話の中を、思考の中を、造形されたイメージの中を、まるで「かすめ通る」ようにして通過していくやり方で、レンマ的無意識は分別的生産物の表面や内部にその姿をあらわしている。そのため「かすめ通って」いったレンマ的無意識の示す不規則な足取りを追って、そこから一つの因果性の物語を織り上げる分析の手段は、真正の無意識にたいしては使用することができない。

（4）夢の語法のうちに、レンマ的無意識は深い痕跡を残す。夢はイメージの圧縮と置き換えをおこなう。このイメージの圧縮と置き換えに深く関与しているのが、法界縁起を貫いている相即相入の原理である。『華厳経』に描き出されているように、法界に充満している事物は、お互いに縁起によってつながり、空有構造の相同性をもって「相即」しあい、力用の出入をもって「相入」するやり方で、相依連関しあっていく。そうやって心＝法界の全域で全体運動がおこなわれていくのである。この相即相入がレンマ的無意識の運動原理である。

この原理がアーラヤ識に働きを及ぼすとき、人類の用いている言語と、その人類の見る夢の語法が生まれる。言語の統辞法に相即と相入が及ぶと、そこにメタファーとメトニミーを軸とする喩的構造をもった言語体がつくられる。その時の飛躍の光景を再現するために、最初の芸術である詩が誕生した。しかし夢にあってはレンマ的無意識の働きはいっそう直接的である。ここにはもともと統辞法がないので、レンマ的無意識は直接手を触れるやり方で、イメージの圧縮と置き換えによる重ね合わせを実行する。

このようにレンマ的無意識に起こる相即相入の過程は、まるで「機械」のように進行していくのである。相即によって「部品」の移動と圧縮がなされ、相入によって「部品」間での力の交通がスムーズに進行していく、それがまるで巨大な機械仕掛けの全域で続けられていくように見える。そこには感情のバイアスも働かないし、主観的な思い込みによる偏倚《へんい》も作用しない。レンマ的無意識はある種の機械である。ここで思い出されるのがフェリックス・ガタリの「機械状無意識」の概念である。ガタリはこの概念についてこう書いている。

時間を流れに逆らって思考するとは、「後で」来たものが「先に」あったものを修正しうると想像するとは、あるいは過去のただ中におけるある変化が現在の事物の状態を変形しうると想像するとは、何と馬鹿げたことと言われるであろうか。魔術的発想への逆戻りであると言われるであろうか。SFであると言われるであろうか。が、しかしである……

そういった相互作用現象の探求を試みることは私にはちっともくだらないこととは

> 思えない。私はそういった相互作用現象もまた「機械状」と形容したい。ただこの段階ではそれらの物質的および／あるいは記号論的性質を明確化することはしないにしても。超越的プラトン的イデアでもなく、無形状質料に並存するアリストテレス的形相でもなく、こういった脱属領化された抽象的な相互作用現象、あるいはもっと簡単に言ってこういった抽象機械《マシーヌ・アブストレット》こそが、現実のさまざまなレベルを横断し、層状化作用物を組み立てたり解体したりするのである。（ガタリ『機械状無意識』高岡幸一訳）

レンマ学にとっては、ここにガタリの語っていることのすべてが、法界縁起の示す様相に関わるものであり、それはけっして魔術的発想でもＳＦでもない。レンマ的無意識では時間も相即相入するから、時間は逆行も起こすし飛躍も起こす。そういう無意識が心的現象の全領域を流動し続けている。ここに描かれているような「抽象的な相互作用現象」は法界の現実そのものであり、レンマ的無意識の作動原理そのものである。ガタリの「機械状無意識」というアイディアはレンマ学が取り出してきた「レンマ的無意識」と同一の実体に触れている。私たちは今後この「機械状」という概念を、理法界の抽象化作用を描くときにしばしば利用させてもらおうと思う。

かくして縁起の理法に貫かれたレンマ的無意識を、機械状の運動体として描くことができる。そのためこの機械状の無意識が「かすめ通って」行ったところに残されるものは、アーラヤ識に内蔵された無意識に生まれるもろもろのイメージや象徴や記号群とは、異質な性質を備えることになる。そうなるとレンマ学としての心理学は、フロイトやユングなどこれまでの心理学が扱ってきたものとは異なる無意識に取り組んでいくことになる。

（5）純粋レンマ的知性の働きである理法界の様態は、法界に内在している抽象化の能力をあらわす。それは事法界にあらわれる差別と分別の相に「流れ込んで」、差別を平等化し、分別を無分別化する。それはあたかもなにか知的な流動体が分別壁を自由に（無碍に）乗り越えて、それまで分別によって分離されていた領域やカテゴリーをひとつにつないでいくようである。

華厳学ではこの流動化が自由（無碍）の本質であると考えている。人類の知的飛躍は、ニューロン系に「理事無碍法界」の様態が完全に出現できる条件が整ったときに起こった。このとき、それまでの旧人類の用いていた記号的言語（指示機能だけの事法界的言語）の構造に、理法界の流動性が流れ込むことによって、喩的な機構を組み込んだ現生人類の豊かな表現的言語が生まれた。

そのことは、生命体の知的機構に巨大な「無意識」が接合されたことを意味する。理事無碍法界の様態がもっとも大規模に表面にあらわれているのが、私たちホモサピエンス人類である。ほかの生物の心＝法界では、事法界の様態が支配的で、そのため生物の行動は現実世界の事法界構造に適合していて、現実行動においてあやまつことがない。遺伝子を複製して次世代に伝えていくメカニズムも、事法界の構造に対応しているから、そこに不意に理法界の無分別能が介入してきて突然変異が起こるまでは、正確にほぼ同じものが伝えられていく。ところが人類の心＝法界では理法界の大規模な相入がたえずおこなわれているために、現実世界の法（ダルマ）を逸脱した想像界や象徴界が形成されることになるのである。

これまで心理学は、こうして形成された理事無碍法界としての無意識の生産物である、想像界や象徴界ばかりを研究してきた。あるいはその逆に、事法界に開かれた感覚器官と運動性器官とのつながりを調べる、行動主義心理学が発達してきた。そのどちらの心理学も、「真正の無意識」に触れることができないでいる。そのために心＝法界という巨大な大陸のごく一部分しか探ることができなかったのではないか。

大乗仏教が開発したレンマ論理に基づく心理学は、唯識論をへて華厳学と『起信論』の探求にたどり着いたが、そこで成長をおおむね止めてしまった。その後は、アーラヤ識とフロイトやユングの無意識との関連がときおり取り沙汰される程度で、仏教的心理学の探求はついに創造的に展開されてこなかった。レンマ学はその探求を、心＝法界における「レンマ的無意識の位置と機能」の研究をもって再開しようと思う。フェリックス・ガタリの「スキゾ分析」の例にもよくあらわれているように、レンマ的無意識の研究は大きな現代的意義を内蔵していると思われる。

フロイト的無意識のレンマ学的再検討

とはいえフロイト心理学はレンマ学の構想する心理学と、じつに多くの共通点も持つのである。とりわけそれはフロイトが無意識の本質であると考えた「快楽原則」に関して著しい接近を見せる。フロイトは自分の考えた無意識の外部に何か得体の知れない不気味な実体（彼はそれに「もの das Ding」という名前を与えた）があるらしいということに、気づいていた。

フロイトの無意識はこの「もの」のまわりを取り巻きながら、その不気味な実体から送り出されてくる信号を聞き取ろうとしているように見えた。とりわけフロイトの無意識は「快楽原則」にしたがって作動するが、その作動は無意識の外部のその実体によって、決定的に方向づけられているように思われた。初期の『科学的心理学草稿（以下『草稿』）』から晩年の『文化への不満』にいたるまで、この直観はつねにフロイトの探求の導き手であった。フロイト的無意識が自分を根拠づけるものとして想定していたその「もの」こそ、じつは私たちの考えるレンマ的無意識にほかならない。

そこにいたるフロイトの探求のあとを簡単に追ってみよう。フロイトは神経学者として出発した人で、当時開発途上にあったニューロン学説に深い関心を持っていた。神経学者時代の最後に書かれた『草稿』において、彼はのちに展開される精神分析理論すべての礎となる考察をおこなった。

この研究でフロイトが着目したのは、ニューロンのロゴス的機能である。ニューロンの内部を電気信号の形である種の「エネルギー」が伝わっていくが、このエネルギー量には上限があって、閾《いき》を超えた過剰分は抑えられる。またニューロンとニューロンの間にはシナプスがあって、エネルギー量を不連続に断ち切る作用をおこなっている。ニューロンの持つこうした構造によって、心的機構には一定の秩序（ホメオスタシス）が保たれるようになっている。

心的機構が外に向かって開かれている「感覚」と「運動」の神経組織では、このニューロンのロゴス的機能がみごとに現実に適合した作用をおこなっている。レンマ学の言い方をすれば、事法界に適合するように、ニューロン組織が事法界の様態を持つように進化している、という事もできる。「運動」側の出力は「前意識」と呼ばれ、いつでも発話可能な状態で言語化による「意識」化を待っている。一方、心的構造の内部にはそれとは異なる働きを持った機構（内因性の過剰刺激量$Q\eta$を生み出す機構）が組み込まれているらしい。ところが科学的神経学はこの機構を扱う手段を持ちあわせていない、とフロイトは見た。真の心の科学をつくりあげるためには、機構の働きを組み込める新しい別の科学が必要である。ここからフロイトの精神分析学建設の努力がはじめられた。

『草稿』で着想された心的構造の図式は、その後の彼の精神分析理論においても採用され続け

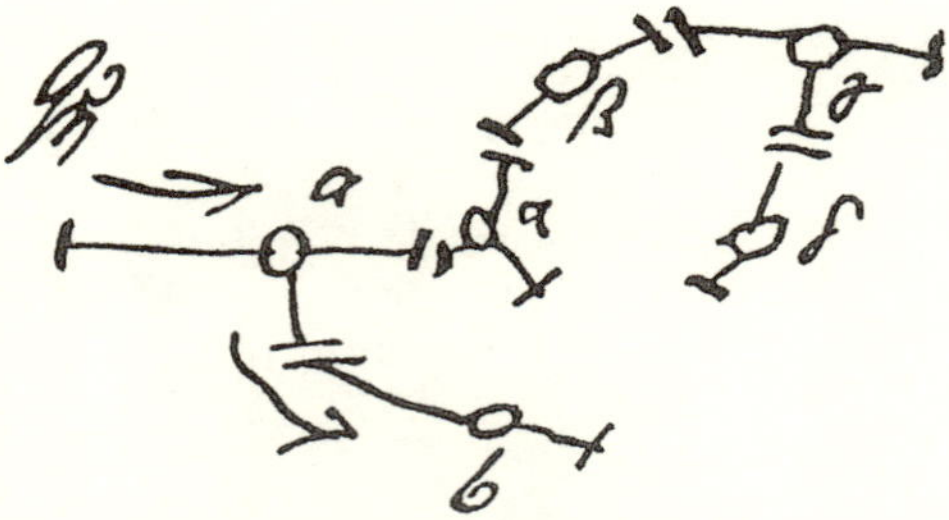

図上　ニューロン系内の接続を示す『草稿』（1895 年）における図式
刺激量 Qη が外部からニューロン〈a〉に入るとすると、ニューロン〈b〉に進むと想定されるが、側面備給〈a－α〉に影響されて、じっさいには〈b〉には商 Qη/〈a－α〉だけが送られる。

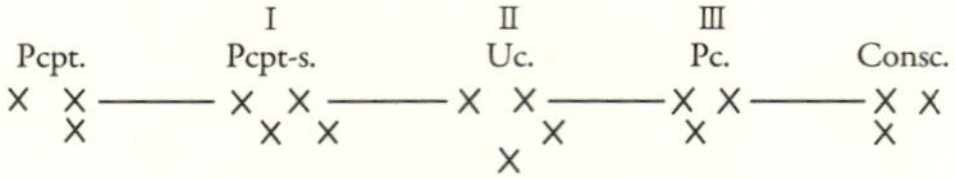

図中　「Pcpt.」＝知覚、「Pcpt-s.」＝知覚 -signs、「Uc.」＝無意識（signs）、「Pc.」＝前意識（signs）、「Consc.」＝意識　これらの省略記号は、おなじみの「Ucs.」その他の前駆となる記号である。ド・フリース宛書簡（1897 年）

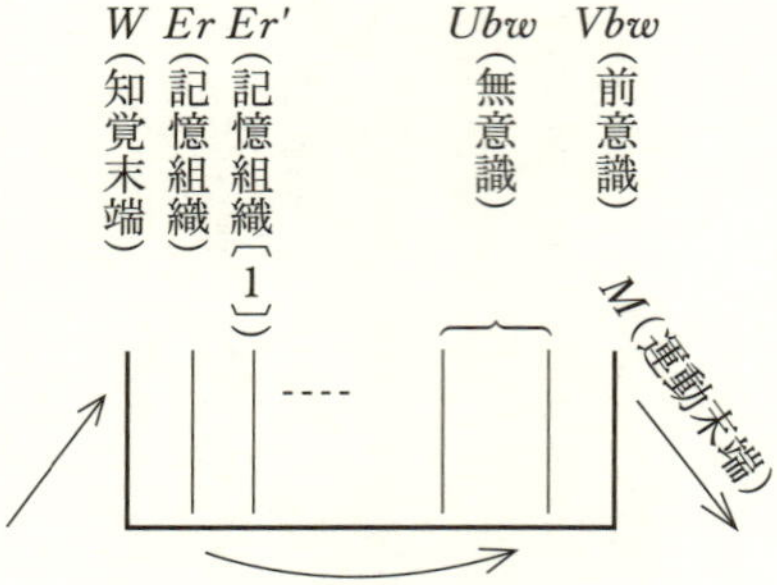

図下　『夢判断』（1900 年）に描かれた図式

た。フロイトの精神分析理論が確立された『夢判断』の中で、図式は図下のような表現に変形される。

この新しい図式では、『草稿』で得られた視点を発展させて、事法界に開かれている心的機構はあらためて「二次過程」と呼ばれ、この機構の奥深いところにセットされた理事無碍法界の様態は「一次過程」と呼ばれている。二次過程は思考に同一性をつくりだす部分で、前意識と意識が形成される。ニューロン系に内在するロゴス的機能が、ここでは前面に押し出されてくる。現実世界にある対象としての「もの」が、二次過程にとっては重要な存在物である。

ところが深層部にセットされてある一次過程では、それとは異なる過程が進行する。一次過程では思考の同一性をつくりだすことよりも、多義的・多形的なものに変形しようという力が加えられる。ここに送り込まれてきた言語や視覚像には、「圧縮」や「置き換え」の操作がほどこされ、夢の場合であれば、運動性の放出が閉じられているために、現実世界の差別相には適合しないイメージを脳は受け取ることになる。一次過程によって活動する心的機構のこの部分を、フロイトは「無意識」と呼んだ。この無意識なるものは何を求めてこのような活動をおこなっているのか。『文化への不満』に結晶していくフロイトのメタサイコロジー的探求は、その問題に集中していった。

レンマ学ではこの問題を次のように考える。フロイト的無意識は、事法界が理法界と結合して形成される理事無碍法界の様態によって、一次過程として一心法界に生まれる。理事無碍法界はその構造上、二面性を備えている。すなわちこの一次過程は、いっぽうでは事法界に開かれた二次過程からの情報を「通道」をとおして受け入れるが、同時に理法界からも差別相を抽象化する作用を受け取っている。このことが無意識に特徴的な作動の形態をつくりだすのである。事法界は事物の差別相を分別する。これにたいして理法界は相即相入によって事物の重ね合わせと移動をくりかえしている。この理法界に内蔵された運動力によって、事法界的事物の同一性は揺るがされ、多形化され、さらには「快楽化」されていくのである。

ここがとても重要なところである。障壁が破られて「通道」ができ、それをとおして異質な力が自由な往来をおこすとき、「快楽」が発生する。無意識は、フロイトにあってはこの「快楽」を生み出す「快楽原則」に支配されているのである。これにたいして二次過程（意識）は「現実原則」に支配されている。「現実原則」は「快楽原則」の暴走をつねに抑える働きをしている。これはニューロン系による過剰な量の刺激を抑制する作用に対応していて、ロゴス的知性の活動を可能にする。しかし「快楽原則」を求める無意識は、「現実原則」をたとえ無視してでも、心的機構に快楽を導き入れようとするだろう。

これはレンマ学に裏打ちされた別の言い方をすれば、法界には「界」の閉鎖性を壊して自在な力の行き来（相入）をつくりだそうとする、「無碍」への根源的欲動が内蔵されているのである。ロゴス的機能が抑制しているその無碍化への欲動を、理事無碍法界、事々無碍法界が解放する。そのとき心的機構には「快楽」が生まれる。無意識はこのような状態をつくりだす

「快楽原則」にしたがって運動している。理事無碍法界の一形態であるフロイト的無意識が心にセットされることによって、人類に特有な心理活動が生まれたのである。

この「快楽原則」の向こうに、あの「もの das Ding」の働きが感知されるのである。「もの」は現実世界の事物、あのもの、このものと呼ばれる対象物としてのものとは、根本的なちがいを持っている。なによりもその「もの」は心的機構の内部、それも最深部にいて、そこから何かの信号をフロイト的無意識に送ってくる。心の機構の外部にあるように感じられるので、それは対象物と同じに「もの」と呼ばれる。フロイト的無意識はこの「もの」に自らの目的を定めて、意識を当惑させるさまざまな活動をおこなう。

これについてラカンは次のように語っている。

「das Ding」とは、精神現象における世界の組織化の、論理的にも時間的にも最初の点において、異質な項として現れ、切り離されるものです。「表象 Vorstellung」の動き全体はこの「das Ding」の周囲を巡っています。フロイトが示したことは、この「表象」の動きが、ニューロン装置の機能と結び付いた制御原則、いわゆる快楽原則によって支配されている、ということでした。象徴的過程が緻密に織り上げられている人間特有の適応上の進歩は、全てこの「das Ding」の周囲を巡っているのです。（ラカン『精神分析の倫理』（上））

フロイトは私たちが「レンマ的無意識」と呼ぶ一心法界の働きを感知して、これに「もの das Ding」という名称を与えていたのである。「「das Ding」とは、精神現象における世界の組織化の、論理的にも時間的にも最初の点において、異質な項として現れ、切り離されるものです」。じっさいレンマ的無意識である理法界も事々無碍法界も、そのように事法界からも理事無碍法界からも異質な働きとして分離され、切り離される。事法界と理事無碍法界は、ニューロン系のロゴス的機能と深く結びついており、それから見れば、レンマ的無意識（理法界と事々無碍法界）はロゴス的機能が発生した瞬間に、存在しないもの、思考不能なものとしての扱いを受けて、心的装置から切り離され遠ざけられることになる。

心的装置に「快楽」をもたらすものの根源は、ロゴス的知性にとっては最初から存在しない「もの das Ding」としてのレンマ的無意識そのものである。フロイト的無意識を支配する「快楽原則」は、自分には理解することも制御することもできないレンマ的無意識を憧憬することによって、その周りを巡りながら組織化される。こうして「象徴的過程が緻密に織り上げられている人間特有の適応上の進歩」が達成された。じつにフロイトの思想は、ロゴス支配的な文明の中で生み出された、最高レベルに属する人間理解を示している。

しかし大乗仏教のレンマ論的人間論は、それとは異なる人間理解、生命理解を打ち立ててきた。レンマ的無意識は人間の心的現象の外におきざりにされた「もの」ではない。一心法界の示す様態として、心的現象あるところすべての場所に遍在し、法界の全域で活動を続けている。

それはいわゆる深層心理ですらない。それが深層に隠されているように見えるのは、意識を生み出すニューロン装置の持つロゴス的機能が抱く錯覚にすぎない。法界には事物の差別相を認識する分別的・ロゴス的知性がたえまない活動をおこなっているが、それとまったく同じ場所で、それとは様態の異なるレンマ的知性が、縁起の理法による全体運動をくりひろげている。

そしてそのレンマ的知性はそこに「快楽《けらく》」の充満した空間をつくりだすのである。すべての事物が融通無碍につながり、相即相入しあっているとき、その界にある事物は皆「適悦」の状態にある。レンマ的無意識は「悦楽」に満ちているのだ。諸仏はこのような「浄土」でロゴスの真実ならぬレンマの真実を語り続けている。こうして大乗仏教の説く浄土には快楽が充満することになる。

このことは『華厳経』の説法場が、法界縁起によって変化し動いている、さまざまな浄土であることによく示されている。そこには最高の快楽が充満している。浄土論系の『称賛浄土《しょうさんじょうど》仏摂受経《ぶっしょうじゅきょう》』には、「彼の界中のもろもろの有情の類はいっさい心身の憂苦あることなく、ただ無量清浄の喜楽のみあり。この故に名づけて極楽世界となす」とある。純粋なレンマ的知性である理法界と事々無碍法界は、同時にまた快楽の充満する界なのである。

理事無碍法界は、この理法界と事々無碍法界に相即相入している。そのためフロイト的無意識同様に、言語も夢も芸術も、理事無碍法界に生み出されるすべての事物が、「現実原則」ばかりではなく「快楽原則」にもしたがって組織されることになる。しかもそうした理事無碍法界の生み出すもろもろの表現機構は、「快楽《けらく》」の源泉ともいうべきレンマ的無意識のほうに真剣な眼差しを向けている。レンマ学の考えでは、レンマ的無意識はそれらの快楽的表現機構に現実のつながりをもっているのである。これを言い換えれば、レンマ的無意識はフロイト的無意識の言う到達不能な「もの das Ding」の領域ではない、ということになる。レンマ的知性はいまここにある現実として、深層ではなく全面が表面である法界でたえまない活動を続けている。ニューロン装置にはそれが把捉できないために、理性の外に追い出されているにすぎない。

しかも興味深いことに、フロイトは「快楽原則」のめざしているのが、「快楽」と「善（善きこと）」であるとも考えていたのである。「善」と「快楽」は切り離す事ができない。それどころか「快楽」と「善」は一体であって、「苦」から「善」が生まれることはない。これも大乗仏教のレンマ的倫理学のすでに知るところである。真如法界の全体運動と一致していることが、生き方における「善」の根源であるが、それはまた心身に適悦をもたらす。すなわち「快楽」の根源も、真如法界との一致にほかならない。それとの不一致が「苦」を感受させる。それゆえに、「苦」から「善」が生じることはありえない。

このように無意識こそが「善」の根源であって、それはほんらい理性の外におかれている。そうだとするならば、社会的に承認される「善」なるものは、虚妄としてしか存在しないことになる。これを別の面から見ると、「快楽原則」を抑制するところに「善」も現出しないことになる。これが文化や文明の抱える根源的なジレンマである。文化の根源には「快楽原則」の抑制の原理が含まれている。それゆえに文化の中には「善」の実現を期待することはできない。そこで「善」だと主張されていることは、じつは本性上「偽善」であることになる。

現実原則と快楽原則の対立によってフロイトがもたらした新たな様相は何でしょう。これが問題を孕む様相であることは間違いありません。フロイトは一時も現実への適応と、それがどんなものであれ善とを同一視しようと考えたことはありません。『文化への不満』において、文明、文化は主体にあまりに多くのことを要求しすぎる、とフロイトは述べています。主体の善、主体の幸福というものが仮にあるとしても、それはミクロコスモスにも、すなわち主体にも、さらにマクロコスモスにも期待することはできないのです。（ラカン『精神分析の倫理』（上））

これにたいして大乗仏教はレンマ的無意識の開発をとおして、マクロコスモス（神々と宗教の領域）とミクロコスモス（人間心理の領域）の構造を規定してきた人類文化の限界に挑戦しようとしたのである。レンマ的無意識の融通無碍な活動のうちにのみ「快楽《けらく》」と「善」は、その全一な姿をもってあらわれると考えたとき、大乗仏教は、「文化への不満」へとたどり着いていくフロイトの思想が、根源的な地点で乗り越え可能であることを示唆している。レンマ学の立場に立つとき、心理学はいまだに未踏破の広大な領域を放置していることが、はっきりと見えてくる。

第七章

対称性無意識

無意識の位置

西欧に発達した心理学にとっての無意識は、ヒステリーや統合失調症（分裂症）のような精神病理や夢をとおして、心の表面に浮上してくるものである。これにたいして、大乗仏教における無意識は、分別的な思考を停止させる瞑想をつうじて、心的活動の表面にあらわれてくるもので、純粋な状態のレンマ的構造を内蔵させている。これら二つの無意識は多くの共通点を持ちながら、重要な点での相違もあらわにする。レンマ学はこの二つの無意識を一つの法界（一心法界）のうちに統一して、心理学に新たな次元を開こうとするものである。

法界としての心の活動のうちで、意識の占める領域は意外なほどに小さい。意識は人類がいま用いている言語の構造にしたがって、アーラヤ識に生まれてくる。しかしこのアーラヤ識そのものは、法界に内蔵された「理事無碍法界」の様態がつくりだす法界の一部分にすぎない。さらにそのアーラヤ識の一部分が、言語と意識を生み出しているのである。したがって法界としての心は、言語や意識に汲み尽くされることのない、複雑で巨大な活動体と考えられる。

レンマ学は人類の心における無意識の位置《トポス》を、次のように定位する。心＝法界はレンマ的構造をした縁起の論理で全域が動いている。そのもっとも深いレベルにおいて、法界は純粋レンマ的知性そのものである如来蔵のなりたちをしている。その如来蔵が転形して、アーラヤ識と呼ばれるものがつくりだされる。仏典はこの転形の起こる理由をしめさない。しかしどのようにしてその転形が起こるのかについては、はっきり語っている。それは時間性の侵入によるのである。

純粋レンマ的知性には時間性が入り込んできていない。そのため、法界の諸事物は因果関係で結ばれることはなく、線形的な秩序も発生していない。そこに時間性が入り込むとき、レンマ的なもののロゴス的構造への一部分のつくりかえが発生して、如来蔵はアーラヤ識への転形を起こすのである。それまで無分別として活動していた知性が、自分の内部に分別的知性の働きを抱え込むようになるわけである。

アーラヤ識は、レンマ的知性とロゴス的知性の混合体としてつくられている。そしてこの混成体としての特性をもっともよく表現し、かつ現実に働かせているのが、言語にほかならない。じっさい現生人類の用いる言語は、このアーラヤ識と同型の構造をしているのである。言語は事物を線形的に並べて秩序づける統辞法《シンタックス》というロゴス機能と、メタファーやメトニミーの働きによって事物を意味化するレンマ機能との、バイロジック（複論理）的な組み合わせとしてできている。そのバイロジックの仕組みの原型をなすものが、すでにアーラヤ識には内蔵されており、アーラヤ識はいわばこの言語の構造を具体的な道具として使用することによって、現実世界への嵌入をおこなっていると言える。

このようななりたちをしたアーラヤ識が、精神分析学のいわゆる「無意識」に対応している。フロイトは、夢や精神病にあらわれる無意識の活動の特徴を、圧縮と置き換えのうちに見出している。この圧縮と置き換えの操作が、縁起の論理で活動するレンマ的無意識に内蔵された、相即と相入の働きによっていることはすでに述べたとおりである。空有の構造を同じくする事物どうしを重ね合わすのが相即、そのとき起こる力の移動が相入の過程であるが、それがアーラヤ識では意味の圧縮と置き換えに姿を変えてあらわれるのである。

純粋レンマ的知性の内蔵する諸特質は、アーラヤ識に転形されたのちも、そっくりそのまま機能し続けている。そしてその転形された後、それらの諸特質は言語のロゴス的機構に組み込まれ、協働してフロイトの言う無意識としての活動をおこなっている。こうした転形のすべてが、一心である法界のうちでおこなわれるのであるから、心的現象のいっさいは純粋レンマ的知性の転形であると言える。

意識はそのようなアーラヤ識の一角に発生する。そのために、意識をつうじてロゴス的知性が純粋な形で働きをおこなうことは、人間の思考にあっては不可能なのである。意識が立ち起こるやただちに、そこにはレンマ的知性の変異した無意識が生起して、ロゴス的知性に影響を及ぼす。そのため人間の言語の理性的能力はその根本のなりたちからして、(後期ウィトゲンシュタイン〔一八八九―一九五一〕の語ったような)限界を抱えることになる。

その限界を補うべく人間はＡＩを発達させてきた。人間の心にあっては、ロゴス的知性とレンマ的知性は、アーラヤ識をとおして同時生起する。そのときレンマ的知性はフロイトの言う無意識に転形して、ロゴス的知性に影響を及ぼす。そこでそのような無意識を同時生起させない、ロゴス的知性を単独の状態で機能させるＡＩが開発されてきた。しかしそのとき、ロゴス的知性の厳格な運用が可能になるのと引き換えに、人類の知性はロゴス的知性の母体でもあるレンマ的知性の宇宙との連絡を失っていく危険を抱え込むことにもなる。そのような事態は回避しなければならない、とレンマ学は考える。そのためには一心法界における無意識とロゴス的知性の占める場所を、縁起の理法＝レンマ的知性との関わりにおいて正確に定位しておかなければならない。

機械状無意識

『華厳経』に展開された法界縁起の思想を一つの有力なモデルとするわれわれのレンマ学では、心的宇宙は無限の広がりをもつ「法界」としてとらえられる。この心＝法界はその全領域にわたって縁起の理法にしたがって活動している。あらゆる事物が相依相関しあいながら、たえまなく変化し運動をおこなっている。華厳学ではその様子を、振動する楼閣群として描き出している。楼閣はどれも互いに入れ子状態になっている。すなわち部分と全体が等しいのである。この楼閣群のどこかに振動が発すると、たちまち全域に振動が伝えられていき、波のようなうねりが生じるが、そのうねりも他のうねりと重合されて、形を絶え間なく変化させていく。

ナーガールジュナはその様子をとらえるために、ロゴス的論理とは根本的に異なるレンマ論理を用いて、法界の存在様式の本質をとらえようとした。そこから大乗仏教におけるレンマ論理学が発達することになった。われわれのレンマ学は、このレンマ論理を土台にすえることによって、諸学の根本的組み替えを図ろうとしているが、華厳学の描く心＝法界の構造や運動の様子は、とりわけ心理学や精神分析学にとって、大きな意味を持つことになる。心理学の土台をなす心的図式《スキーム》そのものを揺るがすことになるからである。

法界である心は、純粋レンマ的知性の運動体である。そこには(一)事法界(二)理法界(三)理事無碍法界(四)事々無碍法界という四つの「様態」が含まれていて、それら四様態の組み合わせの変化によって、さまざまな有情(生命体ないし意識体)の生存条件が決定されている。このうち理法界と事々無碍法界がもっとも純粋レンマ的知性に近い動きを示すが、有情の生存の表面にあらわれてくるのは、もっぱら分別と認識にかかわる事法界と理事無碍法界の二様態である。

人類の場合、脳と中枢神経系が高度な発達をとげているために、そこでおこなわれているロゴス的機能が大きく表面にあらわれている。そのために心の本質とは分別の働きを持つロゴス的知性であり、それこそが知性の本質をなすものと長らく考えられていた。フロイトがその「迷信」を打破した。フロイトは人間の心的生活はロゴス的知性に結合した「無意識」との協働でおこなわれていることをあきらかにした。この無意識はレンマ的論理にしたがって、人間の心の中でたえまない活動をおこなっている。それゆえラカンが語ったように「無意識は言語のように構造化されている」のである。これをレンマ学によって言い換えれば「心理学があきらかにしてきた無意識は、理事無碍法界の様態によって活動する純粋レンマ的知性としての法界である」ということになる。このことを『大乗起信論』では唯識論の言うアーラヤ識に充てている。

しかしこのような心理学的無意識よりも、レンマ学の考える無意識ははるかに大きいのである。レンマ的無意識は、『華厳経』に描かれた純粋レンマ的知性そのものであるから、それは言語学をはじめとするいかなる科学モデルにも還元不能な本質を持つ。人類はまだ、法界の楼閣群が変化し運動していく様子を描き出す科学的方法の端緒についたばかりで、その代表である量子論でさえいまだ完全な方法とは言い難い状態である。

まずレンマ的無意識の活動様式は「機械状」である。機械仕掛けの人形を考えてみよう。少女の姿にかたどられたプラスチックの外貌やその上にかぶせられた衣装の下の、外からは見えなくなっている空間において、複雑な機械装置が動いている。歯車やカムやシャフトはたえまなく細かい運動を続けている。どの部品も無駄なものはないように組み合わされているから、バネの発条力によってある歯車が動き出すやいなや、その動きはつぎつぎと他の部品に伝わっていき、足や手の部分が動き出す。外から人形を見ている人は、まるで少女の姿をした人形が動いていくように思うのだけれど、その動きを作り出している部品一つ一つの動きは、少しも「人間的」ではない。

レンマ的無意識の活動もそれに似て、少しも人間的でなく、機械状のクールな運動を示す。そこにはなによりも「主体」がない。「インドラの網」に喩えられる法界中の諸事物は、相互に関係しあい相互に嵌入しあいながら、自在（無碍）に影響を及ぼしあっている。網の目の交差点に主体の「芽」が生起するが、永続する同一性が形成されることなく、他の事物からの相即相入を受けることによって、別の形態への変化を起こし、力用の変化によって顕在をめざして立ち上がったり潜在空間への沈み込みを起こしたりを繰り返す。レンマ的無意識には「同一性」がつくられない。そのため対象世界から分離した主体というものが、存在することができないのである。

しかもそのような主体と対象は縁起的連結のもとに置かれているから、主体を世界から分離することがない。「私は花を見る」という事態があるとき、それは同時に「花が私を見る」という事態の別表現にほかならない。このような認識を支えているのが、レンマ的無意識にほかならない。法界の「インドラの網」の交差点に生まれた主体の芽が対象の芽と情報のやり取りをおこなっている、その様子を意識化すると「私は花を見る、花は私を見る」というレンマ的表現に至りつく。そういう表現の奥で、レンマ的知性が無意識として働いている。

これを力の動き(力用)の面から考えると、レンマ的無意識の全域で自在(無碍)な力の流動が起こっているように見える。事物を隔てる境界の一部分が開いて、あらゆる方角から他の事物の中に滞在していた力が、相入の過程を通じて流れ込み、またそこから別の事物に流れ出していく。力の流れはどこにも滞留しないから、モル状の固形形成物をつくらない。相即の過程によって自分と似ている構造を探し出した無意識は、そこへ目掛けて力用を注ぎ込み、二つの事物をつなぎ重ね合わせる。こうした力の動きすべてが、機械状、流体力学状に進行していく。

フロイトの無意識には強い性的な意味づけが与えられた。しかしレンマ的無意識には性的な意味は発生しない。フロイト的無意識では、夢の中になにかの人物があらわれるとそれは男性的であり、その人物を包みこむ景色は女性的であると「解釈」された。このような解釈はメタファー上層部に起こる事物の重ね合わせにたいしてなされるが、メタファーの深層部で動いている縁起的な相即にとっては、諸事物の機械状の重ね合わせが起こっているだけで、そこには性的な意味は少しも発生していない。レンマ的無意識は天使のように「性を持たない」のである。

したがって、レンマ的無意識を「オイディプス化」することもできない。「父」は社会的言語と同じ場所にあらわれるものであるから、言語の構造に支配されていないレンマ的無意識には「父」もなく、その「父」に縛られる「母」も「子」も存在しないことになる。ただ法界の縁起の連鎖の中に、主体の芽の生起という事態が起きるので、それを「母が子を産む」という喩で表現することは可能である。法界そのものがいわば神話的宇宙卵としての「母」で、個体性を超えたその「母」が無数の個体的事物の芽を「子」として、たえまなく生産しているのである。しかしこの「母」による「子」の生産の現場に「父」が介入して、そこをオイディプス化することは不可能である。法界はたえまない生産をおこなっているが、そこに言語も社会の法(ダルマ)も影響を及ぼすことはできない。

このようにレンマ的無意識は、心理学的無意識を超えた活動をおこなう。心理学的無意識は、レンマ的無意識をマトリックス(母体)として生成されるその変異体にほかならない。心理学的無意識はロゴス機能とレンマ機能の混合体であるアーラヤ識につくられる現象であるために、言語構造からの強い影響を受けて、レンマ的無意識の機械状の純粋運動に変異を加えるのである。

こうして見てくると、フェリックス・ガタリとジル・ドゥルーズは『アンチ・オイディプス』や『機械状無意識』において、フロイト゠ラカン的無意識の外側にある、われわれの言うレンマ的無意識の存在に触れていたのだということが見えてくる。ドゥルーズ゠ガタリが「無意識には主体がない」こと、「欲望は無意識において機械状の運動を続行している」こと、「無意識のイメージ群を性的に分別することは不当である」こと、「無意識をオイディプス化することも不当である」こと、などを主張していたとき、彼らが摑み取ろうとしていた当のものは、縁起の理法で運動するレンマ的無意識の存在にほかならなかったのではないか。彼らはそうすることによって、強固な同一性を備えた主体をつくりだそうとする西欧的思考の伝統を食い破って、その外に出ていこうとしていた。その外の場所で、レンマ学は彼らの思考と出会うことになるのである。ドゥルーズとガタリがこう書いている。

人間の深層には《それ》〔エス〕が存在する。つまり、種々の分裂症細胞、分裂分子、それら分裂分子の連鎖や隠語が存在する。ここには分裂症の全生物学があるのだ。分子生物学はそれ自身、分裂症的なのである。（『アンチ・オイディプス』）

ここにある「分裂症」という言葉を「レンマ的」に置き換えると、彼らの哲学とわれわれのレンマ学との確かな出会いが実現される。彼らは「エス＝無意識」の本質が分裂症的ななにものかであると考えたが、レンマ学は「エス」を縁起の理法で運動する法界としてとらえる。この法界は機械状の全体的運動をおこなうので、分裂症（統合失調症）と見紛うほどであるが、分裂症をはるかに超え出る豊かな内容を含んでいる。すでに見たように、細胞共生説による細胞の本質はレンマ的、縁起論的であり、ミクロな細胞レベルからマクロな社会レベルにいたるまで、生物学を一貫した「レンマ的生物学」として再構成しなおすことができる。「エス」もまた縁起の理法による運動体である。むきだしにされた「エス」が統合失調症であるとすれば、そこでは分裂症でさえ一心法界に包摂されることになる。

こうして心的法界の中でのレンマ的無意識の位置が、しだいにあきらかとなってくる。レンマ的無意識は脳と中枢神経系にはほんらい関わりを持たない実体なのである。それがニューロン系に入り込むとき、レンマ的知性のロゴス的知性への転形が起こってしまうので、レンマ的無意識を脳の神経生理学的過程としては測定も観測もできないのである。しかしレンマ的無意識は実在する。もしそれが実在しないとすると、ロゴス的知性じたいが活動しえないし、ロゴス機能とレンマ機能の混合体である言語も働くことができないだろう。レンマ学による心理学は、このようなレンマ的無意識の土台の上に築かれることになる。

法界と統合失調症

西欧において発達した心理学は、主に統合失調症（分裂症　schizophrenia）の症例をつうじて、裸の状態にある無意識と直面してきた。統合失調症の症状には、フロイトが夢や言い間違いをとおして観察してきた無意識の活動原理が、いっそう激しい形であらわれてくる。そこで無意識に潜在する創造力をあきらかにしようとしたガタリは、自らのよって立つ方法を「精神分析 psych-analyse」ならぬ「分裂分析 schizo-analyse」と名付けたのである。彼の言う「機械状」の動きを示す無意識は主に分裂症の症状をとおして、現実の表面にあらわれてくるからである。

統合失調症があらわにする無意識を「分裂的無意識」と呼ぶことにすると、この分裂的無意識はレンマ的無意識と多くの共通点と同時に重要な相違点を示すことになる。二つの無意識は人間の心の本体をなすもの（それを私たちは大乗仏教にならって「法界」と呼んできた）に直結し、その運動を歪めることなく表現している。したがってたとえ統合失調症の症例としてあらわれているにせよ、そこにはむしろ人間の心の本性があらわれている。その無意識の顕在化を病気とみなして、社会の常識へ再統合を図ろうとする精神医学の試みとは何なのか。このような問いかけが一九七〇年代の欧米を中心にして広がり、グレゴリー・ベイトソン（一九〇四―一九八〇）やデヴィッド・クーパー（一九三一―一九八六）やR・D・レイン（一九二七―一九八九）などによって、分裂症を無意識のポジティブな表現形態として理解しようとする新しい試みがはじまった。分裂的無意識のうちに人間の心の病を見るのではなく、むしろ心の本性を探る貴重な存在を見ようとする試みである。これに関して語られたR・D・レインのつぎのような言葉には、一点の曇りもない。

もし人類がのちのちまで生き残るとすれば、未来の人間たちは、われわれのこの光にみちた時代を文字通り暗黒の世紀としてみかえすことであろう。私には、このように思われてならない。かれらは、恐らく、この皮肉な状況をわれわれよりももっと楽しく味わうことができるかもしれない。われわれは、かれらに笑われるであろう。かれらはきっとこう気づくことであろう。われわれが分裂症と呼んでいたものは、光が――しばしば、きわめて普通のひとたちを介して――われわれの閉ざされた精神の裂け目にさし込み始めた形態のひとつであったのだ、と……狂気は必ずしも崩壊 break down であるのではない。それは突破口 break through でもあるのかもしれない……。（R・D・レイン『経験の政治学』、ただし訳文は『アンチ・オイディプス』の邦訳による）

「閉ざされた精神の裂け目にさし込み始めた光」としての統合失調症。私たちは統合失調症を通じて、生のままの状態にある無意識が、人間の心の奥から浮上してくる光景に立ち会うことになる。このときあらわに浮上してくる無意識は、たしかにフロイト的無意識を超えている。それは機械状の振動や運動をはらみ、いっさいの固形状の記号も受け付けず、時間意識にはいかなる秩序もなく、主体と客体は区別を失い、無限領域に関わる概念が跋扈《ばっこ》している。レインが語っているように、それは必ずしも崩壊であるのではなく、まだ人類がよく理解できていない無意識への突破口を示しているのである。

このような状況を、レンマ学はこう考える。統合失調症があらわにする分裂的無意識は、法界＝レンマ的知性の示す様態のひとつにほかならない。それは理性が欠けていることからもたらされる症状ではなく、むしろ理性（理法界）の過剰がつくりだす理事無碍法界の変異状態にほかならない（これについてはすぐあとに説明する）。つまりはアーラヤ識に起こる自然な現象であり、それを通して法界への突破口が開かれていることはたしかである。

近代の心理学は、このような特徴を持つ統合失調症から、人間の心に関する膨大な情報を得てきた。その中には精神医学の常識を超えるたくさんの情報も含まれており、フロイト＝ラカンの精神分析に収納不可能なものも多く含まれている。それは分裂的無意識の一部分が、法界そのものであるレンマ的無意識に触れているからである。西欧で発達した心理学・精神医学は、この統合失調症をつうじて裸の状態にむきだされた無意識に直面してきたが、その無意識はレンマ的無意識の一つの変容体として理解することができる。

ここには狂気と悟りをめぐる古くからの謎にみちた問いが深く関係しており、それはひいては「人間の条件からの人間の解放」をめぐる問いにもつながっている。統合失調症から得られた分裂的無意識の概念は、いまだ法界＝レンマ的無意識の「底を打っていない」のである。私たちは未来の人間たちに笑われないためにも、これまでの心理学を超えて、このレンマ的無意識に内蔵された知性ないし超知性の働きをあきらかにできる別の種類の心理学を、これから生み出していかなければならない。

レンマ的知性に内在する「対称性」

無意識に内蔵された知性の働きを探るという探究を巨人の歩みを持って推し進め、レンマ的知性としての無意識の理解に大きく近づいたのは、チリ出身の精神医学者イグナチオ・マテ・ブランコ（一九〇八－一九九五）である。マテ・ブランコは夢やヒステリーや統合失調症をめぐってフロイトの展開した思考を再検討して、そこから「対称性無意識 symmetric unconscious」の概念を取り出した。フロイトの無意識または一次過程は、圧縮や置き換えの操作を自らおこない、部分と全体の同一視を推し進めることによって現実のうちに無限を組み込んでしまう思考を実行している。ここからマテ・ブランコはフロイト的無意識について、まことに独創的な理解にたどり着いた。

「対称性」の概念は自然科学に由来している。化学では結晶や分子の構造を記述するために、この概念がおおいに利用されている。物理学ではこの概念は物理法則の本質に触れる重要性を与えられている。物理法則を記述するとき、時間の向きや座標の向きを変化させてもその記述の形が変化しないさい、そこには対称性が実現されていると言われる。現実の中で対称性をもっていない（非対称な）粒子どうしの波動方程式は異なっている。しかしそこに何かの項目を付加して両方の方程式を変形してみると、それまで見えなかった対称性がはっきり見えるようになることがある。そのとき現実の観測装置にはひっかからないが、「何かの項目」が活動している潜在空間では対称性が実現されているのがわかる。物理学ではこのように、現実と潜在の両面において、対称性はきわめて重要な役割を果たしている。対称性は考えられた物理法則が真理であるか否かを判断する、いわば真理の基準を示している。

さらに数学によって対称性の概念は一般的・抽象的な理解にまで高められている。この概念の出発点となったのは「群論」である。この理論を創造したガロア（一八一一―一八三二）は、方程式の根を入れ替えても変化のあらわれない根は「グループ（群）」をなすことを発見した。たとえば $X^2-1=(X+1)(X-1)=0$ は+1と−1を同時に根として持つ。これは+1と−1を入れ替えても変化が起こらないことを意味している。このとき+1と−1は同じ群に属しており、互いに対称的であると言う。項目を入れ替えても変化が起きないとき、それらは互いに対称的である。

ガロアはこれを「曖昧性」とも呼んだ。曖昧なものは分別（見分け）がつかない。そういう曖昧なものがいくつもの異なるグループをなしており、それらは一定の法則にしたがって全体統御されている、対称性はその曖昧性を統御している法則を調べるための概念である。マテ・ブランコはこの対称性の概念を、無意識の研究に応用して、豊かな成果を得た。夢や統合失調症があらわにする無意識の活動のうちに、あからさまな対称性の思考や曖昧性の論理の多用が

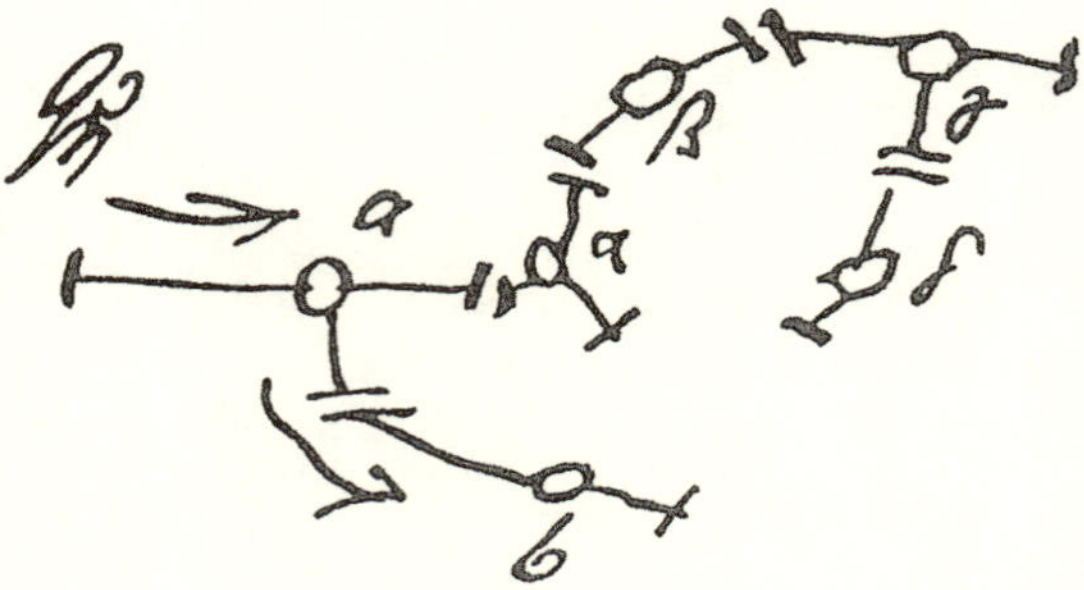

図　ニューロ系内の接続を示す『草稿』（1895年）における図式
刺激量Qηが外部からニューロン〈a〉に入るとすると、ニューロン〈b〉に進むと想定されるが、側面備給〈a－α〉に影響されて、じっさいには〈b〉には商Qη/〈a－α〉だけが送られる。

発見されるからである。

これにたいして日常生活を律しているのは「非対称性」の思考である。非対称性は分別の機構（ロゴス的知性の機能）から生じる。私たちはすでに、人間の分別の機構がニューロンのおこなう「分類」の過程から出発して、言語の統辞的構造が可能にする意識的思考までを、一貫して制御している様子を見てきた。ロゴスは「目の前にある事物の集合を並べて秩序立てる」ことである。時間にしたがって信号を流すニューロン系が、この並べ立てによる最初の段階の秩序化をおこなう。

つぎに事物をクラスに分けて、同じクラスに属するものをひとまとめにする「分類」の作業がおこなわれる。この分類の機構を最初に素描してみせたのは、『科学的心理学草稿』におけるフロイトである。前章にも出てきた図に示されているように、ニューロンに送られてきた興奮刺激量Qηはそのままシナプスを介して次のニューロンに送られるのではなく、側面備給のループαに一部が回されることによって、じっさいには$Q\eta$／a－αが次のニューロンに伝わっていく（↓$Q\eta$↓$Q\eta$／a－α↓）。このときa－αは0とみなされ、余剰分$Q\eta$／a－αと同じ強度をもった信号だけが「共通の属性を持つもの」と判断されて、一つに集められて「クラス」をなす。このようにニューロン系はそれ自身がロゴス機能を備えていて、そこに送り込まれてくる信号を次々と「クラス」に分類していくことができる。日常生活を支配している分別＝意識的思考の基礎をなすものは、このようなニューロン系に内在するロゴス的機構のうちにある。

分類された事物をつなぐものが言語の統辞法である。心的世界では、ある事物ともう一つの事物と、両者を結ぶ「関係」とからなる「三つ組み」が分別的思考の素材になり、この三つ組みの膨大な（じっさいには無限の）集合から、すべての認識と思考が、とりわけすべての科学的認識と思考が生成され続ける。このような認識はたえず曖昧さを思考から取り除こうとしている。マテ・ブランコは、このような事物関係を「非対称的」な関係と呼ぶ。

非対称的関係は、意識的思考のおこなわれるあらゆる瞬間に出現する、いたって日常的なものである。「私はこの頁を書いている I am writing this page.」「ジョンはピーターの父親である John is the father of Peter.」などの命題では、主語と目的語が動詞を介して関係しあっている。この関係の逆はもはや元の関係と同じではない。「私」と「この頁」の関係は動かせない。「ピーター」と「父親」を入れ替えると、まったく異なる意味になってしまう。日常の分別的思考はこのような非対称的関係に制御されており、それを言語の統辞法が確かなものにしている。これをレンマ学的に表現すれば、非対称性は事法界の特徴をあらわし、言語の統辞法と意識的(分別的)思考においては、一心法界は事法界の様態を強く表に出すのである。

ところが無意識はそれとはまったく異なる対称性の作動をおこなう。「ローズはメアリーの母親であるRose is the mother of Mary.」という文に対称性の思考を働かせると、この文は「メアリーはローズの母親であるMary is the mother of Rose.」となる。ローズはメアリーの母親にして娘である⁉ これはまさに『不思議の国のアリス』の思考法であるが、これこそ無意識の住みついている領域の思考にほかならない、とマテ・ブランコは考えた。

対称性が働きだすと、ロゴス的知性のつくりだしている「全順序total order」の構造は壊れてしまう。意識的思考にとってきわめて重要な時間における順序構造が壊れると、過去、現在、未来という時間の線形秩序が壊れてしまうが、そういうことがじっさいに統合失調症患者の精神には起こるのである。無意識がむき出しの状態で意識の働きを圧倒しだすと、空間の中の点の順序も失われてくる。そうなると空間性じたいが失われていく。運動は時間の中で起こる空間的な場所の置き換えであるから、空間と時間が対称性無意識の働きによって失われると、運動そのものも消えていくことになる。これは統合失調症患者の世界そのものである。

対称性原理はさらに重要な作用を、非対称的なロゴス機能に及ぼす。それは「部分」と「全体」が同等に扱われるという作用である。対称性の原理で動いている無意識では、たとえば数字7は他のすべての数と同等であるから、それぞれの数は異なっていながら等しいという関係にある。そのために数字7という「部分」にはすべての数からなる「全体」が同等の立場で関係することになる。しかもこの場合、数の「全体」は無限であるから、数7はそれ自体が無限数でもあることになる。統合失調症ではこのような対称性原理にしたがう認識が、生のあらゆる側面に適用されていくことになる。しかし興味深いことに、「部分」と「全体」が一致する集合を、現代数学でも無限の一つの定義としているのである。

無意識の働きのうちに対称性を見出すというマテ・ブランコの思想は、心理学に新しい可能性を開いた。なによりもそれによって、心的現象の世界と数学の間に本質的な通路を開くことに成功したからである。ニューロン系のおこなう分類とクラス化によるロゴス的思考の発生過程は、ホモロジー数学との密接な関係を暗示している。ホモロジーは実数ではなく「核」と「像」で計算をおこなう数学であるが、その計算過程はまさにニューロン系でおこなわれている分類・クラス化による演算と同じ仕組みをしている。

また「部分」と「全体」の同一視という対称性思考の特徴は、ただちにデデキント(一八三一―一九一六)による「無限集合」の定義を想起させる。無意識そのものが無限集合の構造をしているのである。そして対称性原理によって作動している無意識は、思考においても情動においても、現実の中に「無限」を繰り込もうとする情熱を発生させる。対称性無意識と無限論の思考との間には深いつながりがある。じっさい現代的な無限論の創始者であったカントール

（一八四五―一九一八）は、その晩年に重度の統合失調症に陥っているが、このことは無意識と数学との深層での密接なつながりを物語っている。

マテ・ブランコによる対称性無意識の概念は、ガタリの機械状無意識の概念と並んで、われわれのレンマ学にきわめて多くの重要な知見をもたらしてくれる。マテ・ブランコが「対称性」として取り出した無意識の示すこれらの特徴を見ると、その背後にレンマ的知性としての法界が活動していることを、はっきりと示しているからである。

バイロジックのレンマ学的理解

『起信論』に詳しく分析されているように、心理学で言う「無意識」に相当するアーラヤ識は、真如心と生滅心の混合でできている。このうち真如心はレンマ的知性の構造を持ち「無分別」を本性としている。これにたいして生滅心はロゴス的知性の生み出す「分別」の働きにおいて際立っている。つまり無意識はレンマ的知性とロゴス的知性の混合体としてつくられているのである。そしてそれぞれの知性の構造は、『華厳経』や『起信論』で詳細に描き出されている。

マテ・ブランコがあきらかにしたフロイト的無意識も、二つの働きの異なる知性の混合でできている。すなわち本来の無意識である「対称性」と、ロゴス的機能を備えた言語的・意識的な「非対称性」とを組み合わせた、二重論理ないし複論理（バイロジック）として、無意識はつくられている。この「対称性」と「非対称性」のバイロジックが正常に働いて、あらゆるものを同質化する「対称性」によって「非対称性」の生み出すクラス階層性が押しつぶされない状態では、人間は無意識を抱えつつ合理的な意識生活を持つことができる。

しかし「対称性」の力が「非対称性」の働きを圧倒してしまうとき、クラス階層性の間にはショートサーキット（短絡化）が起こってしまう。そのときバイロジックが破綻して、統合失調症の世界認識が発生することになる。「部分＝私」と「全体＝世界」が同質化され、「私」に起こっている不調は「世界」そのものの破滅と同値と考えられるようになる。人間の無意識は「意識」を持たない何かではなく、「意識」とは異なる働きを持った知性であり、この両者の混合として作動するバイロジックが、じつは心理学の言う「無意識」の本体をなすのである。

マテ・ブランコの思想のもっとも優れたところは、いわゆる「無意識」も潜在的な「意識」にほかならないと考えた点にある。ただその「意識」は言語の統辞法に支えられた分別的・ロゴス的な「意識」とは異なる構造を備えた知性体なのである。これはレンマ学の認識とも完全に一致している。マテ・ブランコはそれについてこう書いている。

無意識の二重論理構造の対称的な側面が作用するあるいは思考するのは、知覚や意識的思考の次元数よりも高い次元数を持つ空間においてである。これは無意識が意識されない理由であり、別の言い方をすれば、これは我々にとって無意識が無意識である理由である。すなわち、描かれた盆には現実のりんごを乗せられないように、より低い次元の思考は、無意識を把握することができないのである。もし我々が、古典論理の見地から思考するために要求されている次元数よりも高い次元数による思考過程を包含することができる意識を持っているならば、古典論理的な思考だけではなく、対称的な思考もまた意識することができるだろう。このような場合には、ここで無意識と呼ぶものを、直接に認識あるいは意識することができるだろう。これによって導かれる理解は、対称的な無意識は、それ自体が潜在的な意識で、現実の意識の次元数よりもより高い次元数を持つということである。
（I・マテ・ブランコ『無意識の思考』）

レンマ的知性である一心法界を、あらゆる事物が相依相関しあっている縁起の理法の運動体として捉えるレンマ学にとっては、ここに描かれていることにはまったく違和感がない。レンマ的知性がロゴス的な意識にはとらえることができず、したがって「無意識」の領域に送り込まれてしまっているのは、レンマ的知性の作用がニューロン系に収まりきることのない高い次元数の情報を含んでいるからである。一心法界には「無意識=意識がない」という特徴はいっさい含まれておらず、すべてが意識=知性なのであるが、人類の脳と中枢神経系の生み出す「意識」には、そこに内蔵された情報の多くを利用できないまま「無意識」の領域に送り込んでしまわなければならない。

こうしてレンマ学の構想する心理学と、主に西欧に発達した心理学との関係があきらかとなる。それは言語学における、幼児の言語発達過程の研究と失語症の過程の研究との関係によく似ている。西欧の心理学では統合失調症（分裂症）の研究を通じて、むきだしの状態になった無意識を観察する。統合失調症においては、意識－無意識を統御しているバイロジック構造が変調をきたすことによって、対称性や機械状を特質とする無意識が、現実の表面にあらわれてくる。これは言語を構成するさまざまなレベルの重層構造が解体して、ついには言語機能が失われるにいたる失語症の過程に相当する。これにたいして、幼児の心の中に言語や思考が習得されていく過程を研究するのと同じ態度で、レンマ学は人間の心を研究するのである。

幼児の心にあたるのが、真如心である純粋レンマ的知性である。これが法界の全域に充満して縁起の理法に基づくたえまない活動をおこなっている。ここには時間性も順序構造も統辞論的秩序もないが、まぎれもない高次元的な知性の働きがある。そこに生滅心をうむ無明が発生する。ニューロン系を介してロゴス機能の分別が発生し、それは意識をつくりだしていく。そのとき以来、純粋レンマ的知性は意識にとっての「見えない」存在となるが、レンマ的知性の働きかけを受けて変性された意識に、「無意識」の領域の存在を告げ知らせ続けることになる。

レンマ学的心理学はその全過程を、西欧的心理学とは逆の方向から探究するのだと言えよう。レンマ的心理学が生成過程から現実を観察する「胎生学」的な科学であるとすると、西欧的心理学は死や解体を頂点として現実を観察する「臨床の医学」（ミシェル・フーコー〔一九二六―一九八四〕）である。しかし二つの心理学はたがいに反対の方向から、無意識＝法界という同じ心的実体に触れている。幼児の言語習得過程の研究と成人の失語症の研究とがたがいを補う関係にあるように、レンマ的心理学と西欧的心理学は、普遍的な人間性の探究という同じテーマに向かって、たがいを豊かにする相互補完的な関係を持つことになるであろう。

第八章

ユング的無意識

ユング心理学とレンマ学

レンマ学の立場に立つと、フロイトとユング（一八七五―一九六一）の仲違いの真の原因を、明確に理解することができる。フロイトは言語の深層構造と共通の根を持つ「アーラヤ識」の活動のうちに、彼のエス（無意識）を発見したのであり、そのことをラカンは「無意識は言語のように構造化されている」と表現した。これに対してユングは、心の深層に言語的無意識＝アーラヤ識とは異なる機構をもって活動している別の種類の無意識の存在を直観していた。この別の種類の無意識のことをユングは、「集合的無意識」とか「普遍的無意識」と呼んだが、それはレンマ学の言う「レンマ的知性」に対応している。

フロイトの無意識もユングの無意識も、同一のレンマ的知性の働きに根ざしているものであるが、それが混合態であらわれるか（フロイトの場合）、純粋態であらわれるか（ユングの場合）の違いがある。混合態であらわれる場合、言語に内在する主客分別機能によって、無意識には縁起的相依から切り離された個人的・家族的モル状態が発生しやすくなる。フロイトはこのタイプの無意識に焦点を合わせた。ところがレンマ的知性が、ユングの無意識が焦点を合わせていた純粋態であらわれる場合には、その無意識は超個人的で超エディプス三角形的である。それぞれが触れていた無意識は様態が異なる。その違いが二人の人格的対立すらはらんだ仲違いの根元にある。

じっさいユング的無意識は、レンマ的知性と多くの共通性を示す。レンマ的知性は脳と中枢神経系に備わっているロゴス的機能とは異質な働きをする。それゆえ、脳や中枢神経系によらない認識活動の中にも、ユング的無意識はすでに活動の痕跡を示す。彼の考える無意識は、脳や中枢神経系なしに活動をおこなえるのである。

脳や中枢神経系を持たない生物の多くが、自動反射機械（ロボット）とはまったく異なる行動をおこなっていることに、ユングは着目している。

この見方〔生物＝ロボット説〕は、グラーツのフォン・フリッシュ（K.V.Frisch）によるミツバチの生活の研究によって最近くつがえされてきた。ミツバチは、ある特殊なダンスでもって、仲間に蜜のありかを発見したことを知らせるだけでなく、その方向と距離をも告げていて、そのためにどのミツバチもそこへまっすぐ飛んで行けることを、その研究は明らかにしている。この種の通信は、原理上、人間活動における情報と異なるものではない……ミツバチにおいてはこの過程は無意識であると仮定することは可能であろう。だが、それでは問題を解く手助けにはならない。なぜなら、〔昆虫の〕神経節系統が、明らかにわれわれの大脳皮質とまったく同じ成果を得ているという事実に直面するからである。さらに、ミツバチは無意識であるというかなる証明もないのである……フォン・フリッシュの観察は、超大脳的な思考と知覚が存在することを証明している。無意識状態である昏睡中になんらかの意識の形態が存在するということを説明したいならば、この可能性を心にとどめておかなければならない。（ユング＋パウリ『自然現象と心の構造』）

私たちはすでに、最近の生物学における粘菌の研究をつうじて、昆虫に備わっている神経節系すら持たない、原始的な真核生物である粘菌が、原形質流動を利用したある種の「計算」と「情報伝達」をおこなうことによって、複雑な迷路の中でも迷わずに最短経路で栄養物質にたどり着く驚異的な能力を持っている事実を知っている。同じような研究は他の生物についても、今後さらに深められていくに違いない。

ユングの言う「超大脳的な思考と知覚」というものは確実に存在している。その作動はニューロン系を用いておこなわれるロゴス的機構とは、本質的に違う。それは時間系列による思考ではない。ニューロン系でもコンピューターのCPUでも、時間秩序を発生させるある種の「時計」が組み込まれているために、そこを流れていく電気的な信号の集合にはつねに「並べて秩序立てる知性の機能」すなわち「ロゴス」の働きが最初から具わることになっている。ところが生命体には、それとは本質的に異なる知性が活動している。非ロゴス的なその「超大脳

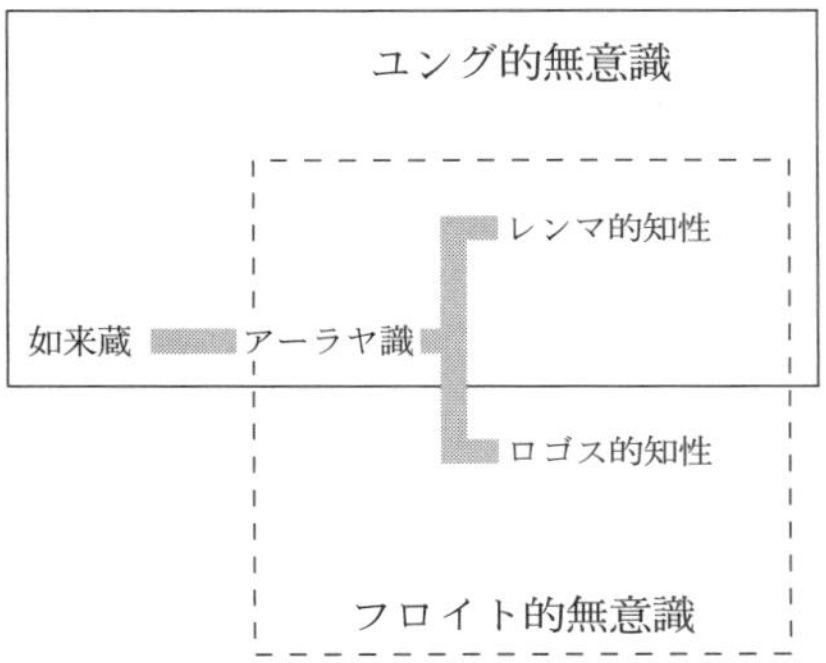

的な思考と知覚」による知性作用を、大乗仏教は「レンマ的知性」として取り出してきた。ユングは「レンマ的」という言葉こそ用いなかったが、じっさいに彼の研究のおもむくところは、つねに無意識に内蔵されたレンマ的知性（意識）の働きの解明に向かっていた。

ユングはそのレンマ的知性の働きこそが、フロイトによって発見されながら、その真の意味はとらえ損ねられてきた、無意識なるものの本質であると考えた。ユングの思想にまつわるさまざまな誤解や先入観の藪を徹底的に取り除いてみるとき、そこにはマテ・ブランコの対称性やガタリの分裂分析の場合と同じような、レンマ学的心理学を大いに豊かにする独創的な発想と豊穣な体験的知識の泉が、その姿をあらわすことになる。

シンクロニシティと法界

ユングは「レンマ的無意識」の本質を、「共時性（シンクロニシティ）」と「元型（アーケタイプ）」という二つの側面からとらえようとした。共時性の概念は心理学者にはおなじみの「虫の知らせ」や「偶然の一致」などと呼ばれる現象に関わっているが、これは事物の非因果的連関というより大きな問題の一部分をなしている。

二つの事象がたがいに共時的であるとは、二つの異なった心的状態が同時に生起することをさしている。遠く離れたところに住んでいる親が亡くなったちょうどその時刻に、私の手元で大切にしていたお茶碗が割れたなどというのが、共時性の現象の一例である。この場合、二つの事象の間に因果的な結びつきは考えられない。それにもかかわらず、二つの事象は意味ありげに関連しあっている。このような事物の非因果的関連を、通常の科学的手続きによって説明することは難しい。このような問題に直面したユングは、因果的原理とは異なる理法で事物の関連しあっている心的空間が、無意識の中に実在しているという可能性を考えはじめたのである。

共時性の問題は、一九二〇年代の半ば以来からずっと長い間、私を悩ませてきた。そのころ私は、普遍的無意識の現象を研究していたが、単に偶然の配置とか「度重なり」として説明できない組み合わせに出くわし続けていたのである。私が発見したものは、あまりにも意味深く結びついているために、それが「偶然」一緒に起こったとはとても信じられないような「偶然の一致」の事実である。例として、私自身の観察から一つの出来事を述べよう。私が治療していたある若い婦人は、決定的な時機に、自分が黄金の神聖甲虫《スカラベ》を与えられる夢をみた。彼女が私にこの夢を話している間、私は閉じた窓に背を向けて坐っていた。突然、私の後ろで、やさしくトントンとたたく音が聞こえた。振り返ると、飛んでいる一匹の虫が、外から窓ガラスをノックしているのである。私は窓を開けて、その虫が入ってくるのを宙でつかまえた。(同前掲書)

若い婦人がそのとき話題にしていたのは、エジプトのスカラベのことであったが、ユングの部屋に飛び込んできたのは、欧州産のハナムグリ類の黄金虫だった。誰の人生にもこのような体験は一つや二つあるものだ。ユングのもとを治療のために訪れていたクライアントの多くは、ヒステリーや統合失調症をとおして、いわば無意識が意識の表面まで浮上していた人々である。ユングはその無意識を通常のロゴスに服属させようとはしなかったから、治療の過程では彼自身の無意識も表面近くに浮上してこなければならない。そこでこういう共時性の現象が起こった。因果的に結びつかない事象どうしの間に、突然関連が生じてしまう現象である。

共時性の研究をつうじて、ユングは人類に共通する無意識（普遍的無意識）には、フロイトが解明した無意識とは異なる、別の理法で活動する無意識が存在していることを明らかにしようとしたのである。そのとき彼が普遍的無意識の特性として取り出してきたものは、私たちが大乗仏教思想の中から取り出してきた「レンマ的知性」と、驚くほどよく似ている。

まずユング的無意識には時間性が入り込んでいない。そのためにこの無意識の中の事物は、ロゴス的秩序を持っていない。つまり因果律に縛られていない。しかし無意識中の諸事物は、因果律を超えた非因果的連関のもとに相互に関連しあっているために、全体にはライプニッツ的な予定調和が実現され、どのような細部も全体的な動きに結び合って、たえまなく変化している。

この無意識には因果律が働かないので、「偶然の巨大な集積」のように見える。しかしその偶然の集積体には、ロゴスによらない別の秩序が働いている。因果律で結びついている表層的現実の下に、このような偶然の集積がレンマ的結合によって相互連関しあう、別の存在領域が活動を続けているのである。ユングの考えた無意識は、このような存在領域と並行性をもって生起している。「かくして、内的事象と外的事象とが同時的に生起するところでは、すべての場合に共時性の原理がその絶対的な法則になるのである」(同前掲書)

ここでユングが「共時性」の概念のもとに語っていることは、レンマ的な縁起によって全体的な変化と運動をおこなう「法界」の本質を、別の言い方で表現したものにほかならない。『華厳経』の時間論を思い出していただきたい。「法界」においては、過去は現在に収められ、未来は過去の中にすでにある。一劫《カルパ》（宇宙的な時間単位）は一切劫に、一切劫は一劫に収められている。このような「法界」があらゆる生命（有情）の心の本性をなす。ユングはフロイトの協力者としてフロイト的無意識すなわちアーラヤ識としての無意識の探究に出発しながら、そのアーラヤ識を超えたところに出現する、レンマ的無意識という「法界」の一様態に触れることになった。

このような「共時性」を組み込んだ新しい科学を、ユングは創り出そうとしたのである。古典的な科学は「空間」「時間」「因果性」という三つ組を土台にして組み立てられているが、そこに共時性を補うことによって、四つ組で構成される新しい体系がつくられる。時間、空間、因果性は、いずれもロゴス的知性によって生み出される概念であるが、共時性だけがそれとは異質で、私たちの見るところ、それは縁起の理法によって運動する「法界」を充たしているレンマ的知性を本質としている。ユングはこの四つ組を土台とする科学を創造しようとしたが、それをレンマ学の先駆けをなすものとみなすことができる。

ユングは最初、この四つ組を次頁のような図式（図上）で考えた。

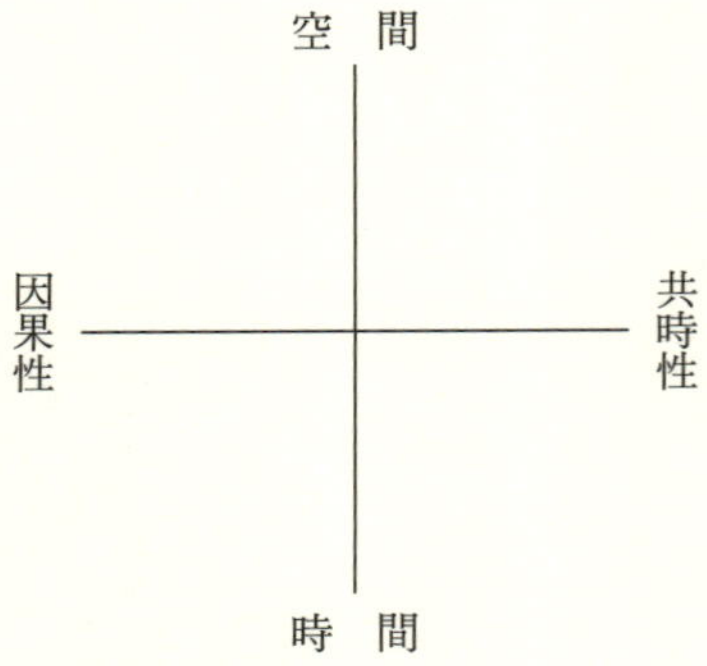

図上

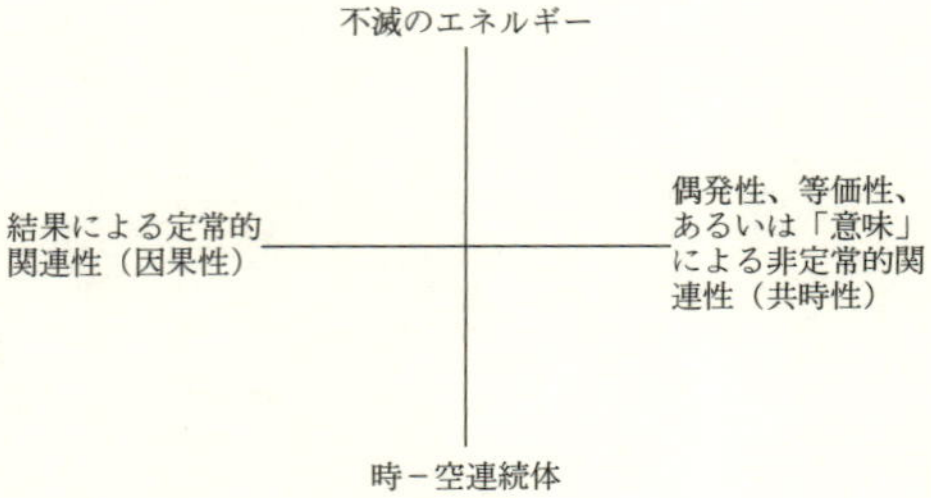

図下

時間、空間、因果性という古典的世界観だけでは、心理学者がしばしば遭遇する「偶然の一致」のような現象を理解することはできない。そればかりか、当時発展しつつあった量子論があきらかにしていた不確定性原理などにも手が届かない。そこで共時性を加えた新しい四つ組の概念を確立する必要がある。この四つ組の概念の導入によって、ユングはロゴス的枠組みにレンマ的原理を組み込もうとした。

しかし当時の物理学はもっと先まで進んでいた。アインシュタインの相対性理論の登場によって、すでに空間と時間は相依相関する縁起論的な連続体として思考されるようになっていた。この時－空連続体においてもエネルギーは保存され、宇宙に充満するエネルギー量は不滅であることもわかっていた。そこでユングは、共時性研究における協力者であった物理学者ヴォルフガング・パウリ（一九〇〇―一九五八）の意見を取り入れて（共時性をめぐるパウリの思想についてはのちに詳しく述べる）、図式は図下のような現代的な形に改造された。

ユングはこう書いている。

パウリは、古典的な図式での時間と空間という対立関係を、エネルギー（の保存）と時－空連続体という対立関係におきかえるように提案した。この提案のおかげで、私は一組の対立関係――共時性と因果性――を、これら異質な概念同士にある種の関連を築くという考えでもって、より緊密に定義づけるようになった。われわれ二人は最終的に右の四元数に同意した。

この図式は、一方で現代物理学の基本条件をみたしており、他方では心理学の基本条件をみたしている。（同前掲書）

事象の非因果的連関や偶然の一致といった現象を積極的に理論に取り入れることが、現代物理学と心理学に共通する基本的な要請であったのである。これは物質科学と精神科学がともにレンマ的な思考を組み込んだ形に変わっていくことを意味している。レンマ的思考を組み込むことによって、いままでの因果論的な科学において支配的だった概念の構造は、根本から改造されることになる。レンマ的知性を組み込んだ概念はもはや言葉だけで表現することは不可能になる。概念はトポロジーをそなえた構造体に変わる。そのとき出現することになるトポロジーを備えた新しい概念のことを、ユングは「元型(アーケタイプ)」と名づけた。

「元型」のレンマ学的理解

この「元型」ほど誤解にさらされてきた謎の多い概念も少ない。ユングは統合失調症によっていわば剝き出しになった無意識が、特有なパターンを備えていることを観察していた。こうした患者たちの描く絵や夢のイメージの中に、マンダラに類似した図柄があらわれていた。このようなパターンは患者の個人史には無関係であり、ある種の普遍性をしめすものであった。このパターンを内蔵した無意識は彼の考えていた「普遍的無意識」にあたるもので、その構造を決定づけているのが「元型」である。「普遍的無意識とは、あらゆる個人において同一な心のことである。それは、知覚可能な心理現象と対照的に、直接的に知覚することも「表象する」こともできないものであり、この「表象不能(irrepresentable)」な本性のゆえに、私は、それを「類心的（psychoid）」と呼んだのである。／元型は、無意識的な心的過程の体制化に関係する形相的因子であ」（同前掲書）り、剝き出しにされた無意識が表出するパターンとなってあらわれる。

ここでユングが心の深層部で活動している、心そのものではないが心の原基をなす、表象不能な「心の類似物《プシコイド》」と呼んでいるものこそ、われわれが「レンマ的知性」と呼んで、レンマ学の基礎に据えてきたものにほかならない。レンマ的知性は心的現象を生み出すアーラヤ識の外にあるが、ロゴス的知性と組み合わさってアーラヤ識の混合態をつくりだしてもいる。したがって心の原基ではありながらも、心的現象そのものではない。その意味ではプシコイド（類心体）である。

このプシコイド＝レンマ的知性はあらゆる方角に向かって対称的に拡がっている。一部分に生じた偶然的変化は瞬時にして全方角に拡がっていき、相即相入しあいながら「波紋」は全方角に平等に拡がっていく。その様子は人類の表象能力を超えているから、表象不能な本性を持つと言っていい。しかし脳にはその表象不能な高次元的な運動をイメージとして感知する能力が備わっているらしく、夢の中や統合失調症の症状をとおして、ある一定のパターンとしてとらえられることがあり、それを心理学者は無意識の示すパターンとして理解しようとしている。

対称性を本性とするレンマ的知性は、このときしばしばマンダラの構造をとる。とくに大乗仏教ではそのとき浮上してくる非ロゴス的な知性の働きを「法界」と呼んで、全方角に向かって対称的に拡がっていく高次元多様体としてあらわしてきた。それがマンダラである。ユングは人類の宗教史を渉猟して、このマンダラ類似の構造とその派生形態が、古代からキリスト教にいたるまで、ほとんどあらゆる宗教の描いてきた図像にあらわれていることを見出した。それとまったく同じ構造が、神経症患者の夢や統合失調症患者が快復期に描く絵にもあらわれてくるのである。これは普遍的無意識が縁起の理法で運動する「法界」と同じものであることを示している。この意味で、ユングの言う元型は、「法界」の示す抽象的な運動パターンを示している。

その抽象的ないし機械状の運動パターンが、アーラヤ識と純粋レンマ的知性との境界に、知覚可能なパターンとなって「映し出される」。つまり元型は、植物のような形状をしていて、目に見える地上の部分と見えない地下の部分を持つことになる。目に見える部分ではそれは具体的な図像や物語に変換されてあらわれるが、見えない地下の部分ではニューロン系に把捉されないレンマ的「法界」につながっている。見えない地下の部分は抽象的かつ機械状の運動をおこない、表象不能、言説不能である。

その運動を地上の植物の形態にいわば「翻訳」することによって、元型の樹木部が地上に姿をあらわすのである。そのとき地上に姿を出した樹形を分類して、元型群を類型化することは可能である。しかしその作業はレンマ的無意識の探究にとっては、初期の分類学的段階にすぎず、この「元型の植物学」の段階を超えて、根まで含めた「元型の分子生物学」に発展していかなければならない。ユング派の元型論的神話学はこの点で長いこと足踏みを続けてきた。真理のまぢかにまで近づきながら、彼ら（ここにはユング自身も含む）は、アメリカ大陸をインドと間違えたのだ。

元型はもともと抽象的で機械状をした「表象不能」なものなので、それを固定したイメージ類型に収めてしまうことはできない。元型を類型化し固定することはできないのである。ところがユング派の神話学は、神話の類型論（タイポロジー）がそのまま元型であると勘違いした。

神話が語りだされるとき、神話を語る者の心もそれに耳を傾ける者の心も、外界への分別的な関心を後退させて、無意識（アーラヤ識）の働きに身を委ねていく。神話の登場人物たちの姿を借りた神話素が、その無意識の上で機械人形のように相即相入しあいながら、たがいの位置と力関係を変化させていく。その様子が登場人物たちの行為として、物語の表面に映し出されていく。したがって、神話は無意識が自らの構造を自ら語り出しているという意味で、心理学にとって第一級の価値を持つ。

しかしアーラヤ識の中で神話素の動きを決定づけるのは、レンマ的知性の活動なのである。そしてこのレンマ的知性は「法界」の機械状運動に直結している。そのために、神話素が自らおこなう配置変換は固定し止まることがない。神話の巨大な世界はそれ自身が、華厳的な相即相入によって変形を重ねながら、変化していく。ユングのもともとの着想からすれば、その変形過程そのものが彼の「元型」と呼ぶものでなければならないだろう。

「すべての神話システムにおいて、時間表象は二面性を持つ。すなわち語り（ナラティブ）は「時間の中にあり」（出来事の継起がそれをつくりだす）かつ「時間の外にある」（出来事の意味はつねに今ここで与えられる）」（レヴィ＝ストロース『構造人類学2』）。神話は時間的継起というロゴス的秩序を持つと同時に、時間秩序の外にあって相互関連しあう意味のレンマ状の網目からなりたっている。そのつくりは、ロゴス的知性とレンマ的知性の混合態であるアーラヤ識と同一である。そのため神話をつうじて、人は無意識の中に入り込んでいくことが可能になる。神話に備わった「時間の外にある」という性格は、「法界」を充塡しているレンマ的知性のもたらす特質である。「時間の外にある」事物たちは偶然の集積体であり、事物と事物の関係も止まるところなく変化をとげていく。そこに発生するパターンも固定せず、不確定性に満ちている。

それゆえユング派が展開したいわゆる「神話元型論」は、レンマ学の立場から造り直していく必要がある。神話元型論者たちがやったように、膨大な神話群から「母－元型」や「母娘－元型」や「童子－元型」や「トリックスター－元型」や「ガイスト－元型」などの「神話類型」を抽出し、その類型を固定しておいて、集められてきた材料の中からおあつらえ向きの神話を探して分類籠の中に入れてすませてしまうような還元的な研究法は、元型をめぐるユングのもともとの発想を歪めてしまう。「母－元型」は「母娘－元型」に変形することができる。「童子－元型」と「トリックスター－元型」は、神話素の配置を変形するとたがいを入れ替えることができる。神話の「類型《タイプ》」は恣意的な分類体系であり、いまだ神話が地下に伸ばしている根にたどり着いていない。これらの元型の下には地下へ向かってまだ根が伸びている。

ところがもともとのユングの元型論は、神話の根にあたるレンマ的知性に確実に触れている。その発想を正しく伸ばしていけば、元型論はレンマ学に合流するにちがいない。それにもかかわらず、元型論は大きな可能性を秘めながら、かならずしも正しい発展方向へ進まなかったのではないか。元型論をレンマ学の土台の上に据え直して、いわば無意識の分類学から無意識の分子生物学へとつくり直していく必要がある。

不生不滅の法界

その意味で、『無意識の心理』(一九一六)に書かれたつぎのエピソードは、ユング心理学の現代的な可能性を語って余りあるものがある。そこでユングは「エネルギー保存則」という現代科学でももっとも重要な法則の一つが、レンマ的無意識と深く関係していることを明らかにしようとしている。

「エネルギー保存ないし恒存の法則」を最初に打ち立てた人は、ローベルト・マイヤー(一八一四―一八七八)という医師だった。彼は物理学者でも自然哲学者でもなかった。一八四〇年の当時、マイヤーは船医としてインドネシアにいた。スラバヤに停泊中、下船もせずに船室に籠って物理学の勉強を始めた。はじめは生理学の知識を理解するために、どうしても物理学の勉強が必要だと感じたのであるが、そのうち霊感のようなものに飲み込まれてしまい、自分の中に湧き上がってくるアイディアに夢中になった。

頭の中を二つ三つの思いつきがさっと走りすぎたのです。それを一所懸命に追いかけて行くと、新しい問題に行き当ったわけです。そういう瞬間はむろんすぐ過ぎ去ってしまいましたが、その時私の中に浮び上ってきたものをあとから落着いて吟味してみますと、それが主観的に感ぜられた真理であるばかりでなく、客観的にも証明可能の真理であることがわかりました。しかしこういうことが、私のような物理学というものに暗い男によって起りうることなのかどうかという問題は、むろん私としては不問に附しておかざるをえないのですが。（グリージンガー宛書簡、ユング『無意識の心理』より）

この医師のおこなった驚くべき発見について、ヘルムがこう書いている。「ローベルト・マイアーの新しい思想は、在来のエネルギー概念を綿密に検討することによって漸次そこから形を整えてきたというようなものではなく、他の精神的領域に発して、いわば思考に襲いかかり、思考を強制して、在来の諸概念を自分に合うように変えさせるところの、かの直覚的に把握さ

れた諸理念に属する」（同前掲書）

このときローベルト・マイヤーの意識に襲いかかってきた新しい理念が、いったいどこからやってきたものなのかと問うたユングは、それが集合的ないし普遍的無意識からであると考えた。「エネルギーとその恒存の理念は、集合的無意識の中にまどろんでいた一個の原像であるに相違ない……地上諸方の地域に存在する最も原始的な諸宗教はこの原像の上に築き上げられているのである」（同前掲書）

ユングの推論は正しい。人類学と考古学はじっさい「地上諸方の地域に存在する最も原始的な諸宗教はこの原像の上に築き上げられている」ことを明らかにしてきた。上部旧石器時代から新石器時代にいたる狩猟民は、アーカイックな形態の「エネルギー恒存」の理念の土台の上に、彼らの世界観を構築していた。彼らは人間の世界が自然の一部であることを強く意識し、人間と自然を一体とする地上世界に存在するエネルギー総量は、つねに一定量に保たれている、あるいは保たれていなければならない、と考えていた。

エネルギーの概念はさまざまな「スピリット」のイメージをとおして思考された。森には莫大なスピリットの力が保管され、それが動物や植物になってあらわれる。狩猟者や採集者であった人間が、そうした動物を狩る時、森のエネルギーは減少し、減った分が人間の村に運ばれて、食物エネルギーに姿を変える。自然の持ち分が減り人間の持ち分が増えた。このとき生じた不均衡を是正するために、人間は森のスピリットへの敬意を込めた儀礼を絶やすことはできない。自分の持ち分が減ったことに怒った自然が、人間に災いをなすことを恐れたからである。

このようにして「冷たい社会」にはその土台の部分に、スピリット概念で表現されたエネルギー恒存の法則の考えが保たれていた。その考えは農業が開始されるとしだいに影をひそめるようになり、人間は自分の利用できるエネルギー量をいくらでも膨大させることができると考えるようになった。しかし「集合的無意識の中にまどろんでいた」この普遍的な理念が、熱帯地方を航海していた一船医の思考のうちに突如として目覚めたのである。現代科学を支えるエネルギー恒存の法則は、こうして通常のロゴス的な思考手順を介することなく、集合的無意識から偶然の直観として出現したとユングは考えた。

ところで集合的無意識とはレンマ的知性の別名である。ここでも神話元型論のときと同じような思考の改造が必要である。エネルギー恒存の法則のような理念は、アーカイックであるにせよ現代科学的であるにせよ、そのままの形で集合的無意識に貯蔵され、遺伝子のように受け渡しされていくのではない。縁起の理法によって全体運動する「法界」そのものが力の恒存によってなりたっているために、レンマ的知性にたえずこのような思考を促し、それを受けた人類の無意識は、そのつどそのつど、エネルギー恒存の法則と同型の思考を産出し続けるのである。

じっさい大乗仏教の歴史はこのような思考の例に事欠かない。例えば『華厳経』の後を受けて四世紀頃の中央アジアで製作された如来蔵系経典『不増不減経』では、エネルギー恒存がまさに「法界」のレンマ空間を貫く法則であることが語られている。この経典の原題は『Anūnatva-apūrṇatva-nirdeśa（減少しないことと満ちあふれないことについての解説）』という。そこでは衆生の世界はそのままで「法界」そのものであるので、満ちることもなく、減ることもないという存在と力の恒存法則の解説がおこなわれている。

「シャーリープトラよ、さまざまな生まれを持つすべての凡夫たちは、法界はただ一つであるとありのままに知らないために、また法界はただ一つであるとありのままに見ないために、衆生界は満ちるとか、衆生界は減るという邪見を起こしている」（『不増不減経』）

法界では相即相入によって力用の移動が起こる。ある事物が有力となるとき、その事物は顕在化する。そのとき他の事物が無力となって、隠伏空間に沈む。その様子を見ていると事物が増大したり減少したりが起こっているように思われるが、それは間違った見解である。じっさいには顕在化することによって実在していると思える事物も、隠伏空間に沈んで消滅してしまったと思える事物も、ただ一つの「法界」に起こる現象にすぎない。それゆえ「法界」には増えることも減ることもない。

仏教によるこのような思考は、世界を満たしているスピリットの総量は恒存されると考える、アーカイック社会の思考と本質的に同じものである。ただ『不増不減経』では同じ「エネルギー恒存」の直観が、レンマ的論理による洗練された哲学思考に表現されている。このことは何を意味しているか。アーカイックなアニミズム的社会に生きる人々も、十九世紀に物理法則としてそれを発見した医師や物理学者も、大乗仏教のレンマ論理によって「法界」における力用の保存則を考えた思想家も、物質界と精神界に共通する元型論的な「エネルギー恒存の法則」について、同じような直観を抱き、それを思考表現に直したのである。

ローベルト・マイヤーにおけるエネルギー恒存の法則の発見の例は、科学的思考とレンマ的知性の密接な関わりを語っている。科学的思考もまた神話的思考の場合と同様に、レンマ的知性に根を下ろした地下茎の部分と、ロゴス的知性によって制御される地上植物の部分との混成体としてつくられているのではないか。物理学者ヴォルフガング・パウリは心理学者ユングの協力を得てその問題に真正面から取り組もうとした。パウリの研究は、近代的科学思考の土台に隠されている元型的思考の影響をあきらかにしようとするものであり、それは科学的思考をめぐるレンマ学的探究の先駆けをなすものとなった。

パウリのレンマ学的思考

パウリはハイゼンベルク（一九〇一－一九七六）の若い頃からの親友であり、二人で協力して量子論の建設において多くの重要な貢献をなした。量子論は従来の物理学にはない奇妙な性格を持っていた。ハイゼンベルクが最初にその理論を発見したとき、その理論は数学でいう非可換の構造をしていた。計算の順序を入れ替えると結果が変わってしまうのであるが、こういう性質はそれまでの科学には現れていなかった。非可換構造が出てくる原因は、一つの状態に他の「すべての」状態が影響を及ぼしてくるからである。ここから部分と全体の一体性が導かれて、どんな現象も全体のことを考慮しなければならない非局所的な性質を持つようにできていると考えるようになった。

そのことから位置と運動量を同時に決めることはできないという不確定性原理が出てくる。さらには量子論的レベルではあらゆる事象は偶然の集積として理解されるようになり、物理法則はこのレベルでは偶然を扱う方法である確率論によるものとなる。量子論はパラドックスに満ちていた（その状態は今も同じであるが）。ロゴス的な思考手続きだけでは、とうてい理解することができない現象が、つぎつぎに現れてきたのである。

パウリはこのような状況を前にして、科学的思考の本質を深いレベルで考え直さなければならないと考えた。彼は「自然を理解するという過程は――理解したとき、つまり、新しい知識を得たと自覚したときに感ずる幸福感もそうであるが――結局人間の精神《プシュケ》に前以て内在する内的なイメージが外的な対象とその振舞いとに対応する、言い換えれば「うまく合致する」というところに根差すのではないか」と考えた。

いま人類の前に出現してきた量子的レベルの物質の振る舞いに「うまく合致する」内的イメージは、ロゴス的思考のつくる心的イメージの中には存在しないらしい。この困難を突破するために、パウリは「人間の精神に前以て内在する」ロゴス的知性とは別の知性形態を探す必要に駆られた。その別の知性形態は、量子的レベルの物質の振る舞いに「うまく合致」していなければならない。パウリはそれが十七世紀のケプラー（一五七一―一六三〇）と現代の心理学者であるユングによって、同じ「元型《アーケタイプ》」という言葉で表現されているものであると直観したのである。

ケプラーにおいてもユングにおいても、「元型」はロゴス的知性とはまったく異なるなりたちをしている。私たちはそれがレンマ的知性の産出する心的イメージに、正確に対応していることを知っている。レンマ的知性に満たされた空間（法界）では、あらゆる事物が相依相関しあう縁起の理法によって運動しているために、レンマ空間は非可換の構造をそなえ、あらゆる事象が非局所的な性質を持つ。その空間を因果的連関として理解することは、部分的にしかできない。その空間はいわば偶然の集積体であり、それを理解するには非因果論的な確率の考えによるしかない。

量子論が開拓しようとしていたのは、そのような元型的あるいはレンマ的な原理に基づく空間（量子空間）だったのである。それは縁起の理法によるレンマ空間と同じ構造を持つ。それゆえ量子論をきっかけにして、ロゴス的思考原則に元型的＝レンマ的思考原則を結合した、新しい思考構造の創造が求められているのである。物質領域のものである量子空間の諸原則と、心的領域のものであるユングの元型論には不思議な共通性が見出される。そのように考えたパウリは、ユングとの共同作業を開始した。『自然の解明と精神《プシュケ》』（邦題『自然現象と心の構造』）という本が、その成果として生まれた。

この本でパウリが取り上げたのがケプラーである。ケプラーは天文学者ティコ・ブラーエ（一五四六―一六〇一）の残した膨大かつ精密な天文観察資料にもとづいて、有名な「ケプラーの法則」を見出した。のちにニュートン（一六四二―一七二七）はそれを利用して重力理論を展開した。そこから近代科学は本格的な発展を始めるのであるから、ケプラーは近代科学の父と呼ばれるべき人物である。しかしケプラーは占星術と宇宙物活論の信奉者であり、その意味では前科学時代の錬金術に属する人でもある。パウリはこのケプラーを取り上げることによって、錬金術からの近代科学の創出を描くとともに、現代科学から失われてしまった元型論的またはレンマ的思考を組み込んだ、来るべき科学の形を思い描こうとした。

パウリはケプラーと当時の大錬金術学者ロバート・フラッド（一五七四―一六三七）の論争に注目した。ケプラーは『新星論』『新天文学』『世界の和声』などを出版して、それまでの占星術的な天文学に革新をもたらしていた。天文学を近代科学につくりかえようとしたのである。ケプラーは定量的で数学的に証明可能なものだけが客観的な科学に属し、それ以外のものは私的

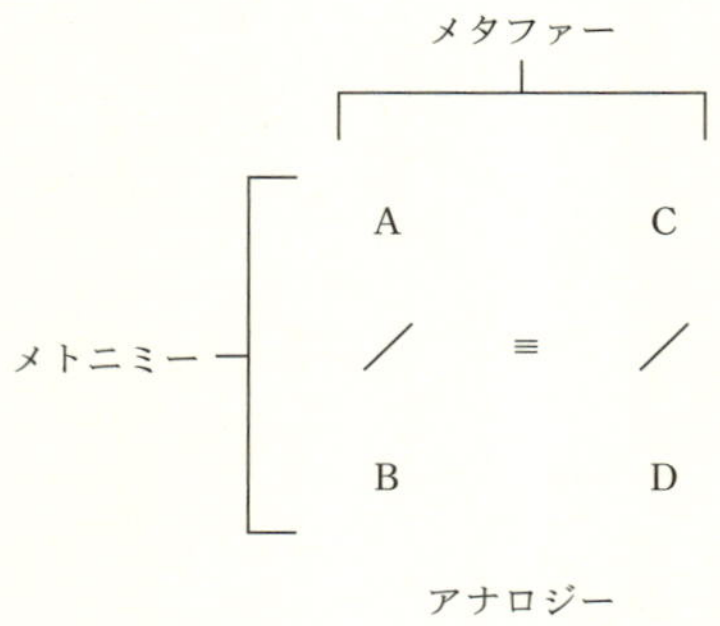

な想像力の産物にすぎないと論じた。それにたいしてフラッドは、真なる天文学は世界の調和の真なる理解によってのみ与えられ、それは錬金術的な秘法の理解なしには不可能であるとして、激しくケプラーを批判した。

ここでフラッドが「秘法の知識」と呼んでいるものは、アナロジー思考の精緻な体系のことを意味している。アナロジーは四つ組の項目に作用して、それらの間に比例関係を打ち立てる思考（A／B≡C／D）であり、古代と中世の哲学や前科学の主要な武器になったものである。アナロジーはメタファーとメトニミーの組み合わせからなる。アナロジーはロゴス的知性とレンマ的知性の結合からなるもので、それがホモサピエンスの心の構造の形成に決定的な働きをしたことは、すでに述べたとおりである。

このような思考が可能になるのは、人類の心にアーラヤ識の構造が豊かに形成されるようになってからである。分別的な事法界知にレンマ的な理法界知が入り込むことによって、諸事物の差異と平等を同時に思考することを可能にする。もともとはレンマ的知性の本質をなす相即相入する動的過程が分別知を変形して生まれたものであるから、アナロジーはある意味でレンマ的知性の本質の表現とも言えるであろう。それゆえ、古代と中世ではそれは「聖なる知識」の表現にふさわしい思考法と考えられた。四つ組の項目の調和的関係を基礎とするので、この知識形態においては「四」という数字が大きな意味を持った。

ところがケプラーはこのようなアナロジー思考を否定して、定量的な数学的関係にもとづく客観的な科学をつくりだそうとした。フラッドの「ケプラーは、被造物の外的な運動を考察するのに反し、私は自然自体から流出する内的・本質的な働きを察知する」という批判にたいして、ケプラーは「私が貴下の象徴図形《エニグマタ》——調和と私は言いたいが——が曖昧だと言うのは、私の判断と理解に照しての発言である……貴下の目的が数学的論証に従うことを拒否しておられるからであり、私は、それなしには盲目同然と考えているからである」と応酬している。

ロバート・フラッドは「世界の調和の真なる理解」を求めて、レンマ空間の構造の「象徴」による理解を確立しようとした。ここで彼が「世界の調和」と言っているのは、ライプニッツの予定調和説が見ていたものと同じ、レンマ空間における諸事物の全体調和のことである。それをとらえるためには、商人や徴税人が用いているのと同じような「世俗的算術」によるわけにはいかない。さりとてレンマ空間にふさわしい別の「算術」が手にされていたわけでもない(その別の種類の「レンマ的数論」の構造は次章でくわしく論じられる)。フラッドたちはそこでレンマ空間に立ち現れる元型的力のパターンを象徴図形を用いて表すことで、「世界の調和」をアナロジーの体系として表現しようとした。

ケプラーの開いた新しい道は、それとは異なるものであった。錬金術的な世界の住人であったケプラーは、自然が元型論的な空間に根を下ろしていることを信じていた。しかしその本性をアナロジー思考やそれが生み出す象徴によって理解するのではなく、レンマ空間の事象をロゴス的知性の世界に運んでくる「関手《ファンクター》」としての数学の客観性と正確さに見出していたのである。観察によって得られる定量的データの間に見出される数学的関係こそが、見えないレンマ空間の表現としては、アナロジーよりも繊細で正しい表現である。これが近代科学の土台に隠されているケプラーの思想である。

『元型的観念がケプラーの科学理論に与えた影響』というのが、ユングとの共著に寄せられたパウリの論文の原題である。ケプラーの科学理論は元型的思考の創造的否定による乗り越えなのである。「私はケプラーでもありフラッドでもある」というのがパウリの口癖であった。量子論の出現によって生じた科学的思考の基礎の動揺にたいして、パウリはケプラー以来そこを制してきたロゴス算術的な思考を、レンマ空間との接触によってつくられた元型的思考という土台に、もういちど結合する必要を考えたのである。レンマ空間＝法界の数学などというものは、はたして存在しうるのか。パウリはそういうものは今はまだないが、きっと「ある」にちがいないと考えていた。

ユングとパウリの思想は南方熊楠の発想にとてもよく似ている。南方熊楠もロゴス的科学思考の固い岩盤に華厳的レンマ思考への通路を開削することによって、科学思考に新次元を開こうとしていた。その華厳的レンマ思考の元型論的モデルを先取りしようとしたのが、「南方マンダラ」と呼ばれるものであった。「今はまだないがかならずやある」と熊楠が信じていたものに、レンマ学は明確な形を与えようとしている。

第九章

レンマ的数論（1）

数に潜むレンマ的構造

量子の棲息する空間を最初に垣間見た人間は、パウリの盟友であるハイゼンベルクだった。彼は分光学の実験データのしめす混沌とした数の集積の中に、まだ発見されていない未知の秩序が存在していることに気づき、その秩序を数式で表現することに全力を傾けた。その結果ある秩序を備えた空間の構造が現れてきたが、それはそれまで物理学が出会ってきたどんな種類の空間構造とも違っていた。

その空間が一種のレンマ的構造を備えていたからである。そのために物理学が伝統的に依拠してきたロゴス的論理でその空間を記述しようとすると、さまざまなパラドックスが出現してきてしまうのだった。「非局所性」や「非可換性」といった性質がその最たるもので、そこから不確定性原理や相補性原理のような、ロゴス的思考ではすぐには認められない、量子の示す多くの性質があらわになってきた。

ところがそうした性質は、レンマ的構造を備えた別の論理によれば、なんの矛盾もなく理解が可能なのである。『華厳経』の思想を展開した法蔵による『華厳五教章』には、縁起の論理によって全体運動する「法界」の数学的構造についての見取り図が描かれている。それは大乗仏教的なレンマ的思考による数論や幾何学の祖型であるが、それを現代の知見によって完成形に近づけてみると、「法界」のレンマ的構造と現代物理学の量子空間とが示す、驚くべき共通性があきらかになる。

そのことを示すことによって私たちのレンマ学は、レンマ学独自の「数学」を手に入れることができるようになる。あるいはもっと正確に言うと、ユングが「心」の元型を「プシコイド(類心物 psychoid)」と呼んだのをもじって、ロゴス的「数」の元型たるレンマ的な「ニュメロイド(類数または数の類似物 numeroid)」に関する厳密な学をうちたてることが可能になる。あらゆる厳密な学の土台は「数」の概念の上に構築されなければならないであろう。そこでレンマ学も、レンマ的構造を備えた「数」ないし「類数」という確実な土台の上に、この新しい学を構築しようと思うのである。

縁起による「数《ニュメロイド》」

レンマ的空間では、あらゆる事物が縁起によってつながりあっている。数に関しても例外ではない。レンマ的「数《ニュメロイド》」は、他のあらゆる「数」と縁起によって相依相関しているのである。このような「数」は、通常のロゴス的数学で扱われている数と構造上の違いをもっている。ロゴス的数論とレンマ的「数」論には、根本的な違いがある。しかし、量子論や非可換幾何学やζ《ゼータ》関数論などをはじめとする現代数学のいくつもの領域では、この根本的に異質な構造を持つロゴス的数とレンマ的「数」との境界に発生する諸問題が、しだいに重要性を持ち始めている。レンマ的「数」論を考えることは、今日ではけっして荒唐無稽な問題ではなくなりつつある。

西欧で発達した集合論的な数論では、自然数は個物として生起する。その個物としての数に1を加えることによって、次の自然数が生成される。そうやって次々と自然数は生成されていく。こういう考えを確立したデデキントによれば、自然数は「そこで生成される一つ一つがすぐ前のものから定義されていくという、正の整数の無限列の逐次的創造」として考えられている。ロゴス的知性の能力の代表である「数え上げ」によって、自然数は逐次的に生成されていくわけであるが、チョムスキーの考えでは、この数え上げの能力こそ、言語の統辞法と一体になって、ホモサピエンスの脳に生まれた代表的なロゴス的能力にほかならない。

現代数学ではこの考えが、つぎのように形式化されて表現されている。数の生成のプロセスの最初には、{φ}が置かれる。これは何の要素も入っていない集合をあらわす。何も入っていなくとも、何らかの数学的オブジェクトには違いないから、「何もない」という状態ではない。「何かはある」のだから、これを1とすることができる。

ここから「正の整数の無限列の逐次的創造」が開始される。ここに「集合xを唯一の要素として持つ集合｛x｝を付け加えてx∪｛x｝をとる」という操作をおこなえば、元の自然数と操作規則だけで、何の定義も必要としないでつぎの自然数がつくられていく。この方法を使えば、自然数は、

$$0=\phi,1=\{\phi\},2=\{\phi,\{\phi\}\},3=\{\phi,\{\phi\},\{\phi,\{\phi\}\}\}\cdots\cdots$$

として、φ（無）から出発して、逐次的な操作によってつぎつぎとつくられていく。どの自然数もかならず前の自然数に依存して創造されるのであるから、これを「縁起的」と呼ぶことも可能であろう。しかしいったん生成された数は、前の数との「縁を切って」すぐに独立してしまうのである。自然数は縁によって生成されるが、そのあとは個物として独立して、その個物同士が寄り集まって自然数の集合をなすようになる。縁から生まれながら、生まれたとたんに縁を切って個物となるわけである。

ところがレンマ的「数」論では、いちど縁を持って生成した「数」は、その後もずっと他の「数」との縁起的関連を絶たない。2の中にはそれを生成した1が包摂され、その逆に2を生んだ1の中に2は包摂され続ける。レンマ的「数」論では、個物としての1と1を足しても2にはならないと考える。1の中に2がすでに縁起関係によって包摂されていることによって、

はじめて1＋1＝2という表現が可能になる。このような思考法があらゆる種類の数の間には保たれている。自然数から有理数へ、そして実数、複素数へと数の体系は拡大されていくが、その間もずっと、この縁起的な相依相関は保たれていく。

このような縁起論による「数」論を基にして、レンマ的空間の構造が考えられていくのである。私たちは法蔵の『華厳五教章』に詳しく論じられている縁起論的「数」論の記述を出発点にして、そこからレンマ的空間としての「法界」の幾何学やその中での運動学の構築に向かうことにする。そうやって明らかにされる「法界」の「数」学的構造は、驚くべきことに『華厳経』に描かれた荘厳楼閣をめぐる象徴主義的な記述と完全な一致を示すのである。『華厳経』に主張されているように、「法界」は人類の心の本体を示すものであるのだから、レンマ的な「数」学が明らかにすることになるレンマ的空間とは、ほかならぬ私たちの心の本体そのものである、ということになる。

法蔵の数論

法蔵は『華厳五教章』の「十玄縁起無礙法門《じゆうげんえんぎむげほうもん》」という重要な章を、レンマ的「数」の分析から始めている。レンマ的「数」からのアナロジーによって、縁起の真理は容易に理解されるであろう、という配慮に立っての立論である。華厳学では事物の本性を理解するのに、「異体」と「同体」の二方面からの分析をおこなうのを常とする。異なる個物を比較するのが異体分析、同一の個物の内部の構造を考えるのが同体分析である。法蔵は、まず異体の方面から自然数の分析を始める。

初めに、上に向かう数に関して十門が立てられる。第一には、一が基本数である。どうしてかというと、それは縁によって生み出された数だからである。ないし第十には、〔十は〕一の中の十である。どうしてかというと、もしも一がなければ、十は成り立たないからである。すなわち、この場合は、一に完全な力があるから、十を包摂しているのである。そこで、十は一ではない。このほかの九門も、これと同様であり、それぞれにみな十がある。……下に向かう数に関しても、十門が立てられる。第一には、十がそのままで一を包摂する。どうしてかというと、それは縁によって生み出された数だからである。というのは、もしも十がなければ一は成り立たないからである。すなわち、この場合は、一にまったく力がなく、十に帰入する。そこで、一は十ではない。この他の例も同様である。（『華厳五教章』）

一はあらゆる数の基本となる数であるが、それはいきなり個物として出現してくるものではなく、縁によって生み出された数である。つまり一の中には十が含まれている。しかし一という基本数がなければ十は成り立ちえないのだから、一は十を相入の力用によって完全に包摂しており、このことは外からは容易に見えない。他の数に関しても同様で、一は他のあらゆる数を中に含みながら、それらを完全に包摂することによって、一として「有」に生起するのである。この一を基にして「上に向かう」操作によって、自然数は自身にとっての「直後の数」を生む。そうやって自然数が逐次的に創造されるが、どの数も縁成《えんじよう》によるものだから、自分の中に他のあらゆる数を包摂している。

十から出発して「下に向かう」操作によって、自然数は自身にとっての「直前の数」を生むことができる。この場合、十が一を包摂するという事態が起こる。一は縁成される数である。しかも十がなければ一は生まれないので、一は無力であり、力用の相入によって十に完全に帰入してしまうことになる。他の数についてもまったく同じことが起こっている。どの数も縁成されたものとして他の数を包摂しながら、相入によって有力な立場を得て、「有」に生起していく。

常識では数にはそれぞれの「自性（不変の性質）」があると考えられている。そのために常識を超えたこのような議論に対しては、当然異論が出てくるはずである。想定されるこうした異論に対しても、法蔵はていねいに答えている。

問う。もしも一がそのまま十であれば、その一は、当然、一ではなかろう。また、もしも十がそのまま一であれば、その十は、当然、十ではなかろう。

答える。ただ、一がそのまま十であるからこそ、一と名づけるのである。どうしてかというと、ここでいわれる一とは、いわゆる一ではなく、縁によって成り立つ、実体性のない一である。そこで、一がそのまま多であるものを一と名づけるのである。もしもそうでなければ、一とは名づけない。どうしてかというと、それは、それ自体の本性にもとづくことになるからである。だから、縁をもたず、したがって一を成立させないのである。

（同前掲書）


法蔵は「自性を持つ数」（これは普通の算術で用いられている数である）と、縁成によって生み出される「自性を持たない数」（これがレンマ的「数」である）とを、はっきりと分けている。数が「自性」を持っていると、他と縁起することがないので、個物を集めた「集合」ができる。ところが「自性を持たない数」の場合には、どの「数」もつねに全体直観によって「すべての数」に結びついていく。そこで縁起論的数論においては、「数」に一を足すことによって「直後の数」をつくりだすが、たんに一を足したばかりではなく、その一を足した全体を直観するようにして数の概念が形成される。数は集合論では、時間的に見れば順序数、空間的に見れば基数になるが、縁起論的数論ではこの二つが矛盾的自己同一をなしている。

同体の側面からこのレンマ的「数」を見ると、「一即多、多即一」があらわとなる。この考えは一の中に多があり、多の中に一があるということと、一がそのまま多であり、多がそのまま一である、という二面から考察される。異体の考えでは、はじめの一をあとの九に対比し、異なる数として互いに入り合うことを意味したが、こんどの同体では、一の中に自ら十を具えるとする。異なる数とするのではなく、自分の中に入っている多の数を考える。これについても、想定問答が用意されている。

> 問う。それは、一という数が、それ自身に具わる無尽の重複を包み込んでいるということか、それとも、一以外の数に具わる無尽をも包み込んでいるということか。
>
> 答える。一以外の数に具わる無尽もともに包み込んでいるともいえるし、一という数そのものに具わる無尽を包み込んでいるだけだともいえる。どうしてかというと、もしも一という数そのものに具わる無尽がなければ、それ以外の一切の数に具わる無尽は、みな成り立たないからである。だから、初めの一という数の同体の範疇に、同体・異体の二つの範疇に具わる無限の無尽を摂めとっている。完全・究極の真実の世界のはてまで、すべてを摂《おさ》めつくしているのである。……それ以外の数の領域は虚空のようなものであるからである。互いに関知しないからである。一は一の領域だけで何の不足もないからである。だから、さらに摂めとるべきものは何もないということになる。(同前掲書)

分別によるロゴス的数のつくる数の領域では、それぞれの数が互いに関知しあわないで、そっぽを向き合っているから、虚空のようなものである。しかしレンマ的知性による「数《ニユメロイド》」では、すべての数が相即相入して、無尽のつながりを形成している。一という「数」にすでに無限の無尽が集められている。

華厳学の説くレンマ的「数」は究極の「総合」を実現した数と言えるだろう。私たちが普通、数の「数え上げ」をおこなうときには、無意識のうちに事物の分離をおこなっている。これはロゴス的数が高度な分別能力をもっているからである。このロゴス的数の分別能力をもって、私たちは「分析」をおこなうことができる。そのような分析が示すのは事物の堆積にすぎない。

しかし数学者がロゴス的な数と論理を用いておこなっている数学には、そのような事物の集積だけではない何かが含まれている。そこでは表立ってはロゴス的数を用いながら、背後にある種の「総合」能力が働くことによって、意味ある世界が創造されている。すぐれた数学者の書いたものを読むと、そこには「数学はまるで生物のようだ」という表現がよく見られるが、これは数の背後にある「総合」ないし「統合」能力のことをさして言っているのだろうと思う。ロゴス的数の分別能力も、レンマ的「数」の「総合」能力を、無意識のうちに自らの前提としているのである。この意味では、数も数学もレンマ的知性を駆使する一種の思考上の生き物なのである。そのことはゲーテのつぎの言葉にうまく表現されている。

われわれがもっぱら分析を適用するさいにあまり考えないようにみえる大事なことは、いかなる分析も綜合を前提にしていることである。……生物以上に高い綜合があるであろうか。われわれが解剖学・生理学・心理学などといってさんざん苦労するのも、いかに多くの部分に分解されても絶えずもとどおりになる複合体を多少なりとも理解するためにほかならない。……分析論者が陥りやすい大きな危険は、それゆえ、なんらの綜合も根底にないところで彼の方法を用いることである。……したがって分析論者がとりわけ検討しなければならない、あるいはむしろ注意しなければならないのは、自分がほんとうに秘められた綜合とかかわっているのか、それとも自分の研究しているものが単なる堆積、すなわち並存、共存その他いろいろ言い替えられうるものにすぎないかどうかということである。

（ゲーテ『分析と綜合』、ゲーテ全集、第十四巻）

法蔵はこの世でもっとも分析（分別）能力の高いと思われている数も、縁起の理法からは逃れられず、縁起の理法に立つとき、数の元型たるレンマ的「数」がいかなる原理によっているかを、真正面から論じたのである。私たちは法蔵が明らかにしたレンマ的「数」の構造原理を出発点として、その「数」がどのような「空間」を生成するか、その「空間」中ではどのような運動がおこなわれることになるか、などを解明していこうと思う。法蔵の示した「数」の構造から、はたして自然な形で、『華厳経』に描かれた「法界」の光景が現出してくるか、これが私たちの問いの目指すところである。

レンマ的「数」の構造

レンマ的「数」の構造とそれが生み出す空間のなりたちを探ってみよう。まず、この「数」は複素数の構造をしている、と考える必要がある。この性質はレンマ的「数」がたがいに相即相入しあっていることからもたらされる。縁成による「数」はそれぞれが空から生起した有として、空有の構造を共通に持っている。そこから空を介して、「数」同士は存在的に「相即」しあうことができる。また空を介しての力の出入が起こる。これは作用的な「相入」の事態である。このとき「数」同士の間で、有力か無力かの違いがでてくる。

有に向かって現象化していく力用の強い「数」は、勢力が表面化して顕在部分となる。相対的に無力な「数」は、空として裏面に隠伏する。しかしその「数」に他の「数」が縁起作用することによって有に転ずるときには、こんどはその隠伏していた「数」のほうが表面に顕在化し、いままで表面に出ていた「数」が、裏面に回って隠伏「数」となる。「数」の顕在化している部分を「実 real」と考え、裏面に隠伏した部分を「虚 imaginary」と考えるとすると、作用（力用）の面から見た「数」は、複素数の構造をしていると考えることができる。

レンマ的構造をした「数」は相即相入しあうことで、たえまなく新しい状態を生み出す。この様子を表現するためには、まずレンマ的「数」を表現できる構造を確定し、ついで「数」同士が作用しあう様を作用素の「積 product」として表現できなければならない。これについては『華厳の研究』における鈴木大拙の果敢な試みがある。

法蔵の「レンマ的数論」では、一から十までの数（じっさいには一銭から十銭までの硬貨）を使って、「無限の無尽」までを含んだ数論が展開されている。十は華厳学の中で「完全数」としての扱いを受けているために、法蔵の議論はじっさいには自然数の無限列を扱っているのである。そこで鈴木大拙は法蔵の議論を、a_1にはじまる「数」の無限列に置き換え、法蔵の論全体を形式化してつぎのように書き換えた。

法蔵に依ると、次の様な無限系列に於ては、

$$a_1, a_2, a_3, a_4, a_5, a_6, a_7, a_8, a_9, a_{10}, \cdots\cdots\cdots\cdots$$

その各項がそれぞれに他の各々に対して存在的と作用的、又は静的と動的の二様の形で関係していると考えられる。存在的見地から見ると、その関係は『相即』であるといわれる。すなわち次の様になる。

$$a_1 = a_2, a_3, a_4, a_5, a_6, a_7, a_8, a_9, a_{10}, \cdots\cdots\cdots\cdots\cdots\cdots\cdots\cdots$$

$a_2 = a_1, a_3, a_4, a_5, a_6, a_7, a_8, a_9, a_{10}, \cdots\cdots\cdots\cdots$

$a_3 = a_1, a_2, a_4, a_5, a_6, a_7, a_8, a_9, a_{10}, \cdots\cdots\cdots\cdots$

…………………………

…………………………

（中略）

この系列はまた作用的に或は動的に関係しているものとして見ることもできる。この系列、

$a_1, a_2, a_3, a_4, a_5, a_6, a_7, a_8, a_9, a_{10}, \cdots\cdots\cdots\cdots$

に於ては、その各項は、それぞれに、この系列の一般的形成に役立つものとして、この系列を可能ならしめる様な具合にそれぞれ作用しつつあるのである。ただの一項でも系列の中から落ちると、系列は系列でなくなる。すなわち、それはもはや系列として作用しなくなる。そういう訳であるから、系列の全体を通じて完全な相入の状態がある。a_1を系列から離して取り上げると、a_1は意味をもたぬ、従って存在をもたぬということになる。（鈴木大拙『華厳の研究』）

こうした関係をまとめて、鈴木大拙は「相即」「相入」しあいながら静的かつ動的な体系をなす縁起論的数を、次のような図式にまとめ上げる。

$a_1 = a_1$;

$a_1 = a_1, a_2, a_3, a_4, a_5, a_6, a_7, a_8, a_9, a_{10}, \cdots\cdots$
$a_1, a_2, a_3, a_4, a_5, a_6, a_7, a_8, a_9, a_{10}, \cdots\cdots = a_1$

$a_2 = a_2$;

$a_2 = a_1, a_2, a_3, a_4, a_5, a_6, a_7, a_8, a_9, a_{10}, \cdots\cdots$
$a_1, a_2, a_3, a_4, a_5, a_6, a_7, a_8, a_9, a_{10}, \cdots\cdots = a_2$

$\cdots\cdots\cdots\cdots$

$\cdots\cdots\cdots\cdots$

（同前掲書）

鈴木大拙によるこの図式は法蔵の言わんとすることの半分しか表現できていない。鈴木大拙は縁起論的数は、単独に孤立したものの集合と考えることはできず、系列の中に置かれて初めて意味を持つことを、この図式で表現しようとしている。しかしこのままでは、作用（力用）面の表現が十分でない。瞬間瞬間に他の「数」からの力の相入（出し入れ）を受けながら変化し、しかし全体としては「数」としての同一性を保ち続けている、という法蔵の考えを忠実に表現するためには、ここで考え方をドラスティックに変えてみる必要がある。

「数A」のことを直接考えるのではなく、相入の起こるたびに発生している差異のことを考え、それらを集めて系列に並べて、一つの「マトリックスMatrix」をつくってみるのである。このマトリックスは「数A」そのものではないが、Aという「数」の双対（デュアル）*Aをなしている。「双対を取る」という操作の特徴は、Aで成り立っている特徴が、*Aにも伝えられることにある。私たちはレンマ的「数」の棲息する空間の構造を探ろうとしている。そのためには*Aという「数」の棲息できる空間の構造がわかれば、それは自動的にAという「数」の棲息する空間のなりたちを示していることになる。

*Aという「数」はつぎのようなマトリックスで表現される。

$$^{*}A=\begin{bmatrix} A_{11} & A_{12} & A_{13} & \cdots\cdots \\ A_{21} & A_{22} & A_{23} & \cdots\cdots \\ A_{31} & A_{32} & A_{33} & \cdots\cdots \\ \cdots\cdots & \cdots\cdots & \cdots\cdots & \cdots\cdots \end{bmatrix}$$

各マトリックス要素（これは無限系列をなす）はAn,n'の形をしている。これはAn→An'への作用を表すとともに、その作用の影響の結果発生する変化を示している。法蔵によるとそのときの影響として「振動」が発生する。ロゴス的孤立数の場合と違って、相即相入するレンマ的な「数」と「数」との「相入」が起こるときには、「それぞれのものが、自己の位置を動かないままに、常に行ったり来たりするのである。どうしてかというと、行ったり来たりすることと動かないこととは同じものだからである」(同前掲書)。作用が起こると事物は「振動」を起こすのである。しかも振動することで、動きながら不動であるという状態を保つ。

ところで縁起論的「数」を表すマトリックスの各要素は、顕在部と隠伏部の結合としてできている複素数である。しかも相即相入が起こるとき、力用の違いによってその顕在部と隠伏部の構成は、たえまなく変化する。しかしそれらの効果を総合してマトリックスとしての「数」が、現象界に出てくるときには、なにか実数的なものとして現れてくる。つまり実数的ななにかの「量」を表している。これをどう考えたらよいのだろうか。

各マトリックス要素は振動する複素数でありながら、「量」としてのAは実数的なのである。そこでこれは多少技巧的な表現法であるが、そのような振動を表す「振動数ν(ニュー)」に関わる要素を入れて、マトリックスを書き直してみることにする。つまり振動論の考えを使って、各マトリックス要素$A_{n,n'}$は、時間tについて$\exp(2\pi i\nu_{n,n'}t)$で振動し変化していると考えるのである。

この振動要素を加えて細かく書きだしてみると、つぎのようになる(これは$A_{n,n'}$の中身を改めて$A_{n,n'}\exp(2\pi i\nu_{n,n'}t)$と書き換えただけである)。

$$
{}^{*}A=\begin{bmatrix}
a_{11}\exp(2\pi i\nu_{11}t) & a_{12}\exp(2\pi i\nu_{12}t) & a_{13}\exp(2\pi i\nu_{13}t) & \cdots\cdots \\
a_{21}\exp(2\pi i\nu_{21}t) & a_{22}\exp(2\pi i\nu_{22}t) & a_{23}\exp(2\pi i\nu_{23}t) & \cdots\cdots \\
a_{31}\exp(2\pi i\nu_{31}t) & a_{32}\exp(2\pi i\nu_{32}t) & a_{33}\exp(2\pi i\nu_{33}t) & \cdots\cdots \\
\cdots & \cdots & \cdots & \cdots
\end{bmatrix}
$$

このとき$A_{n,n'}$と$A_{n',n}$は反対方向を向いた作用をあらわしているから（$A_n \to A_{n'}$で力の「入」が起こるとそれは$A_{n'} \to A_n$への力の「出」を意味する）、$\nu_{n,n'} = -\nu_{n',n}$と考えることができる。複素数において、これは互いに「共役複素」の関係にあることをあらわしている。そこで$A_{n,n'} = A_{n',n}^{*}$となる。これは$A_{n,n}$が実数であることをあらわしている。こうして複素数ばかりでできたマトリックスの中からうまく実数的なものがあらわれてきた。縁起論的「数」は、対角線要素を実数とするマトリックスであったのである。このようなタイプのマトリックスは「エルミート的」と呼ばれて、量子論で重要な役目を果たしている。Aの双対である*Aがエルミート的であるとき、Aもまたエルミート的であると仮定しよう。そうすると相入による作用がどのような法《ダルマ》にしたがっているかがわかるようになる。

「数A」と「数B」が作用しあって積（product）を生み出す。どの「数」も普通の数ではなく、マトリックスの形をしている。そこでマトリックスのどの要素とどの要素を掛け合わせれば正しい結果が出るのかが、わからなくてはならない。もしもここで法蔵の「自位動ぜずして而も恒に去来する（自己の位置を動かないまま、常に行ったり来たりする）」という言葉がなかったとしたら、私たちはまったくお手上げであっただろう。互いに作用しあう数同士から積を作るときに、どの要素とどの要素を組み合わせて加えれば、安定した状態が生み出せるか、皆目見当がつかないからである。

しかし「相入」によって起こる「振動」には、振動数の間に特別な結合法則がなりたっていなければならないことを、法蔵は主張する。それには次のような組み合わせがなければならない。この主張は、「インドラの網」に喩えられる法界の空間全体が、運動と不動の矛盾的自己同一をとおして、絶対的安定性を保ち続けられるための条件を示している。

$$\nu_{n,n'}+\nu_{n',n''}=\nu_{n,n''}$$

こういう関係があれば、二つの異なる振動を合成しても、かならずこのマトリックスのどこかに存在する振動の場所に、落ち着くことができる。マトリックスにない振動要素を発生させてしまって、全体の安定を破壊してしまうことがないわけである。これが実現されるためには、積をつくる演算をおこなったときにできる「同一振動数」を持つ要素を全部足しあわせて、マトリックスの新しい要素をつくるのである。すなわち、要素で書くと、

$$(AB)_{n,n'}=\sum_{n''} A_{n,n''}B_{n'',n'}$$

これをマトリックスの形で書くと、積ABは、

$$AB=\begin{bmatrix} \sum_n A_{1,n}B_{n,1} & \sum_n A_{1,n}B_{n,2} & \sum_n A_{1,n}B_{n,3} & \cdots \\ \sum_n A_{2,n}B_{n,1} & \sum_n A_{2,n}B_{n,2} & \sum_n A_{2,n}B_{n,3} & \cdots \\ \sum_n A_{3,n}B_{n,1} & \sum_n A_{3,n}B_{n,2} & \sum_n A_{3,n}B_{n,3} & \cdots \\ \vdots & & & \end{bmatrix}$$

でなければならない。レンマ的「数」のかけ算をこのように定義すると、一般には、

AB=BA（可換性）

は成り立たなくなる。すなわちAB≠BAである。レンマ的「数」が通常の数とちがって、相手に相即相入することでたえず変化を生み出す「作用素operator」の働きをするからである。「因」となる作用を起こさせる順番を入れ替えれば、とうぜん「果」も違ってくる。このように縁起論的「数」のつくりあげる空間は「非可換」の構造をしている。この空間は通常の空間

よりもはるかに複雑な幾何学的構造をしている。

華厳学の思想によれば、人間の「心」の元型も、このような高次元の非可換構造を具えているのである。『華厳経』に描かれた楼閣としての「一心法界」も、これに似た構造をしていると考えていい。華厳法界はマンダラ状の空間として描かれることが多い。しかしじっさいにはそれは非可換構造をしているので、二次元や三次元の幾何学図形として表現することは不可能なのである。そのことが法蔵の示した「法界」の数論よりあきらかになる。図形表現されたマンダラの依拠している数は通常の数であって、無尽な相依相関を原理とするレンマ的「数」は、そこからは湧出してこないのである。

量子数とレンマ的「数」

量子論に詳しい方はもうお気づきのように、私たちが縁起論的なレンマ的「数」の構造とその「数」がつくりだす空間の構造とを導き出した思考の道筋は、量子論の形成期にハイゼンベルクが「マトリックス力学」を導き出した思考の道筋と、そっくりなのである。私たちは「マトリックス力学」をそっくり下敷きにして、レンマ的「数」とレンマ空間の基本構造を誘導してきたわけではない。私たちはただ、ナーガールジュナから『華厳経』へ至る縁起論と、その理論化を試みた中国華厳学の論書に記された縁起論的「数」論とに導かれながら、レンマ的「数」の構造を自然に導出してきた。

そのとき明らかになったレンマ的な「数」と空間の性質が、二十世紀に出現した量子論の本質をなす非局所性・非可換性と、奇しくも一致するのである。これはいったいなにを意味するのであろうか。それは量子論の根底に、レンマ的な思考が横たわっていることを意味する。別の言い方をすれば、物質の微細レベルの現象を記述するために、思考はどうしてもレンマ的になっていかざるを得ないのだ。

じっさいハイゼンベルクが量子空間の構造の理解にたどり着いた思考の道筋は、おおむねつぎのようであったと言われている。分光学では一九二〇年代のその当時、電子が別の軌道に乗り換えるたびに放つ光の振動数の精密な測定ができるようになっていた。ハイゼンベルク以前の前期量子論では、その測定データをもとにして、「惑星のまわりを周回する電子」の軌道という具体像の上で理論を組み立てようとしていたが、どれもうまくいかなかった。そこでハイゼンベルクはそういう想像上の具体像を捨てて、実験で得られる数データだけに基づいた理論を組み立てなければならないと考えたのである。

ハイゼンベルクは具体的な惑星像を捨てて、数だけでできた抽象空間を考え、その抽象空間で数の間にどんな法則が働いているのかを調べてみた。実験データはすべて、電子がある軌道から別の軌道にジャンプして乗り換えをおこなうときに発せられる光の振動数をあらわしていた。つまりどの数も、なにかの同一性（$n=n$）ではなく、なんらかの差異性（$n \to n'$）を示す数である。

なんらかの差異をあらわすこれらの数を、ずらっと書き並べてみる。

$$X=\begin{bmatrix} X_{11} & X_{12} & X_{13} & \cdots\cdots \\ X_{21} & X_{22} & X_{23} & \cdots\cdots \\ X_{31} & X_{32} & X_{33} & \cdots\cdots \\ \cdots\cdots & & & \end{bmatrix}$$

$X_{n,n'}$と書いてあるのは、n番目からn'番目に飛び移ったとき、電子が放つ光の振動数に関係した数である。ハイゼンベルクはXを普通の数ではなく、このカッコの中に集められて並べられた数のすべてをもって、状態Xをあらわす新しい「数」と考えることにした。この「数」は普通の数ではない。この「数」の一つ一つの要素は、n番目とn'番目の差から発生している「差異数」をあらわしているから、この「数」を構成するすべての要素が、ほかのすべての要素と関係づけられている。要素はそれだけではなんの意味も持たない。それが他のすべての要素に関係づけられるときにだけ、Xは意味を持つようになる。

量子空間をかたちづくるのは、このような「数」なのである。この「数」の内部では、どんな「部分」もほかの「部分」につながることによって、「全体」の動きや変化が発生する。この「数」が安定しているとき、その内部の「部分」がどんな変化を示そうとも、ほかの「部分」がその変化に対応する調整を瞬時におこなうことによって、「全体」の帳尻が合うようにできている。要素の一つでも系列からはずれると、もうその系列は意味をなさなくなってしまう。この「数」を「量子的な数」と呼ぶことにする。量子的な「数」が示す状態Xは、「部分」と「全体」が予定調和を保ちながら変化している。つまりどの局所的な場所も孤立しておらず、変化はいつも全体的なのである。このようにして量子的な「数」は「非局所性」を本質とする。

パウリがユングから「共時性」についてのアイディアを聞いた時すぐに思ったのは、瞬時にして情報が心の全域に伝わっていく「元型」的無意識と、非局所性を本質とする量子空間との間に見出される著しい共通性だった。量子的な「数」はマトリックスで表現される。ユングの「元型」的無意識はいかなる線形的秩序(言語もその中に含まれる)にもよらないやり方で、高次元的空間の中に情報を走らせている。量子論的な「ニュメロイド」と心理学的な「プシコイド」の間に存在していると思われるつながりに、パウリは強く惹かれた。

つぎにこのような量子的な「数」同士がどうやって相互作用しあうのかを、ハイゼンベルクは考えようとした。相互作用によって新しい「数」が生み出される。すなわち「積(product)」が生まれる。相互作用のことを「×(乗法)」であらわすと、「数」×「数」→「数」となる。

量子論においては、この乗法には一定の規則がある。「数」同士が相互作用したとき、電子の放つ光の振動数が違ったものになってしまうと、マトリックスにきちんとおさめる場所がなくなってしまうので、この作用による効果は消えてしまう。相互作用が効果を発揮して、新しい積をつくりだすためには、「リッツの結合則」と呼ばれる、つぎの規則を満足していなければならない。

$$\nu_{n,n'}+\nu_{n',n''}=\nu_{n,n''}$$

これは二つの振動数を合成したとき、このような関係になっていれば、合成後の振動数が居場所を失って消えてしまわずに、マトリックスの中に残って作用を続けることができる、ということを示している。

この条件に合うようにマトリックスの積算法を考えたハイゼンベルクは、それが、

$$AB=\begin{bmatrix} \sum_n A_{1,n}B_{n,1} & \sum_n A_{1,n}B_{n,2} & \sum_n A_{1,n}B_{n,3} & \cdots \\ \sum_n A_{2,n}B_{n,1} & \sum_n A_{2,n}B_{n,2} & \sum_n A_{2,n}B_{n,3} & \cdots \\ \sum_n A_{3,n}B_{n,1} & \sum_n A_{3,n}B_{n,2} & \sum_n A_{3,n}B_{n,3} & \cdots \\ \cdots & \cdots & \cdots & \cdots \end{bmatrix}$$

のような形になることを発見した。ここから量子論の基礎をなすつぎの非可換関係が導かれる。$xP - Px = h/2\pi i \cdot 1$（ここでxは位置、Pは運動量、hはプランク常数、1は単位マトリックスをあらわす。詳細は朝永振一郎『量子力学Ⅰ』を参照されたい）。

レンマ学と量子論

このようにレンマ的「数」論から導き出されてくる縁起論的な空間の構造の特徴は、量子論が明らかにしてきた量子空間の構造と、驚くほどの類似性を見せるのである。ハイゼンベルクたちは量子空間の構造を、精密な実験データと間違いのないロゴス的思考の運用によって導き出したのであるが、そうやってつくられた量子論からは、いくつもの奇妙な結論が引き出されてきた。そのために、アインシュタインなどは量子論を不完全な理論であると強く批判した。

しかしレンマ学の視点から量子論を見ると、それはレンマ論理的に首尾一貫した理論であることがわかる。ただなぜそれがロゴス論理から見たとき奇妙な結論を導き出すのかについては、かならずしも正しい理解が得られているとは言えない。ここには人類の知性を形成する二つの重要な知性形態であるロゴスとレンマの根源的な違いが関わっている。

ロゴス型の知性について、アリストテレスはこれが（1）同一律（2）矛盾律（3）排中律という三つの規則にしたがって作動していることをあきらかにした。この三つの規則はその後も、ロゴス論理による思考の従うべき原則として、科学的思考の基礎となってきた。ところが量子論の基礎である非局所性と非可換性を取り入れると、同一律も矛盾律も排中律も深刻なパラドックスを発生させてしまう。量子論の基礎に縁起論的思考がインプリシット（陰伏的）に組み込まれているためである。そのため量子論には自然なかたちでレンマ的論理が持ち込まれることになった。

レンマ学と量子論との間には深いつながりがある。大乗仏教によって最初に体系化されたレンマの学を展開した「一般レンマ学」のような学問が将来つくられることになったときには、量子論には先駆者として特別な場所が与えられることになろう。こうして私たちはレンマ学のもっとも堅固な基礎をなす、レンマ的な「数《ニュメロイド》」の本性を明らかにする有力な手がかりを得た。『華厳経』に描かれた「法界」の光景とこのレンマ的「数」は、同じ原理で成り立っている。どちらも線形的な言語の表現能力を超えているが、量子論の例が示すように、「数」学的言語を用いてそこに近づいていくことは、どこまでも可能である。

第十章

レンマ的数論（2）

数の発生

『大乗起信論』をはじめとする大乗仏教の哲学書では、レンマ学でいう「レンマ的知性（真如心、自性清浄心）」と「ロゴス的知性（分別心、無明心）」とが、同じ一つの心において、まったく同時に生起する点を強調している。二つの知性形態は別物ではなく、レンマ的知性が生起するやいなや、まったく同じ時同じ場所で、ロゴス的知性が忽然と分別的な活動を始めるのである。

ところが意識は言語的な本性を持つから、その瞬間からロゴス的知性が前面にあらわれて、レンマ的知性の活動を覆い隠してしまう。そのために意識にはロゴス的知性の活動の痕跡ばかりが残され、レンマ的知性の存在は見えなくなってしまう。しかし生物の心のおおもとはレンマ的知性であって、それがあらかじめ活動していなければ、ロゴス的知性も存在しえないのである。そのことを『起信論』の解説では次のように説明している。

一心は一面では不生不滅（無時間的）であるが、現実に凡夫の心は生滅心（時間的）となっている。この心の生滅すなわち時間の世界はどうして起こるかというに、如来蔵によるが故に生滅心があるのである。すなわち心の本性は真如であるが、しかし現実にはその真如は煩悩に覆われている……無明は外来者であるが、これによって心が生滅心となっている。あたかも風に吹かれて水に波が起こるようなものである。風は外来者であるが、しかしそれによって静かなる水に波の動性が起こる。波は水の動性であるが、しかしそれによって水の静（絶対静）が失われるのではないと見る。なぜなれば、風がやめば水に再び静がよみがえるからである。この如くであるから真如の不生不滅と現実の生滅心とは別のものではない……不生不滅がそのまま生滅である。（平川彰『大乗起信論』）

静かな水面に風が吹くとき水面には波が起こる。このような比喩によって、大乗仏教では真如心に無明心が瞬間的に生起する過程をうまく説明している。このさいに波が起こっても水の静（絶対静）そのものには、なんの変化も起こらない。風が静まると、すぐに波は消えて、水の静が取り戻される。水がなければ波は立たず、そこに風が吹かなければ水は絶対静を保ち続けるのである。この比喩表現には、無明・煩悩を引き起こす分別心というものが、真如心にたいして水面に吹きつける風のように「外部」的な存在であることが暗示されている。

じっさい『大乗起信論』や『勝鬘経《しようまんぎよう》』などの如来蔵系経典では、無明を生むこの分別心のことが「客塵煩悩《きやくじんぼんのう》」とか「忽然念起《こつぜんねんき》」と呼ばれている。真如心にとっては外部的な「客」として、突然なんの前触れもなく到来して煩悩を誘発するのが、この「客塵煩悩」「忽然念起」である。それゆえ真如心と煩悩の発生装置との間には、内在的な結びつきがもともとまったくないことがわかる。

この考え方をレンマ学に取り込んで、類‐科学的な表現に変えてみよう。私たちはロゴス的知性の活動様式が、脳のニューロン組織の活動様式と、完全な並行関係にあることを見てきた。心においてレンマ的知性が生起するやいなやロゴス的知性がまったく同じ場所で、同じ瞬間に起こるのであるから、このことはレンマ的知性が脳のニューロン組織を通過するやいなや、ロゴス的知性への変換を起こすと考えることができる。そのときレンマ的知性がどのような情報形態をとって脳のニューロン組織を通過するのかは、いまのところまったくわからない。

しかし、この仮説をとることによって、レンマ的知性とロゴス的知性とが同時生起してそれ以後もまったく一体でありながら、ロゴス的知性はレンマ的知性にとって外部的な「客塵煩悩」のままにとどまり、それ以後ニューロン系のおこなう認知過程の表面にレンマ的知性の活動が直接には見出されなくなることなどが、矛盾なく説明できるようになる。

このことは、前章で明らかにした「心＝法界」の量子空間的な本質とも関係してくる。脳のニューロン組織に入ってくるレンマ的知性は、量子空間に酷似した構造の中を活動している。そのレンマ的知性がニューロン組織を通過することによって、時間性、順序構造、分類構造などを生み出しているロゴス的機構による変換を受けて、ロゴス的な知性形態への変態を起こすのである。ロゴス的機構は量子的ではなく古典的な構造をしている。そのために変換後にはレンマ的知性の量子的諸特性は、心の活動の表面にあらわれてこなくなる。

しかしニューロン系のロゴス的な機構によってそのような変換を受けても、レンマ的知性の量子的本性にはなんの変化ももたらされないのである。ロゴス的機構の働きが弱まると、変換が止まって、脳の中のまったく同じ場所でレンマ的知性としての本来の活動をあらわにする。この過程を禅仏教では、「客塵を払って心の本性をあらわす」などと表現するが、レンマ学から見ると、そういう表現の背後には、脳と中枢神経を舞台とするレンマ的知性とロゴス的知性の、化学・物理的機構を介した変換、(スペクトル的な)分解、再生の複雑な過程が実在していることになる。

「数」から数へ

レンマ的知性の働きを瞬時にしてロゴス化する、脳のニューロン系のおこなう変換過程について、もう少し詳しく見ておこう。脳のニューロン系は、多数の神経スウィッチの複合体と見ることができる。ニューロン系はひとつながりの組織ではなく、間にシナプスと呼ばれる間隙がつくられている。ニューロンの中を伝導してきた電気信号は、シナプスに達すると化学物質のコードに変換される。この化学物質がシナプス間隙を移動して、シナプス後細胞に達するがそこで「イオンチャンネル」の機構を通じてイオンの出入りを調節される。この変化によって、ふたたび電気信号へのコード変換がなされる。電気信号は台の形をしている。こうして0か1かの電位変化による信号が形成される。ニューロンとシナプスは協力して、ニューロン系を{1、0}の二元で構成されたデジタル信号が伝わっていくようにするのである。

この機構をつうじて「時間」が導入され（ニューロンとシナプスは逐次的にしかシグナル信号の伝導をおこなわない）、心の内外からの知覚情報の統辞法《シンタックス》化が自然におこなわれる。知覚情報の分類整理についても、このニューロン-シナプス系が原始的なレベルの分類作業を担当している。この仕組みを最初に考えついたのはフロイトである（「第六章フロイト的無意識」『草稿』における図式を参照のこと）。フロイトは、反復される情報は閉鎖ループに送られそこに一時的に蓄えられるので、次のニューロンには反復部分を0（核）とみなしてそこを取り除いた情報の本質部分だけが送られると考えた。こうしてループに蓄えられる情報と次のニューロンに送られる情報との原始的分類がなされたことになる。次のニューロンでも同様の過程が繰り返される。それによって、第二次、第三次……の分類が進行していく。この過程を抽象化して取り出したものが、数学でいうところの「ホモロジー（Homology）」にほかならないし、言語学における「喩的過程」や「併合」も、この神経生理過程に基礎づけられている。「法界」としての心では、このような変換過程をとおして、ロゴス的知性の活動が形成される。

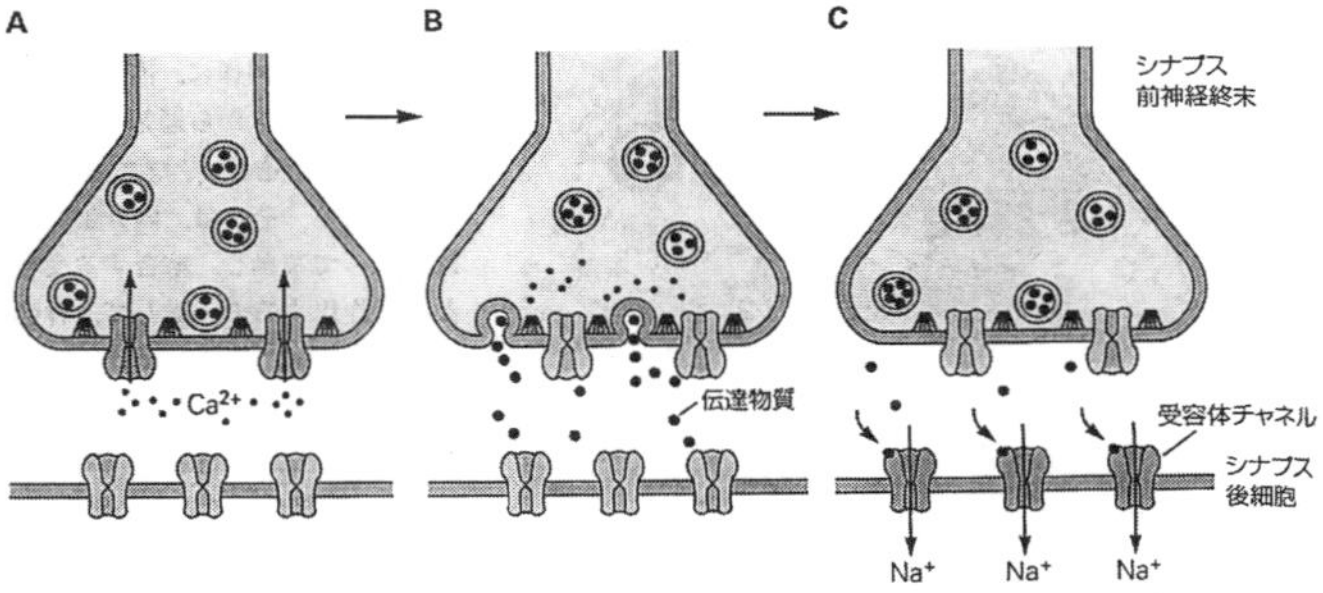

イオンチャンネル（チャネル）の開閉によって膜電位の変化が起こる。A シナプス前神経終末に達した活動電位は Ca^+ チャンネルを開かせる。B 細胞内 Ca の濃度が高くなって、神経伝達物質を放出する。C それによってイオンチャンネルが閉じられる。(『カンデル神経科学』より)

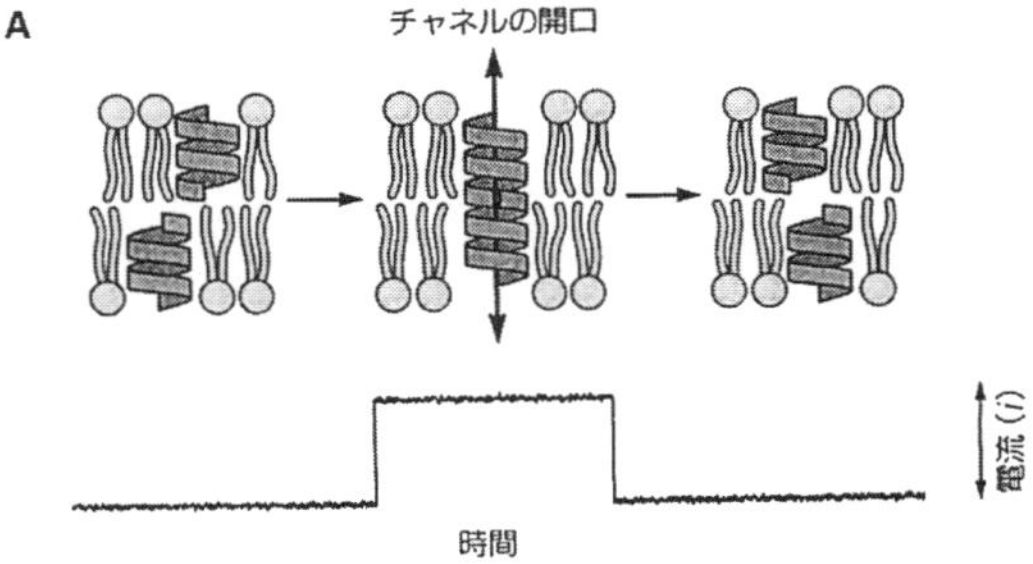

チャンネルの開閉によって膜電位の線形変化が生じる。(『カンデル神経科学』より)

しかしロゴス的知性のおおもとになっているのはレンマ的知性そのものであり、ロゴスへの変換が起こった後も、なんの変わりもなく同じ場所でレンマ的な知性活動は続いている。そのため脳と中枢神経系にはこのとき、レンマ的知性とロゴス的知性の混合体であるアーラヤ識が形成されていることになる。アーラヤ識は無明心の基体である。同時にそれは真如心そのものでもある。言語的無意識はこのアーラヤ識につくられる。

しかしAIではこれとは違う過程が起こっている。生体のニューロン系で繰り広げられているロゴス的過程は、巨大なスウィッチ網の構成体であるAIの設計のうちに、ほぼ完全に再現することが可能である。しかし脳で起こっているロゴス的知性の活動を模倣してつくられた計算機械には、はじめから「波にたいする水」に相当するレンマ的知性に関わる要素は組み込まれていないのである。そこではレンマ的知性という土壌なしに、ロゴス的知性の生んだ巨大な樹木が（根っこなしに）繁茂している。この樹木は全身いたるところにわたって時間的であり、記憶装置によって生滅的なものの生滅を防ごうとしている。その意味で、AIは人類の脳以上に巨大な記憶を持つことができるのに、アーラヤ識としての無意識を持つことができない。

ところが無意識を持つ人類の数学者が数を扱うときには、アーラヤ識に「根を下ろしている数」、すなわちレンマ的「数」の領域に触れているロゴス的数という混合的な「数」の棲息している心の領域にまで、数学的直観を伸ばしていくことになる。そのためにロゴス的知性によって完全に形式化することのできない領域にまで、人類の数学者の直観は触れるのである。

じっさい現代数学の主要な展開は、のちに詳しく見るように、おもにこの境界領域への進出によってもたらされている。

したがって、ＡＩの取り扱っている数とホモサピエンス脳を持つ人類の数学者が取り扱っている「数」とは同じものではないと、見ることができる。ＡＩは純粋な状態のロゴス的知性過程だけで、自分自身を設計し製作することができる。ところが人類の数学者はそこで言語や音楽も発生しているアーラヤ識を活用して、数について考えているからである。アーラヤ識はレンマ的知性とロゴス的知性の混合体であるから、ロゴス的知性だけを純粋に分離することができない。そもそもロゴス的知性じたいが、脳のニューロン系を介して時間化と分別化をほどこされて、瞬時にして変換された後のレンマ的知性なのである。そして二つの知性形態はアーラヤ識という無意識の中で、混じり合うことなく一体である。人類の数学者はこのアーラヤ識混合体に依りながら、ロゴス的知性を働かせている。

そのため空間的な表示にこれを切り替えてみると、人類の数学者の脳の中では、純粋なロゴス的知性の扱うべき数が、量子空間に酷似した構造を持つレンマ的「数」の棲息する空間と底の部分で接している、と考えることができる。ロゴス的な数は自身の元型＝無意識たるレンマ的な「ニュメロイド（類数）」に接触しているのだ。あるいは言い方を変えて、数学の基礎たるロゴス的数を樹木に例えれば、その根は「法界縁起」のつくりなすレンマ的空間の大地に、深くその根を下ろしている。現代数学とりわけ現代の数論は、このロゴス的数とレンマ的

「数」との境界に、ますます接近していこうとしているように、私には思われる。

境界領域の光景

ロゴス的数とレンマ的「数」の境界領域のことをもっと詳しく調べてみよう。法蔵が『華厳五教章』で示している、縁起性のレンマ的「数」は、つぎのような特徴を備えている。

(1) レンマ的「数《ニュメロイド》」はロゴス的数のような個物ではない。縁起の理法によって互いに相依相関しあっている。レンマ的知性とはこのような「数」を認識しうる直観をあらわしている。レンマ的「数」は互いに縁起し、個物として分離できない性格を持っている。それゆえ、アリストテレス的論理学の原則である、同一律、矛盾律、排中律などがなりたたない。ロゴス的実数はしばしば「点」としてあらわされているが、排中律の成立しないレンマ的「数」においては点は広がりをもっていて、互いに重なり合うことになる。さらに空間の位相について言えば、点と点が分離できるハウスドルフ位相ではなく、点が広がりを持って重なることも可能なザリスキー位相が、この「数」にはふさわしい。

(2) レンマ的「数」は有の個物ではなく、有・空の構造体として生起する。そうやって生起した有・空の構造体が、個体性を備えた「数」として、他の「数」に縁起していくのである。構造体としての「数」の底が無に開いているのでなければ、「数」が相互に縁起しあうことは起こりえない。この有・空構造によって「数」の相即相入は起こる。すなわち構造の相似によって体用の相即が起こり、空をとおして力用の相入が起こるのである。

(3) しかし縁起によって互いにつながり、相即と相入によって互いに交通しているにもかかわらず、「数」はその個体性をいささかも崩さない。レンマ的「数」には、ライプニッツの「モナド」と同じように外(実在世界)に向かって開かれた窓はない。そのかわりに「数」の底に開かれた空をとおして他の「数」と縁起している。

(4) レンマ的「数」は互いに作用しあうことによって、新しい「数」を生成している。レンマ的「数」の算法は和を作る加法ではなく積(product)を生む乗法である。この「数」をマトリックス(行列)表示に移すと、マトリックス同士の掛け算に似たやり方で、「数」の積がつくられる。それゆえレンマ的「数」のつくる数体は非可換の構造をしている。

(5) 生起の側面から見たとき、レンマ的「数」は有・空の構造体であり、その基本となるのは「1」と「0」との二つのレンマ的「数」である。これは有的な個体性を示す「1」と、空を示す「0」である。この「1」は華厳学によれば、理法界の「0」から生じて事法界の差別性を示す「1」をめざして生起する。それゆえ「1」は「0」と一体であり、そのことによって他の「1」に縁起的に繋がっている。「0」は「なにもない0」ではなく、

「すべてを生み出す0」である。レンマ的「数」のつくりなす数体の土台は、このような「1」と「0」のみで構成されている。

この「1」と「0」はAIやニューロン系の用いている1や0とは異なる、縁起性をもって生起するレンマ的「数」である。1や0はすでに存在する（有る）事法界の数であるから、それを元にAIで用いられている二進数の算術ができる。ところがレンマ的「数」である「1」や「0」は実体をもって存在する（有る）数ではないから、互いに縁起的な作用を及ぼし合う作用素の働きをするだけである。こういう数体の上で、レンマ的「数」の縁起生起が繰り広げられている。つまりレンマ的「数」の数体には「積」のみがあって、「和」が存在しない。

（6）レンマ的「数」のつくりなす数体は、古典世界ではなく量子論的な世界を記述するのにふさわしい。量子論的世界は非可換的な構造を備え、全体が相依相関しあう非局所性を最大の特徴とするが、それこそは華厳学の描き出した縁起する「数」のものでもある。華厳学は「法界」としての心の本質をこのような「数」の構造をとおして語っている。それから考えると、「法界」としての心は、量子空間と類似した構造をしていることが推測される。それはニューロン系を通過することによって瞬時にしてロゴス的知性に変換される前の「プシコイド（類心）」のなりたちをしめしている。

このようなレンマ的「数」のつくる数体の基礎をなす「1」は、ロゴス的数1の元型である。このレンマ的な元型の「1」が、脳のニューロン組織系を通過して時間系列を発生させる多数のスウィッチの開閉をくぐり抜けていくことによって、ロゴス数1に整えられていく。人類の数学者はこのロゴス数1を用いて数学をつくるのであるが、その「根っこ」の部分はレンマ的空間の中に埋もれて見えなくなっている。しかしあとで詳しく見るように、数学に新しい領域が開かれるたびに、数学者の無意識はこのレンマ的空間に触れる事になる。

そこでこれからレンマ的「1」のことを、「プシコイド」や「ニュメロイド」にならって、レンマ的な意味での「モノイド（monoid）」と呼ぶことにしよう。それは、レンマ的モノイドの圏をつくる。「mono ＝1」であるから「1・のようなもの」あるいは「1・の元型をなすもの」という意味である。レンマ的数体はこのモノイドと0だけでつくられる。モノイドは有・空構造体として自分の中に0を含んでいるから、この数体は「一元体」をなすと考えることができる。こういうモノイド同士の間に縁起が作用することによって、「数」の体系がつくられていく。

生命体の心を「一心法界」ととらえるレンマ学の立場にたつとき、合理的（ロゴス的）思考の根源に据えられている数の概念は、じっさいには脳のニューロン系の活動の表面にあらわれてくる合理的計算を可能にするロゴス的数と、時間性の介入によって変換される以前の「法界」ほんらいの活動を示すレンマ的「数」とが一体になった、混合数をなしていることがわかる。

レンマ的モノイドが脳のニューロン系を通過するたびに、それはロゴス的な数1に構造を変えていく。そのたびに、量子的なものが古典的なものに変化し、非可換的な空間が可換的な空間に変換され、全体性が消えて局所的合理性に取って代わられる。しかしそれにもかかわらず、人類の心を基礎づけている直観知であるレンマ的知性は、数の発生の現場を正しく理解する能力を失わないのである。法蔵による華厳学の探究がそのことをよく示している。しかしそうした深い探究は、ロゴス的文明圏である西欧でもおこなわれていたことを忘れてはならない。ライプニッツの「モナドロジー」がそれである。

モナドとレンマ的「数」

華厳学に展開されたレンマ的「数」の原基モノイドの概念が、ライプニッツが『モナドロジー(単子論)』において展開した「モナド (monade)」の考えととてもよく似ていることは、日本の哲学者たちによって古くから気づかれていた。しかし法蔵の華厳的数論と細かく突き合わせることによって、両者の思考構造の異同を明らかにする作業は、いままで十分におこなわれたことがない。大乗仏教の縁起思想に基づいて、レンマ的原理に土台を据えた厳密な「学」

を創造しようとしている私たちには、この突き合わせの作業がどうしても必要である。

また、ライプニッツは「モナド」の思想に関連して「無限小（les infinitésimaux）」の概念を得て、その概念を用いて微積分学を創始している。それからもわかるように、「モナド」は数論を含んだ概念なのである。この点でも華厳学の考えたレンマ的「数」と多くの類似性を持っている。モナドのつくりなす数体にはアルキメデス的な順序構造がなく、ロゴス的論理規則の多くがそこには適用できない。しかし現代の超準解析学の例が示すように、ライプニッツが考えたとおりのモナド概念を元にして、矛盾のない数学体系をつくることも可能である。その意味でモナド概念とレンマ的モノイド概念を比較しておくことは、レンマ学の構築にとってもきわめて重要な課題と思われる。

『華厳経』に説かれる縁起思想が、ライプニッツの「モナドロジー」の思想に類似していることは、古くから指摘されてきた。じっさい『華厳経』には縁起による相互関連の比喩の一つとして、「インドラの網」について説いているが、その説明は相互映発によって情報を伝え合う、ライプニッツのモナドのそれに酷似している。またモナドロジーにおいても「縁起」や「生起」に当たる概念に根本的な重要性が与えられ、「表象」の概念によってモナドに起こる変化を説明しようとしている。この表象という概念は華厳学で言う相即相入に相当している。華厳学では相即によって構造体の重ね合わせが可能になり、相入によって力用の出し入れがおこなわれ、それによってモノイドに変化が生じると説かれている。

ライプニッツはモナドを、「原始的な一者である根源的単純実体」としての神によって不断に創造される、個体性をそなえた単純実体であると定義している。一である神が多であるモナドを自らのうちに創造するのであるから、多数のモナドの間にはあらかじめ予定調和を生み出す連絡網が実現されている、と考えることができる。モナドは個体性を維持しながら、他のモナドと交通しあい、その交通は瞬間的に全体に及んでいく。そのため、部分と全体は一体になって調和のとれた運動変化をおこなうことができる。「神による創造」という一点を除けば、これは一即多、多即一の華厳的「法界」と、基本的に同じ考えである。

さらにライプニッツのモナドを、生起と縁起の二側面からとらえることもできる。まず個体と個体のつながりをあらわす縁起の面で、モナドロジーの宇宙はつぎのような性質を持つようにできている。

したがってすべての物体は宇宙の中に起こるすべてのことの影響を感ずるから、すべてを見る者はあらゆる処で今起こっていることばかりでなく、今まで起こったことやこれから起こることまでも各の物体の中に読み取ることができ、時間的にも空間的にも遠く隔たっていることを現在の中に認めるのである。「万物同気」とヒポクラテスは言った。(『単子論』六一)

こういうわけで創造された単子はそれぞれ全宇宙を表現してはいるが、特にその単子の用にあてられていて、その単子を自分のエンテレケイアとしている物体をことさら判明に表現する。そうしてこの物体は「あらゆる物質が充実空間の中で結合していること」によって宇宙全体を表出しているものであるから、精神は「特に自分に属している物体を表現すること」によって同時に宇宙全体を表現する。（同前掲書、六二）

ただしモナドには外に向かって開かれた窓がないので、自ら鏡となって他のモナドの姿を無限に相互映発することによって、重々無尽につながりあうのである。したがってライプニッツの縁起論的法界においても、あらゆる事物は個体性を損なわれることのないまま、時間と空間のあらゆる線形的秩序を超えて、無限の広がりの中で自由な交通をおこなっている。

個体性の立ち上がりである「生起」に関して、『モナドロジー』はつぎのようなきわめて興味深い記述をおこなう。

そこで、神だけが原始的な一即ち根源的単純実体であり、すべて創造された即ち派生的な単子はその生産物としていわば神性の不断な電光放射によって刻々そこから生まれてくるものである。しかもこの創造された単子は、本質上有限な創造物の受容性のために制限を受けている。（同前掲書、四七）

ここで「電光放射（les fulgurations）」と言われているのは「突然の放出」を意味する言葉である。ライプニッツはここで「創造（la création）」と言ってしまうと神とモナドを引き離しすぎ、かと言って「流出（l'émanation）」と書いてしまうと、神とモナドを一体化してしまうきらいがあるので、それを避けるために互いの間に「無限小（les infinitésimaux）」の程度の距離を入れる、中間的な「電光放射」の言葉を使ったといわれている。

モナドの生起にあたって、ライプニッツは無限小の概念を導入する。無限小は個体性をあらわす1でもないし（もしそうなら神とモナドが離れすぎてしまう）、距離0でもない（この場合は神とモナドが一体化してしまう）。1でもなく0でもない、その間にある無限小の距離を維持しながら、モナドは刻々と電光放射の様式で一者からの生起を果たしていく。

以上のことからもわかるように、ライプニッツのモナドと華厳的モノイドは多くの共通点をもちながらも、一点において重大な違いがある。モナドは相互映発することによって互いの映像を自分の上に映し出すことで変化を生み出すが、華厳的モノイドのように相即相入によって構造（体用）を重ねたり、力用の出し入れをおこなうことによって、作用素としての働きをしたりしない（この点では「インドラの網」の比喩は、華厳的モノイドの活動の一面しかとらえていないことになる）。つまりはモナドロジーでは、原理的にモナド同士の積が自然な形では生まれないようになっている。ところが、華厳的モノイドは互いに作用しあうことで、新しい積（新しい状態）をたえまなく生み出している。

ライプニッツがモナドに相互映発によって交通するという根源的な性質を与えたのは、「原始的な一者である根源的単純実体」である神の生み出すモナドが、単純実体にふさわしく、同一律、矛盾律、排中律というロゴス的知性のしたがうべき根本規則から外れてしまうことを認めなかったからであろう。モナドが他のモナドと相即相入してたえず新しい「積」の状態を作り出しているとなると、ロゴス的論理規則とりわけ排中律を維持できなくなってしまうからである。ところが縁起の理法にしたがっているレンマ的なモノイドの圏では、はじめから排中律は取り除かれている。そのためにレンマ的なモノイドは、モナドと根本的に異なる交通様式で、他のモノイドと相互連関しあうことになる。

このことは大きな広がりをもった問題を提起する。チョムスキーをはじめとする多くの言語学者や考古学者は、人類の心に数の概念と数による計算が発生するのと、言語の深層構造が形成されるのとは、同時に起こった可能性が高いと考えている。言語の深層構造が形成されるためには、人類の心に「併合（Merge）」の能力が生まれている必要がある。広い意味での「重ね合わせ」の能力である。レンマ学ではこの重ね合わせの能力が、心＝法界に内蔵された相即相入の能力と深い関係があることを示してきた。言語にこの能力が生まれるのと同時に、同じ「相即相入＝併合」の機構をとおしてレンマ的なモノイドが生まれる可能性が発生する。つまり言語能力の元型と数演算の元型は、心＝法界のまったく同じ仕組みから発生することになる。

このように、ライプニッツ的モナドは言語の深層構造を生み出さないが、相即相入によって作用しあう華厳的モノイドは、数といっしょに言語の深層構造を生み出すことができるのである。これについては次章で詳しくお話ししよう。

さて私たちはこれまでに、レンマ的本性を備えた華厳的モノイドのふるまいが、量子のふるまいと原理的に同じであることを見てきた。レンマ的なモノイドは非可換、非局所性を備えた量子空間に、自然におさまることができる。しかしライプニッツ的モナドにそれは難しい。モナドの概念からは自然なかたちで量子空間に特有な非可換構造が出てこないからである。このモナドの生起面に関係する無限小の概念を土台として微積分学は創造されている。こう考えてみると、微積分学がこれまで量子論の計算に適用されて、驚異的な成功をおさめてきたこと自体が、なにか不思議なことのように思えてくる。微積分学と量子論の間にはまだよく理解されていない根本的な齟齬《そご》があるのではないだろうか。そしてその齟齬の萌芽は、ライプニッツ的モナドロジーの思想とそこから生まれた微積分学にすでに懐胎されていたのではないか。

こんにちこういう考えによく似た認識を抱いている数学者たちがいる。その一人である大森英樹とその協力者が『量子的な微分・積分』という本の中でこう書いている。

数学として完成されたものの前にひれ伏してお線香を炊いてあがめるだけの姿勢をあらためて完全にユーザーの立場に立ってこれを眺め直すならば我々の立場も理解してもらえ

ると思われる。そして、我々が述べたいのは、この立場から見るとき、微積分学はまだまだ謎を秘めた不可思議なものに見えるということなのである。そして、それは量子論の謎にも直結しているのだという驚くべきことなのである……我々は（我々だけかもしれないが）量子論的世界がどのようなものであるのか知らないのである。それについては数学的にはまだ何も発言できる時期になっていないと考えている……つまり、ガウスの曲面論は量子論の中には存在していないのである。こういうものが未完成のままで一般相対論の量子化だけができあがるというのは信じ難いのである。

物理が、場の理論であれ何であれ、微積分の代数を道具として使っている限り我々がこの本で取り上げた「奇妙な事柄」からは離れられないのである。しかも、少しひいきめに拡大解釈すると、問題にしている「奇妙な事柄」はすべて時間の一方向性に結びつくものである。（大森英樹・前田吉昭『量子的な微分・積分』）

「「奇妙な事柄」はすべて時間の一方向性に結びつくものである」。レンマ学の立場に立つとき、この言葉はレンマ的知性への時間性の侵入の事実と関連する意味を持っている。ライプニッツのモナドロジーとその思想に依拠する微積分学は、原理的に、量子空間のなりたちに適合しない要素をはらんでいる。無限小にすでに一方向的な時間が関与し、モナドロジーからは量子空間に備わっているはずの非可換性などの性質が、自然なかたちでは導出できないからである。モナドロジーと華厳学は多くの共通点を持ちながら、量子レベルの問題に関しては無視できない違いをあらわにする。相互鏡映か相即相入かの原理上の差異が、いずれ現実世界において大きな差異を生み出すのである。

科学的思考の道具としておおいに重宝されている数学には、まだまだ多くの謎が秘められている。その謎は根源的に心／脳の仕組みに根ざしている。微積分学のような成功した道具といえども例外ではない。量子論的な数論に基づく微積分学が生まれなければならない。レンマ的「数」と量子空間はよく似た構造をしている。それゆえこの未知の微積分学は、レンマ的「数」とロゴス的数の境界領域につくられる新しい数論の上に築かれることになる。そのとき現代科学と大乗仏教との真の出会いが実現されることになる。

リーマン予想のレンマ学的解釈

大乗仏教はその境界領域に深い関心を寄せてきたが、現代科学もまたその境界領域に近づきつつある。レンマ学の存在理由がそこにある。じっさい現代の数論は、「リーマン予想」の探究などを通じて、ロゴス的数とレンマ的「数」との境界領域に接近しようとしているからであ

ζ関数の基本形

$$\zeta(s) = \frac{1}{1^s} + \frac{1}{2^s} + \frac{1}{3^s} + \cdots + \frac{1}{n^s} + \cdots\cdots$$

$$\zeta(s) = \sum_{n=1}^{\infty} n^{-s} = \prod_{p:\text{素数}} (1 - p^{-s})^{-1}$$

自然数の和が素数の積で表される。

る。もともと数論にはレンマ学的な性質が内蔵されている。数論が数の相互依存関係を主題とする学問だからである。数論では、ある数の存在が他の数に依存（相依相関）している様子を細かく調べ上げられる。そういう数の探究の行く手に、縁起によって生起するレンマ的「数」の世界が、数学者のレンマ的無意識を介して現実世界にあらわれてくることになる。

「リーマン予想」の探究をとおして、人類はζ《ゼータ》関数の深遠な世界に深く踏み込んでいった。ゼータ関数は数論の巨匠オイラー（一七〇七―一七八三）によってはじめて明かされた数の示す有力なる縁起的連関である。

ゼータ関数では、自然数全体にわたる和（逆数の和）をつくっていくと、それが素数全体にわたる積になっていく。自然数の中には素数ばかりでなく合成数も含まれているが、それが分解されて素数だけの積に変わっていくのである。この関数はさまざまな場面に登場してきて、まるで「数論とはゼータ関数のこと」のような様相を呈している。

リーマンは一八五九年に一般化されたゼータ関数ζ（s）について、つぎのような予想を立てた。「ζ（s）が0となる複素数（零点と呼ぶ）は実数部が½という一直線上に乗っている」。この予想を証明するために多大な努力が払われたが、二十世紀後半になるとこの問題が数学という学の根幹に関わる大問題であることが、はっきりと認識されるようになった。どうやらこの問題を掘り下げていくと、これまで考えられてきた数というものの臨界点が剝き出しになってくるらしい。その臨界点で数は、非可換空間や量子空間などに共通するいままでの数論では考えられてこなかったものに接触するのである。「リーマン予想」が難解なのは、それがロゴス的知性のおこなう数学という行為の限界点に触れているからである。数やその数がつくる数体というものの根源にまで掘り下げていかないと、問題の本質にたどり着かない。

この難問を解決するために、「絶対数学」が開発されてきた。あれやこれやの数体（相対的数体）ではなく、モノイドだけでつくられる「一元体」の上に構築された数の体系を用いて、この難問に挑もうというのである。「絶対数学」の開拓者の一人である黒川信重は、それについて図を掲げて、わかりやすい説明をおこなってくれている。

ゼータ関数の研究によって、数というものの根源の姿があきらかにされつつある。これまで数学が扱ってきたのは、この根源的な数の「地上に現れた」部分、すなわちロゴス的知性の扱うことのできる部分にすぎなかったが、その数には「地面の中」に隠された部分があり、数学の根底をなすとも思われる数のこの部分を理解するために、モノイドに基づく「一元体」の数

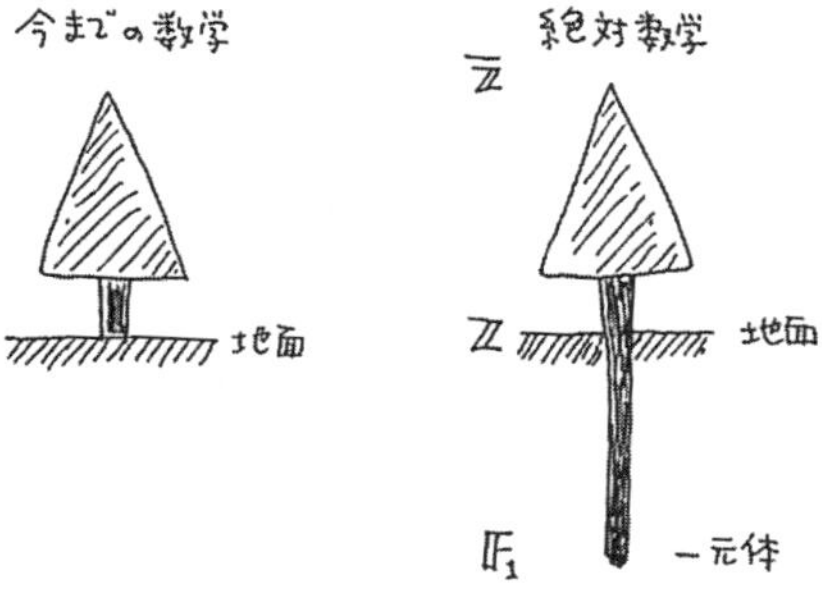

黒川信重・小山信也『絶対数学』より

体が必要になってくると考えられている。

レンマ学の立場からは、「絶対数学」の試みはつぎのように理解される。ロゴス的数にはその元型にあたるレンマ的「数」が存在している。レンマ的「数」は空（0）から生起する。それゆえ「数」の基本はレンマ的な有・空の構造体である「レンマ的モノイド」と考えられる。このレンマ的なモノイドをロゴス面からみると、数学の思考対象であるモノイドにほかならない。二つのモノイドは表裏一体の関係にある。「絶対数学」はこのモノイドをロゴス面から眺めている。これにたいしてレンマ学はモノイドをレンマ面から見る。ロゴス面からレンマ面への「接続」はいかにして可能か。これはたんに数学上の問題であることを超えて、人類の知性の最深部に起こっていることに関わる難問である。

このためにゼータ関数の研究は、数なるもののレンマ的無意識に相当するレンマ的「数」の世界に触れることになる。この世界では、あらゆる事物が縁起の理法によって相依相関しあって、全体即部分、一即多の全体運動をおこなう。数学という学問も、そのような「法界」の一部に起こる出来事なのである。それゆえ、数にも数学にも、事法界、理法界、理事無碍法界、事々無碍法界のそれぞれの様態があって、それらが織り合わさって「法界」の事象をつくりなしていることになる。

ゼータ関数の研究から発した「絶対数学」の試みは、いずれ数学の世界全体のなりたちを変えていく可能性を秘めている。それによって人類の数学が、知性のロゴス面とレンマ面の境界を舞台としておこなわれる、無意識を巻き込んだ思考の行為であることの意味が、明確に理解されるようになるであろう。そのときには、法蔵の華厳的数論の試みなどが新しい意味づけを得てよみがえるにちがいない。

岡潔の数学思想のレンマ学的本質

レンマ学としての数学は、数のロゴス面ばかりではなく、その元型をなす数のレンマ面の性質をも探究するものとなろう。すなわち法界縁起する数の全活動領域が研究対象となる。意識はそのうちのロゴス面にあらわれた知性活動（ロゴス的知性）だけを認識するから、そこに形成される数学はロゴス的な数学である。人類の脳ではニューロン系がロゴス的活動に最適な仕組みを提供しているので、いきおい数学はロゴス的知性の独壇場かと思える。しかしあらゆる数が見えない地下に根を下ろしているように、数学的思考もロゴス的知性と一体になって働いているレンマ的知性という見えない地下に、深々と根を下ろしているのである。

このことに気づいている人々はたくさんいた。数学者のジャック・アダマール（一八六五―一九六三）は数学的発見に無意識が大きな働きをしていることをあきらかにした（アダマール『数学における発明の心理』一九四五年）。彼はポアンカレ（一八五四―一九一二）がパリの心理学会でおこなった有名な講演に触発されて、この研究を始めた。この講演の中でポアンカレは自分自身に訪れた発見の体験に基づいて、数学と無意識のつながりについて語っている。

ポアンカレはフックス関数の研究で最初の名声を得たと言われる。その発見の経緯はこの講演によって有名になった。

ちょうどその折、私はカーンを離れた。私はそこに住んでいたが、鉱業学校後援の地質見学旅行に出かけたのである。旅行中のいろいろな出来事にまぎれて、私は数学の仕事を忘れていた。私たちはクータンスに着いてから、あちこちに行くために乗合馬車に乗った。ステップに足をかけたとたん、私に着想が浮かんだ。その着想に至る道をつけるためにあらかじめ何かを考えていたということはない。私がフックス関数を定義するときに用いた変換が非ユークリッド幾何学の変換と同等であるという考えが浮かんだ。私はその考えを検証しなかった。したくても時間がなかった。というのは馬車の中に腰をかけて、すでに始まっていた会話に加わったから。しかし私は、それが完全に確実であると感じていた。

（アダマール『数学における発明の心理』）

ポアンカレがこの講演の中で語っている他の実例を見ても、重要な発見の多くはぎりぎりと理を立てて考え抜いている最中ではなく、このように思いもかけないきっかけで突然アイディアが浮かんできて、それが大きな発見につながったというケースが多く語られている。意識に引き出される以前に、数学者は無意識のうちに発見すべき思想の全貌をすでにつかんでいる。それを意識的に引き出そうとしてもなかなか出てこないが、息抜きしたり夢を見て起き上がる瞬間などに、突如としてそれが浮かんでくる。

しかしアダマールが数学と無意識のつながりを示すものとして取り上げている事例の多くは、レンマ学の視点からは少しばかり掘削が浅いと言わざるをえない。それらの事例は、数学者の前意識にすでに形をなしていた思考が、なにかの出来事をきっかけとして意識に躍り出てくる様子を描いている。しかし数学的思考そのものは、オイラーやラマヌジャン（一八八七―一九二〇）の例を見てもわかるように、もっと深いレベルにある真の無意識から生起している。アーラヤ識をつくりなすレンマ的知性とロゴス的知性の境界に、数と数をめぐる思考は発生するのである。数学における発明の真の出現場所は、この境界にこそ求めなければならない。

このことを明確に語ることのできた数少ない数学者が岡潔《おかきよし》（一九〇一―一九七八）である。岡は数学も含めた人間の思考が、「法界」の狭い領域に起こる事象であることを強調する。

> 禅と数学とは、本質は同じだと思われるのであるが、表現法は全く違っている。もし結果を科学的にしようと思うのならば、数学の表現法のようなものを使わなければ困るであろう……社会は一番狭く、自然界はそれより広く、法界は一番広い。人の心は狭い所に閉じこめられてしまっている。だから広い所の「もの」に心を集めることはなかなかできないのである。
>
> 社会心が一番狭く、自然界心はそれより広く、法界心が一番広い。法界心の底は、すべての人の心が一つづきに続いてしまっているといわれている。釈尊はこういう意味のことをいっている。自然界の法界にあること、なお大海に一漚《いちおう》の浮べるが如し。それくらい広さが違うのである。
>
> 法界は、一即一切、一切即一の世界だから、その一法に関心を集め続けておれば、心は全法界に拡がっていることになる。（「情緒とは何か」『数学する人生』）

数学は禅と同じように心＝法界を動かす理法について語るもので、その理法について科学的に語るやり方である、と岡潔は考えている。その「法界」は事法界、理法界、理事無碍法界、事々無碍法界といくつもの様態を示す。数学とはこのうちの理事無碍法界の様態によって仕事をする。数学的言語（記号）は理事無碍法界の様態の科学的表現にほかならない。つまりはレンマ的知性とロゴス的知性の結合体である数学的言語を道具として、境界の「地形」を探り、しだいに境界の向こうに広がる事々無碍法界の様子を探ろうとする。それゆえ、数学は岡潔の考えたように、科学的表現をとる禅であり華厳学なのである。

岡潔はそういう科学の発明の生まれるところを「情緒」と言っている。この情緒という言葉で、岡は「自他弁別本能」を捨て去った知性の状態のことをいわんとしている。「情緒は知、情、意および感覚の広義の情の全面に汎る……人とはその人の過去のすべてである。人は時の諸内容をエキス化して一所に貯える。これが情緒である。このときたびたびいったように不純物がとれる……知、情、意、感覚、いずれも自他弁別本能のどろどろしたものがとれていって、平等性智の冴やけき存在が、だんだん現われてくるのである」

岡潔のいう「情緒」は分別心から生じる「どろどろしたもの」が脱落していったところにあらわれる、ロゴス的知性とレンマ的知性の調和をさしている。これは「法界」そのもののことにほかならず、ロゴス的知性の「根」はそのときレンマ的空間に深々と嵌入している。岡潔が考えたように（そしてレンマ学が考えるように）、数学と大乗仏教とが同じ本質を持つものであるならば、いずれ数学も含めホモサピエンス脳によるすべての学は、レンマ的知性という

「絶対」の土台に基礎づけられるものとなっていくであろう。

こうした認識がほんとうの重要性を帯びてくるのは、人工知能の能力が人類のロゴス的能力を凌駕するにいたると言われている「シンギュラリティ(技術的特異点)」以後の世界においてである。シンギュラリティ以後の世界でも、人類の数学者はそのホモサピエンス脳によって活発な思考を続けているであろう。彼らの思考はそのころになると、数学のこれまでは見えなかった数の「根」の部分に確実に触れているだろうが、その部分を探究するには岡潔のいう「情緒」を含んだ知性、レンマ学のいうところのアーラヤ識の一翼をなすレンマ的知性の活動が必要である。

それゆえシンギュラリティという事態は、数学と言語の根源に関わるこのような問題の本質を変えることはない。こと本質に関するかぎり、シンギュラリティは雇用形態や社会の仕組みは変えるだろうが、ホモサピエンス脳によって思考する人類の本質を変えてしまうまでには、ついにいたらないのである。

ハイデッガーの存在論的数論

レンマ的数論の描き出す「数」は、ハイデッガー(一八八九—一九七六)によって語られた存在論的な「数ならぬ数」と多くの共通点を持つ。ハイデッガーはレンマ学の言うロゴス的数を、計算の道具としての数である「計算的数」と呼ぶ。存在事物（心＝法界の事法界的な様態に対応している）を計算的思考によって操作し取り扱うときに、この思考に適した道具としてつくりだされてきたのが、この計算的数である。この計算的数によっては、存在事物の算定は可能であっても、存在そのものの理解は不可能である。

この計算的数を用いて遂行される計算というものについて、ハイデッガーはこう語るのである。

あらゆる計算は、算えうるものを、それの次の算定に使うために、算えられたものに変えてしまう。計算は算えうるもの以外には何もとりあげない。各々のものは計算で算えるものに過ぎない。その都度算えられたものは算定の進行を確実にする。かかる算定は、常に益々多く数を使用し、そして自らは継続的自己消耗である。（ハイデッガー『形而上学とは何か』）

ここに語られていることは、集合論による数の定義にほかならない。数は「存在事物」に繰り込まれたゼロ（φ）を出発点として、つぎつぎと「つぎの数」を継起的につくりだしていき、この操作は際限なく続けていくことができる。どの数も「つぎの数」の内部に包摂され、いわばそこに「呑み込まれ」自己消耗させられることによって、数の系列を無限に産出していく。計算のプロセスは存在事物としての数を自己消耗しながら進行していくので、「計算の消耗的本質は、計算の所産の背後にかくれることができ、また計算する思考に生産性の仮象を附与することができるのである」。

このような計算する思考は、論理にしたがって厳密に進行し総計を導き出すので、日常生活でも科学研究においてももっとも確実な思考法とみなされがちである。しかしこの計算する思考はひとつの重大なことに気づいていない。

その思考は、計算においてすべて算定しうるものが、常に計算によって計算された総計と積との以前に、既に一の全体であることに気づかない。ところがその一全体は、いうまでもなく計算し得ないものに属し、且つそれ自体及びそれの神秘さは、計算によって把握し得ないものである。けれども如何なる場合にも常に始めから計算による考量に対しては、閉ざされているところのものであり、しかも人間にはいつでも常に謎のような不識性(unkenntlichkeit)において各々の存在事物――それを以って人間が身のまわりを整えたり計画をしたりするところの存在事物――よりも一そう近くにあるところのものが、人間の本質を折にふれては或る思考へと気分づけることができるのであるが、その思考の真理は如何なる「論理学」も把捉することのできないものである。

ハイデッガーはここで「いかなる論理学も把捉できない」性質を持つレンマ的知性の空間、すなわちレンマ学の言う「法界」について語っているのである。この空間はそれ自体が「一の全体」をなし、ロゴス的知性の「強制」のもとに作動する計算による考量では把握することができない。それはまずロゴス的数の本質からして、「一の全体」を把握することはできない。ロゴス的数は存在事物として全体から切り離されているために、縁起性を表現することができないからである。またロゴス的数の本質である「消耗的本質」によって、「一の全体」へたどり着くことができない。計算はこのようなロゴス的数の論理的結合として進行する。そのために計算的思考による科学は厳密で生産的な性格を帯びるのであるが、じつはそのことによって計算する思考は、ついに縁起的全体を把握できないのである。

しかしここに、ハイデッガー哲学とレンマ学の根本的な相違点がはっきりとあらわれてくる。ハイデッガーはこの「計算しえない全体」を、「謎のような不識性」のうちに閉じ込めてしまう。ところがレンマ学はロゴス的知性によっては「計算しえない全体」を、ロゴス的知性とは異質の、むしろロゴス的知性の「元型」たるレンマ的知性によって思考しようとするのである。『華厳五教章』において法蔵が試みたように、ロゴス的数の「元型」であるレンマ的「数」は、通常の計算論理によっては計算することができないが、「数」の間に働く相依相関する縁起関係によって、たがいに作用しあい、その作用の結果を正確に導き出しながら、「法界」としての全体運動をおこなっていく。レンマ学は、「一なる全体」である「法界」はロゴス的知性によっては「計算しえない全体」でありながらも、それを「謎のような不識性」のうちに閉ざしてしまうことをしない。それによって、ロゴス的な科学とその科学を超越したものとの間に確実な橋を渡そうとするのが、レンマ学の企てである。

第十一章

レンマ派言語論

デカルト派言語学

言語は人間の心／脳に内蔵されている生得的能力である、というのが生成文法の基本的な考えであるが、レンマ学はそこで言われている心／脳というのを、レンマ的知性とロゴス的知性の合成体（合成識）と認識して、独自の言語学を構築するのである。

この合成体のセットされてある場所を、大乗仏教では心＝法界の一部をなす「アーラヤ識」と呼んでいる。言語はアーラヤ識に内蔵されている生得的能力であり、それがロゴス的知性とレンマ的知性の合成識であるが故に、人間の言語に特有な諸現象はあらわれる。これがレンマ派言語学の基本的な立脚点である。

このレンマ派言語学は、チョムスキーのいわゆる「デカルト派言語学」と相補的な関係にある。言語は世界を分別するための機能である。そのため言語の中心機能はロゴス的知性を基軸にして構成されている。デカルト派言語学は主にこの面から言語を研究する。これに対してレンマ派言語学は、同じ言語能力をロゴス的知性の裏面（あるいは本体）であるレンマ的知性の面から研究するのである。

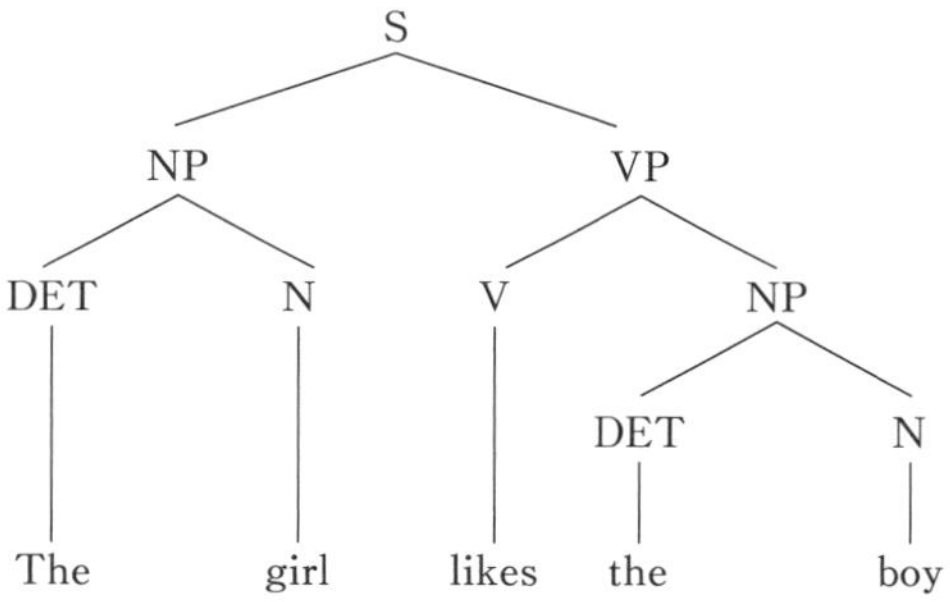

ロゴス的知性は「事物を時間軸にそって並べること」によって、心的秩序をつくりだす。それゆえ言語は、語彙素、意味素を統辞構造にしたがって「並べる」ことでなりたっている。心／脳にセットされているこの深層構造は、発話されることで表層構造にあらわれる。そのさいにも時間軸が決定的な役割を果たす。発話は話頭から終結部にいたる時間の線形性の中でしか、実現されないからである。

デカルト派言語学の現代版である生成文法理論は、言語のこのロゴス的統辞面に焦点を合わせる。分別知のもとは文であるが、この文の構成原理をあきらかにしようというのである。文は単語の連なりでできているが、その連なりには規則が働いていて、たんにネックレスの玉のように時間軸という紐に連ねられているのではない。そこで「The girl likes the boy.」という文は、上図のような階層構造を持った句構造に分解される（S：始発記号、NP：名詞句、VP：動詞句、DET：決定詞、N：名詞、V：動詞をあらわす）。

この句構造への分解は、言語が時間軸にそって展開するという事実に対応している。言語の時間性は表面的事実であるだけではない。深層構造において抽象的な範疇の秩序として「並べられて」いるときも、句構造はすでに時間性によって規制されている。それが表層構造の音声としてあらわれてくるとき、時間軸にそって発声されるのでなければ、人間の言語は成り立ちえない。

つぎの文の右端の名詞句NPに新しい前置詞句PPを付加すると、「I broke the toy」→「I broke the toy in the box」(PP：in the box を付加)→「I broke the toy in the box under the table」(PP：under the table をさらに付加)のような文を次々と生成していくことができる。これを繰り返すと無限の文を生み出すことができる。この繰り返し規則が言語の創造性を表現している、とチョムスキーは考える。

無限の文を創造しうるこの繰り返し規則は、無限の数を生み出すことができる「数え上げ」の規則を連想させる。じっさいフォン・ノイマン(一九〇三―一九五七)によれば0=φ, 1=｛φ｝, 2=｛φ,｛φ｝｝, 3=｛φ,｛φ｝,｛φ,｛φ｝｝｝……のような操作を際限なく繰り返すことによって、いくらでも大きい数を創造することができるのである。この「数え上げ」操作は、PPの付加を繰り返すことで無限に大きい文を作ることのできる言語の能力と、著しい共通性を示す。

現代の考古学者の中には、ホモサピエンスの心／脳に言語能力と数を数え上げる能力が同時に発生したという可能性を示唆している人たちが多くいるが、この事態を華厳学的に表現すれば、事法界に理法界が貫入して理事無碍法界の様態が心＝法界に形成される過程に対応している。事法界のみでは語彙目録に統辞法的な秩序を与えることはできない。また数を次々と数え上げていくこともできない。世界の差別相をとらえる事法界に、平等一如の理法界が働きかけなければ、言語も数も生まれることができない。このことから判断すると、心/脳に理事無碍法界の様態が発生できるようになったときはじめて、言語をしゃべり数を数える能力を持ったホモサピエンスが出現したということになる。

ここからしてすでに、言語能力の内部では、レンマ的知性が言語に内蔵されたロゴス的知性に強い働きかけをおこなっているのが見えるのである。人間の言語は発声可能な自然音の中から少数の音を選び出し、他の音との対立関係の網目を形成することによって、音韻の体系をつくりだしている。各言語によって選び出される言語音は異なるが、それらを相互に対立させ体系をつくりあげる操作には、著しい共通性がある。

音韻の体系には強力な全体規制が働いている。その一部分をなす音韻に変化が生じると、その変化はたちまち全体に波及していくことになる。こうしてゆっくりとではあるが、言語は音韻のレベルで変化をとげていく。構造主義の音韻学が示してきたことは、言語能力の内部で、相依相関しながら全体を運動させていくレンマ的知性が、強い作用を及ぼしているという事実である。

言語音は言語の表現面に属していて、意味範疇の関わる内容面からはほんらい独立している。そして言語音は「響き《レゾナンス》」でもあるので、表現面での全体性は響きによって統一されているとも言える。この統一性は日常言語ではそれほど強く意識されないが、詩的言語では響きの効果が前面にあらわれてくる。頭韻や脚韻を踏むことによって、その効果を目立たせることもおこなわれる。言語の下部構造とも言える言語音のレベルに強い働きをおこなって、全体性を生み出しているのは、まちがいなくレンマ的知性の働きである。詩的言語におけるレンマ的知性の強力な働きについては、のちに詳しく論じられる。

文の基本構造を決定している規則の内部にも、レンマ的知性の働きをはっきり認めることができる。人間の言語能力は、いくらでも長い文を自由につくることを可能にするが、文の内部には同時にいくつもの規則による拘束が働いている。それによって文法的な文と非文法的な文を、人間は無意識のうちに即座に判断できるようになっている。文の規則は文法的な文を集合の中に囲い込み、そうでない文を排除する。こういう判断のすべてを、無意識が瞬時におこなっている。

このとき瞬時の判断をおこなっている無意識は、レンマ的な知性活動を行使している。文の全体性と体系性が保たれるように、無意識の知性が各部分の語彙の配置を調整しているのである。このとき無意識の知性は小さなマトリックスの働きをしていると言える。この小マトリックスの全体運動が統辞論的な句構造をそのつど決めていくことによって、文法的に正しい文が生成されていく。したがって生成文法の深層においても、レンマ的知性は決定的な働きをおこなっている。

これを別な見方からすると、「数え上げ」と同じ手法によって文を無限に創造できる一方で、言語能力の一翼をレンマ的知性が担っていることによって、自分の内側に閉じていくのだとも言える。文の創造にはこのように自由と拘束が共存しているのである。ロゴス的知性（分別知）が無限の「数え上げ」や文創造を可能にする自由をもたらすのに対して、各部分の相依相関によって全体と部分の一致をもたらすレンマ的知性（無分別知）は、体系性からの拘束を受け持つことになる。

言語を主にそのロゴス面から観察する生成文法が文を無限に創造できる言語能力に注目してきたのに対して、言語を主にそのレンマ面から研究するソシュール的構造主義は、言語の体系性や全体性の方に着目してきた。アーラヤ識に内蔵された言語能力は、ロゴス的知性とレンマ的知性の合成体である。それゆえ、現代言語学にあらわれたこの二つの有力な学派の主張するところは、そのまま言語の二重の本性に対応しているといえる。

言語の内部の直交補構造

「言語はロゴスである」。西欧のロゴス中心主義を支えるこの格率は、それゆえつぎのように修正されなければならない。「言語はロゴスである。しかしそのロゴスはじっさいにはロゴス的知性（分別知）とレンマ的知性（無分別知）の合成体であり、それゆえロゴス中心主義は不可能である」。言語がアーラヤ識にセットされた理事無碍法界に生ずる知性能力であることを出発点にすれば、このことは容易に認められる。古今の言語学者たちの中にもそのことに気づいている人たちがいた。彼らは言語がその内部に異なる二つの機能ないし軸を含んでいることを察知していた。ソシュール（一八五七―一九一三）による言語の「通時態」と「共時態」への分解などは、そのような認識のうちのもっとも卓越したものであろう。

通時態は時間軸にそった言語の展開に対応している。語彙項目を連ねて連鎖させていく。それを時間の過程に委ねていく。イエルムスレウ（一八九九―一九六五）はこれを「連辞（シンタグム）の軸」と呼んでいる。この通時態の軸に共時態の軸が直交している。共時態の軸に属するのは無時間的な語彙素の体系である。ここには同一のマトリックスに属する語彙項目がいくつも収納されている。発話がおこなわれるたびに、このマトリックスから適切な語彙項目が選び出されて、連辞軸（通時態）に運ばれそこで時間的配列に供されていく。イエルムスレウはこれを「範列（パラディグム）の軸」と呼んだ。時間性をもったシンタグム軸と時間性をもたないパラディグム軸は重なったところを持たないし、射影しても互いに影もつくらないが、そのかわりに広がりを持たない「点」で交わっている。二つの軸は「直交」しているのである。このような関係にある二つの空間は、互いに「直交補構造 orthocomplemental structure」をなしていると言われる。

直交補構造は非可換性・非局所性を特徴とする量子の世界の「論理」を表現する「量子論理」でしばしば用いられている構造である。それと同じ構造が言語にも潜在していることを、ソシュールは突き止めていたと考えてよい。しかしソシュールによるこの図式は、レンマ派言語学にとっては別の意味で重要である。レンマ派言語学の考えでは、言語を産出するアーラヤ識の内部構造は、ロゴス的知性とレンマ的知性との合成体をなしているが、その二つの知性形態はじつは直交補構造をなしているということが、そこには示唆されている。

通時態は時間性を含むためロゴス的知性に属する。これに対して無時間的なマトリックスである共時態はあきらかにレンマ的知性に属している。ロゴス的知性はそのために（直交しているが故に）レンマ的知性の存在を知ることがない。しかし二つの知性はいたるところの直交点で交わり、相互に影響を及ぼしあっている。この構造を図（次頁）のように図示してみることもできる（バーコフ『束論』など）。

ロゴス面上で働く知性は、真（1であらわす）か偽（0であらわす）かの判断をおこなうことができる。これはロゴス的知性の働きが脳と中枢神経系をとおして発現するという生物学的な事実に対応している。0－1の極性はニューロンでおこなわれているデジタルな物理・化学過程にうまく対応しており、それを利用して脳＝中枢神経系ではさまざまな計算がおこなわれる。これに対してレンマ軸上の知性では縁起論的な別種の演算がなされている。その演算をあえて「ロジック」で表現すると、それは量子論理による数学が近似形になっている。そこでは

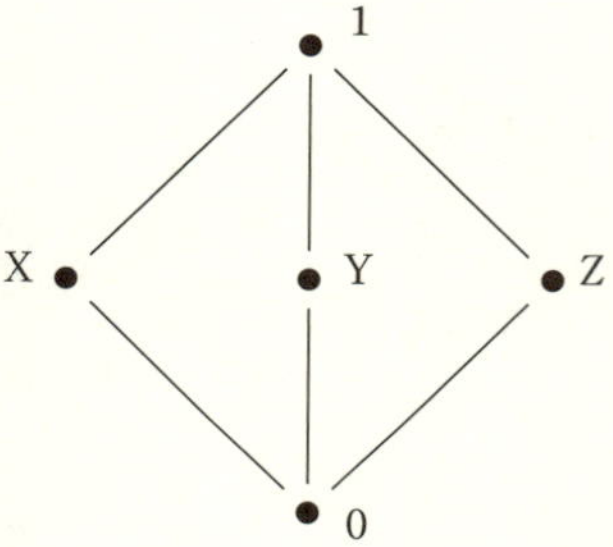

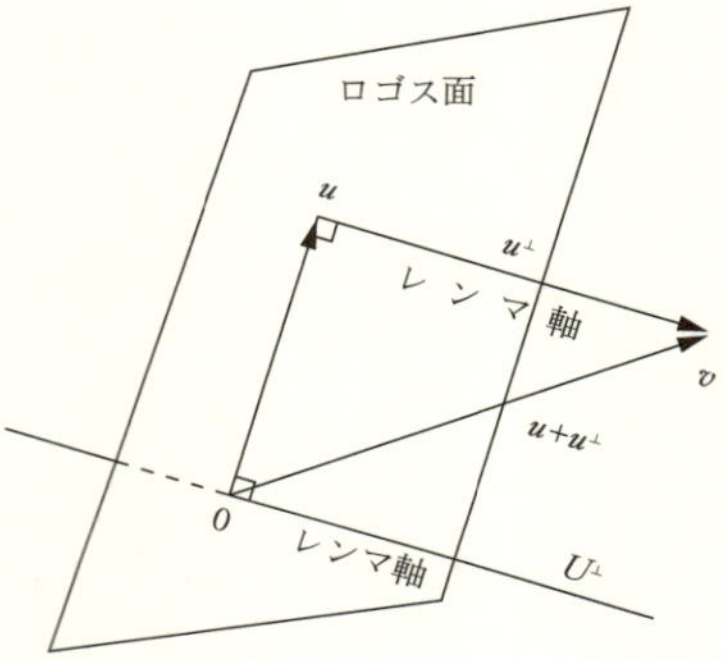

1にも0にもおさまらない、つまりは真でも偽でもないレンマ的な「類数（ニュメロイド）」的概念であるXやYやZが活動の主人公である。XもYもZも普通の数や語彙素ではないが、それらがアーラヤ識においてロゴス面の知性活動に「直交的」に結び合うとき、ホモサピエンスに特有な心的活動が生起する。

言語は心＝法界のアーラヤ識に内蔵されている生得的能力をもとにしており、そのアーラヤ識はレンマ的知性とロゴス的知性の合成体をなしているというレンマ学の立場に立つとき、ソシュールの根本図式にはいままで注目されたことのない、新しい意味が浮上してくる。それは言語的アーラヤ識の「内部構造」まであらわしているのである。この内部構造において、レンマ的知性とロゴス的知性はたんに合成体であるにとどまらず、互いに直交補構造の関係で結び合っている。そのために、心／脳は言語をつうじて、真−偽の判断を定立することもできれば（ロゴス的知性の働き）、多義的な詩的言語を生み出すこともできる（レンマ的知性の関与）柔軟性を持つに至る。

ソシュールの構造主義は、言語能力の一翼を担うレンマ的知性の実在に触れているのである。それどころか、ソシュールは言語能力の根幹は、通時態である統辞法的な秩序のほうではなく、無時間的な無意識の領域で働いている共時態のほうに、つまりはレンマ的秩序のほうにあると考えていたのではないだろうか。このような推測が生まれるのは、晩年のソシュールが一般言語学の講義と同時期に、アナグラムの研究に没頭したという伝記的な事実に根ざしている。

アナグラムは「言葉の下に隠れている言葉」である。その言語活動では、一つの語彙素の意味は文全体によって決定され、単語の綴りが文全体に「散布」されている。すなわちアナグラムにおいては、分別知をもたらすロゴス的な統辞法的秩序の下に、相依相関しながら全体で運動していく法界縁起的なもう一つの言語活動が動いているのである。この意味でソシュール言語学はレンマ派言語学の考えの身近にあると感じられる。

そこにレヴィ＝ストロースらの神話研究を加えることもできる。彼の研究では、神話が生まれる場所は「時間と空間が一つに溶け合って」消えていく無意識の思考にあると考えられているが、その思考とはまぎれもなく範列軸に活動するレンマ的知性のことであるからだ。範列軸の思考が優勢に立つと、通常の時間の流れが逆行したり、コスモスのカオスへの引き戻しなど、神話に特有な思考が生まれる。こうした意味でも、構造主義はレンマ学に回収されることによって、新たに生まれ変わる可能性を秘めているのである。

ミニマリストとしての華厳学

レンマ学にとってそれ以上に興味深いのは、生成文法の近年における「ミニマリスト・プログラム」と呼ばれる理論展開である。生成文法は言語を計算システムとしてとらえようとしてきた。ここで言う「計算」とは、「一連の形式的手続に基づいて、記号表示を生成・変換していく過程一般」（J・マッギルヴレイ『チョムスキー　言語の科学』）のことをあらわしている。この計算システムのあらゆる面について、「必要最小限の要素と操作」のみを用いる文法を構築しようとする試みが、ミニマリスト・プログラムである。

この試みの中でチョムスキーは、文法の必要最小限の要素と操作を「併合 Merge」と「移動 Move」の二つにそぎ落としていくことが可能であることを主張している。さらに「移動」は「併合」の操作を一定の形式で用いていくことによって説明可能となるので、人間の言語にとってもっとも重要な必要最小限の操作要素とは「併合」だけであると考えるに至っている。「併合」の演算は、複数個の言語記号（統辞体と呼ぶ）X、Y、Z……を入力として取り、それらからなる新たな統辞体を生成する演算である。動詞「読む」と名詞句「本を」にこの演算を適用すると、「併合」の演算によって「本を読む」という、より大きな統辞体（動詞句）が形成される。このときの「併合」による出力を入力として、さらに大きな統辞体〔太郎が、〔本を、読む〕〕に組み込むことができる。こうやって再帰的にこのルールを適用していけば、原理的には無限の埋め込み文を生成していくことができる。

それについてチョムスキーはこう語っている。

さて、突然変異は個人に起こるものであり、集団に起こるものではありません。ちなみに、それはとても小さな繁殖集団（アフリカの一角にいたらしいヒト科生物の小集団）であったことがわかっています。その集団のどこかで何らかの突然変異が起こり、大躍進へと至ることになりました。それは一個人の中で起こったに違いないのです。一人の中で何かが起こり、それが子孫に受け継がれました。その変異は、非常に短期間のうちに集団を席巻したようですから、自然淘汰の観点から言って何か利点があったに違いありません。小さな［繁殖］集団における非常に短期間の出来事だった可能性があるのです。さて、それはどんなものだったのでしょう。最も単純な仮定は（それを疑う理由は見当たりません）、人類の祖先が「併合」(Merge)を獲得した、というものです。つまり、既存の心的対象［またはある種の概念］をとり、そこからより大きな心的対象を形成することを可能にする演算を獲得したのです。それが併合です。併合を手に入れた途端に、無限の階層的構造表現［および思考］が利用できるようになったのです。（同前掲書）

生成文法は統辞法の観点から、人類が「無限の階層的構造表現（および思考）」を利用できるようになったのは、ホモサピエンスに進化した人類の心／脳に「併合」の演算が獲得されたからであると考えている。心／脳に「併合」の機構が生まれさえすれば、それを基にして統辞法に関わるすべての規則や変形規則が導出され、完全な言語を形成することができるのである。それゆえ「併合」を必要最小限の要素と操作と考えることができる。このミニマリストの考え方は、レンマ派言語学にとっても、きわめて示唆に富んでいる。

大乗仏教の華厳学を一つのモデルとするレンマ学でも、同じような「ミニマリスト・プログラム」の立場がとられているからである。華厳学では、縁起論的に作動する人間の心＝法界の仕組みのすべてを、「相即相入」という演算過程一つにそぎ落として絞り込み、そこからすべての縁起の論理を導出しようという、独自の「ミニマリスト・プログラム」の立場が採用されている。心／脳に「相即相入」が獲得されることによって、「理事無碍法界」という心の様態が生まれる。この心の様態において、ロゴス的知性とレンマ的知性の「相即相入」たるアーラヤ識の言語が形成されるのである。

生成文法とレンマ派言語学の比較をさらに深めよう。生成文法では「併合」が心／脳においてなぜ発生するにいたったかは問題にしない。しかしレンマ学では、縁起理法の根本である「相即相入」の過程から自然に導き出される。「相即相入」を統辞法のロゴス面から見たとき、そこには「併合」の現象が起きているのである。「併合」が起こる背景には、「相即相入」を可能にしている条件、すなわち「空－有」二重構造のことがある。前にも出てきたこの問題を、ここでもう一度振り返っておくのも無駄ではあるまい。

数学者にして華厳研究者でもあった末綱恕一が、「相即相入」の概念をつぎのようにまとめている。

縁起現前の諸法を、体というところから見れば、無自性空の義と縁生似有の義との空有二義があり、用というところから見れば、有力と無力との空有二義がある。空間的な体性というところから見た空有の二義によって諸法は相即し、時間的な力用というところから見た空有の二義によって諸法は相入するのである。縁起する諸法を体に関して見れば、自が現前して有力であるときには、これが表面のものとなり、他は無自性空のために裏面に隠れることによって、自に即し、また他が縁起現前して有であるときには、それが表面のものとなり、自は無自性空のために裏面に隠れて、他に即し、かくて自他互に空有となって、自即他・他即自となり、自他相即の義が成ずる……かくの如くして一即一切・一切即一となって、法界縁起が出来ているのである。（『華厳経の世界』）

「相即」がXとYに働くとき、それぞれの持つ空有構造によって、XとYの相即が起こる。これを統辞体（言語記号）のケースに移してみると、記号Xと記号Yが互いの違いを無視できる共通部分（Φ）を「無」として「併合」すれば新しい統辞体がZとして形成されることを意味している。

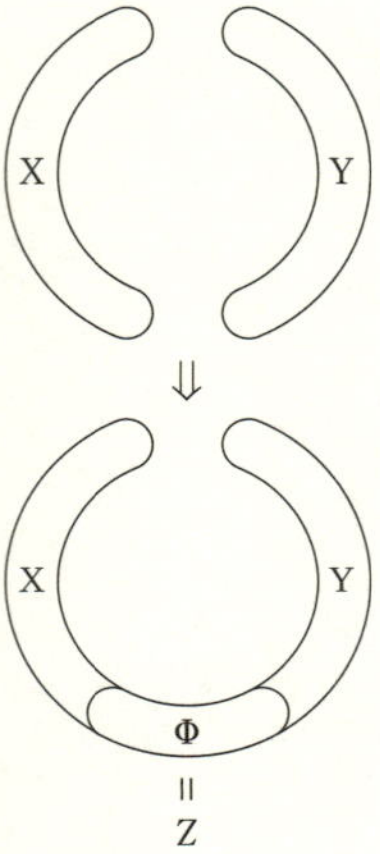

また「諸法を用に関して見れば、自の有力によって他を成ずるとき、他は無力となって自に相入し、また自が他の力によって成ぜられれば、他が有力で自は無力となって、他に相入する。かくて自他互に有力無力となって、自他相入の義が成ずる」（同前掲書）という「相入」の過程を、統辞体について考えれば、統辞体の間に「移動」を生じさせる原因が、心＝法界にたえまなく起こっている空有構造に基づく力用の「相入」にあることが理解される。つまりチョムスキーらの生成文法理論がその「ミニマリスト・プログラム」のステージであきらかにした「必要最小限の演算」である「併合」と「移動」は、心＝法界の活動の「必要最小限の過程」である「相即相入」を、アーラヤ識言語の連辞軸の上に投影したものであることがわかる。

「相即相入」は法界の全域で起こるので、言語の連辞軸だけでなく、共時的な範列軸（パラディグム軸）の上にもとうぜん作用している。ではそこではどんな言語現象が起こることになるのであろうか。「相即相入」が範列軸に働くと、そこでは語彙項目の重ね合わせや移動となってあらわれる。とくに語彙項目の形態面（体用）ではメタファー（隠喩）がつくられる。これは「相即」の作用であり、単語が別の単語の意味を代用するようになる。「相入」が作用すると、力用の変化が生じて、メトニミー（換喩）が生まれる。部分が全体を代用したり、一部が別の一部の意味を代用する。このとき語彙の間で力の移動が起こるのである。こうして範列軸に「相即相入」が作用すると、メタファーとメトニミーすなわちアナロジー（喩）という言語現象が生まれることになる。喩的言語とはもっとも古い言語芸術である詩を生み出す言語機能のことにほかならない。

生成文法は心／脳に「併合」という統辞機構が組み込まれたとき、ホモサピエンスの心をもった生物が出現したと考える。まったく同じように構造主義は、範列軸に「喩」の能力が発生すると、芸術と宗教の思考が人類に可能になると考えている。これまで二つの言語論は互いに違うことを問題にしているように思われてきた。しかしレンマ派言語学には、二つの言語論が同一の事象を別々の視点からとらえている様子をはっきり見ることができる。

ホモサピエンスの心／脳において、統辞法（連辞）の軸（シンタグム軸）と範列の軸（パラディグム軸）は直交補構造の関係をもって「離接的に交わっている」。その両方の軸に、法界の理法である「相即相入」の過程が作用するとき、シンタグム軸では生成文法の言う「併合」

が起こり、パラディグム軸には構造主義の言う「喩的能力」が発生する。そしてそのとき、アフリカの一角で、ホモサピエンスの心／脳をもった新しいヒト科生物が出現することになった。

したがって言語の科学における究極の「ミニマリスト・プログラム」は、「併合」と「喩」をさらにミニマル化したところにあらわれる「相即相入」の作用に基礎づけられなければならない、とレンマ派言語学は考えるのである。心＝法界の全域を動かしている縁起の理法が、理事無碍法界の様態をもっとも高度に発達させたとき、ロゴス的知性とレンマ的知性が直交補構造で結び合ったアーラヤ識が形成される。このアーラヤ識に、抽象的な深層構造と言語を音にして発声させる表層構造とをつなぐインターフェイスがセットされると、そこに言語という機構がつくられる。

このとき、ロゴス的知性とレンマ的知性には違った様式で「相即相入」が作用する。その作用がアーラヤ識の直交補構造に働くとき、ロゴス的な統辞法（連辞）の軸には「併合」が、レンマ的な範列の軸には「喩」が発生する。したがって「併合」も「喩」も相互に変換可能であり、それらをさらに「必要最小限の要素と操作」に削ぎ落とすことができる。華厳学が『華厳経』の中から抽出した「相即相入」は、言語の科学ひいては心／脳の科学にとっての究極の「ミニマリスト」概念を示している。

詩的言語とレンマ学

最古の言語芸術である詩には、いま述べた関係が表現に露呈している。このとき芸術は一種の「哲学」として、事物の根源を思考しようとしていると言える。すなわち詩的言語は心／脳でのアーラヤ識の形成とそこに発生した人間の言語の本質に、「喩」によって肉薄していこうとしているのである。アーラヤ識は法界に「理事無碍法界」の様態が強力にあらわれるときに形成される心的形態である。ロゴス的な事法界にレンマ的な理法界が貫通して、相互に無碍（自由）なつながりが生まれるとき、この心的形態が形成される。詩的言語はそのとき起こったことの記憶を留めて、それを喩的に表現するのである。

マラルメ（一八四二―一八九八）が語っているつぎのような言葉は、詩的言語の本質をなす華厳法界的な構造を、この詩人がはっきり認識していたことを示している。

「……語は――それはすでに語となっているのであり、たんに外の印象を受けとるようなものではなくなっている――おたがいを照らしあって、自分だけにしかない色彩をもつことはすでになく、ひとつの色階上をつぎつぎに変移していくもののごとくに見えるほどである」（マラルメ「詩についての言葉」）

ロマン・ヤコブソン（一八九六―一九八二）の構造言語学は、詩的言語の持つこのような性質を言語学的に正確に理論化しようとしたものとして、じつに見事な解明をあたえている。「言語学と詩学」の中で、彼はこう書いている。

経験によって立証できるような、詩的機能の言語学的基準とは、いったいいかなるものであろうか。とりわけ、あらゆる詩的作品に内在する不可欠な特徴とはいかなるものであろうか。この問いに答えるためには、言語行動において使用されている二つの基本的な配列方式を思い起こさねばならない。それは選択〔selection〕と結合〔combination〕である。もし「child〔小児〕」がメッセージの話題《トピック》だとすると、話し手は、現存する多かれ少なかれ類似したchild、kid、youngster、totのような、ある点でたがいに等価な名詞のなかから、ひとつを選択し、そのあと、この話題について何か述べるために、話し手は意味の面で同種の動詞――sleeps、dozes、nods、naps――からひとつを選択する可能性がある。選択された双方の語は結合されて発話連鎖〔speech chain〕となる。選択は、等価性〔equivalence〕、類似性と相違、類義性と反義性などにもとづいておこなわれるのにたいし、連鎖〔sequence〕をつくりあげる結合のほうは、近接〔contiguity〕にもとづいている。詩的機能は、等価性の原理を、選択の軸から結合の軸へ投影する。等価性は、連鎖を構成する手法へと高められる。(『ヤコブソン・セレクション』)

言語行動では範列軸から選び出された語彙項目を、連辞軸において統辞法的に結合して文をつくる。範列軸にマトリックス状に並んだ語彙の中から、等価性その他の原理にしたがって選択するのである。このとき詩的言語はまことに特異な行動をおこなう。「等価性の原理を、選択の軸から結合の軸へ投影する」のである。

詩的言語のおこなう特異な行動は、レンマ派言語学によってつぎのように表現し直される。範列(パラディグム)軸にはレンマ的知性が強く作用している。そこでは無分別的な「理法界」の様態が支配的である。理法界は事物の差別相ではなく平等相を示す知性である。それゆえ範列軸には平等性、等価性の原理が強く働くのである。詩的言語では、この等価性＝理法界の作用を、選択の軸(範列軸)から結合の軸(統辞軸)へ強力に投影して、それによって詩的テキストの全体を統一するのである。

詩的言語は、直交補構造で交わる言語内のロゴス的知性とレンマ的知性のうち、レンマ的知性の特徴である縁起論的平等性の原理に、ロゴス的知性の働きを包み込んでしまおうという言語行動である。日常の言語では逆のことが起こっている。そのときはレンマ軸におこなわれる選択の自由を制限して、ロゴス軸の原理である差別性を保って結合がおこなわれる。詩的言語はその過程を覆して、レンマ的知性の原理である平等性・等価性でもって、差別性・分別性を包摂してしまう。

このような特異な行動をとることで、詩的言語は人間の心／脳に出現した「併合」や「喩的機能」からなる「理事無碍法界」の活動を、意識の表面に浮かび上がらせようとする。その意味で詩的言語は、言語が分別的なロゴス機能だけではなく、無分別的なレンマ機能との直交補構造的な合成体としてできている事実をあきらかにする言語行動と言える。したがって詩的言語はたんに最古の言語芸術であるばかりでなく、ホモサピエンスの心／脳の構造を持つ生物が地球上に出現したその瞬間の記憶を留めるものであり、かついまだ実現されていない未来に属する認識に触れようとしている。

このような特質をもつ詩的言語の探究と、レンマ派言語学は深い関係で結ばれている。詩的言語は「等価性の原理を、選択の軸から結合の軸へ投影する」言語行動であることによって、言語に働きかけているレンマ的知性の実在性を浮上させる。日常言語にあってはこのレンマ的知性の活動は、ロゴス的統辞法の背後に隠れて見えなくなっている。別の言い方をすれば、ロゴス面に射影されると、直交補構造の位置にあるレンマ軸は点になってしまう。詩的言語はそこでロゴス面を斜めの位置に変形することで、レンマ的知性の活動がそこにくっきりと映し出される事態をつくりだそうとするのである。

レンマ派言語学は、このような詩的言語の試行をひとつの言語の「学」にまでもたらそうとする。大乗仏教が説いてきたように、言語はアーラヤ識上に形成される言語能力から生まれる現象である。心＝法界は事法界、理法界、理事無碍法界、事々無碍法界の四種法界の様態をとるが、そのうちの理事無碍法界にこのアーラヤ識言語が形成される。アーラヤ識は分別・差別的なロゴス的知性と無分別・平等的なレンマ的知性の合成体としてできあがっている。

このうちロゴス的知性は、脳と中枢神経系のニューロン構造に関わりのないレンマ的知性から派生的に生まれた変異体であり、両者はアーラヤ識内において直交補構造の関係で離接的に結びついている。レンマ派言語学は、法界縁起の純粋な表現形であるレンマ的知性を根本にすえて、そこから統辞法をはじめとする言語に関わるすべての事象を派生させようとする、ラジカルな「ミニマリスト言語学」なのである。

レンマ派言語学の要点をまとめよう。レンマ的知性は縁起の理法によって全体運動する法界の純粋な表現形であるから、ロゴス的知性とは異なる多くの特徴を有する。それはまず縁起と生起によるので、(1) 空有構造体をなし、それによって「相即相入」によって互いに縁起の全体運動をおこなう。(2) 縁起性によって相依相関しあう諸事物は、マトリックスの性質をもつことによって、非可換性や非局所性をそなえている。この性質は事物を量子レベルで示す物理学的性質と共通である。(3) 縁起する諸事物には同一性がなく、その本性は空である。それゆえ縁起を理法とする空間は無限の差異性によってなりたつことになる。このことは『般若経』のよく示すところである。(4) 法蔵が『華厳五教章』で語るように、法界は全域で振動している。「相即相入」によって力の出入りがいたるところで起こっているからである。しかし振動していても、法界そのものは動かない。動即不動、不動即動である。

レンマ派言語学は、レンマ的知性の示すこれらの特徴を根本にすえた言語の「学」を構想する。レンマ的知性から派生したロゴス的知性は、事物を時間性にしたがって線形的な秩序に並べる。ここから言語能力の内部には統辞法がつくられる。しかしそこにも法界の理法である「相即相入」が働いて、「併合」のメカニズムを形成する。それによって無限の文の創造が可能になる。

このロゴス的知性の働く軸に直交して、言語におけるレンマ的知性が範列軸（パラディグム軸）をつくる。この軸に「相即相入」が働くと、メタファーとメトニミーからなる「喩」の能力を生み出す。こうして直交補構造をなすロゴス軸とレンマ軸が協働して、自由に無限の表現を生み出すことのできる言語能力というものが、アーラヤ識にかたちづくられる。

言語能力の基礎は、このように心そのものである法界の理法に根ざしている。縁起法界の理法の「ミニマリスト」的な原理は「相即相入」である。縁起の理法のすべてをその原理から導出することが可能であり、言語のレベルでは連辞軸と範列軸の両方から、発話に必要なすべての言語要素と操作を引き出すことができる。このようにレンマの原理のみによる言語の「学」の構築は可能である。レンマ派言語学はデカルト派言語学と相補いながら、人間の言語の科学に意義ある貢献をなしうるであろう。

異邦の言語学

ところで我々のレンマ派言語学とよく似た構想が、一九六〇年代の末期から七〇年代の中頃にかけて、ジュリア・クリステヴァ（一九四一―）によって抱懐されていたことを忘れてはならない。『セメイオチケ』（一九六九年）と『詩的言語の革命』（一九七四年）の二著には、まぎれもないレンマ派言語学としての本質を示す革新的な言語論が展開されている。

「詩と否定性」（『セメイオチケ』所収）には、詩的言語が変形や反転や平等化の操作などを通じて、音韻論、統辞法、意味論などの言語の諸階層において、ロゴス的秩序を否定しようとしている問題が論じられている。詩的言語の基底部では、ロゴス的知性と異なる別の形をした知性が「見えない地下」で作業を続けている。その別種の知性がロゴス的知性の活動そのものに対して「否定性」を突きつけているのではないか。

この「否定性」はこの点やあの側面を否定する相対的否定ではなく、ロゴス的知性の秩序全体を否定する絶対否定なのではないか。クリステヴァは詩的言語の否定性の本質を、否定性をめぐるヘーゲル（一七七〇―一八三一）の哲学的定義によって理解しようとする。

否定的なるものは、したがってすべての対立を代表するものとなる。対立は対立として、対立じたいに依拠しているとも言えよう。否定的なるものは、他のものといかなる関係ももたない絶対的差異であり、また対立というかたちをとおして、自同性を排除する、言いかえればみずからを排除するものである。なぜなら、自己への関連づけにおいて、否定的なるものは、それじたいが排除する自同性そのものである、と定義されているのであるから。（ヘーゲル『大論理学』）

詩的言語をつうじて、絶対的に否定的ななにものかが、言語の表面に現われ出ようとしている。この「否定的なるものは、他のものといかなる関係ももたない絶対的差異であり……自同性を排除する」なにものかである。詩的言語は言語のロゴス機能のつくりあげる象徴界の彼方ないし奥底に、なにか絶対的に異質な構造をもった実体が活動していることを示している。そうクリステヴァは強調した。

ついで『詩的言語の革命』において、その絶対的に異質な構造をもった実体にかたちを与えようとした。この著作において、その実体には「コーラChora」という名前が与えられた。言うまでもなくプラトンが『ティマイオス』に紹介した、エジプト人神官から教えられたという東方起源的な宇宙原理をあらわす神話的概念である。コーラは母性的な宇宙の容器である。創造者などがいないその宇宙で、コーラはやわらかく揺れながら、あらゆる事物を受け入れ、育ている。

コーラは波に揺れる海に似ている。振動しながら容器の内容物を「ふるい」にかけるように揺らしていくと、内容物は所々で「圧縮」されたり場所の「移動」をおこなったりする。この圧縮と移動から内容物の構造がしだいに決められていく。この宇宙に「父なる創造者」はいない。「母」だけで宇宙は運動し、事物の構造ができてくる。創造の原理は内在的である。プラトンはこの思想に強い印象を受けて、著書の中にその思想を書き留めたのである。

クリステヴァは言語においては、ロゴス的な統辞機能や意味定立機能よりも以前に、このコーラによく似た「セミオティック機構」が幼児の心に形成されているという考えから出発する。前言語的なこの機構は揺れ動くマトリックスである。そこでは「ものごとを線形に並べていく」ロゴス機能はまだ形成されていない。その機構の内部ではエネルギーを圧縮したり置き換えをおこなう、前ロゴス的な秩序形成がおこなわれており、言葉をしゃべらない幼児の心的活動が進行している。

コーラ的なセミオティック機構の内部で起こる心的エネルギーの圧縮からはメタファーの元型が、置き換えからはメトニミーの元型が形成される。したがって喩的な能力を生得的に備えた状態で、人間の幼児は生まれてくるのである。そしてメトニミーから統辞軸が生まれ、メタファーからは範列軸が形成され、言語習得の基礎が幼児の中に着実につくられていく。クリステヴァは言語のロゴス機能を出発点として言語形成過程を考えるのではなしに、前ロゴス的なセミオティック機構という生得的能力をもとにした言語論を考えたのであった。

　セミオティック的なコーラの機構は、レンマ的知性の活動と多くの共通点を持つ。コーラが振動体であり、その振動の中から自然に圧縮・重ね合わせ＝併合や、置き換え＝移動の秩序が生まれてくる様子も、驚くほどよく似ている。それもそのはずで、プラトンの伝える「コーラ」は大乗仏教の樹立した「法界縁起」の思想と共通の東方的伝統に属する考えであるからだ。そのために、ブルガリア出身のクリステヴァが企てたコーラによる言語論と、『華厳経』にもとづく我々のレンマ派言語学との間に、いくつもの共通点のあることもごく自然なのである。コーラの概念には東方に広まっていた新石器型思想の特徴がよくあらわれている。それは華厳思想に先駆けること数百年、「法界縁起」の思想の原始的元型を示している。『華厳経』はインド人の発見になる数論とナーガールジュナ的否定論理学の成果を取り入れて、新石器的思想の限界を大きく突破して成立したのである。

　それゆえクリステヴァの革新的な言語論は、レンマ派言語学と同じ方向に展開していく可能性をはらんでいた。しかしクリステヴァ自身がこののち精神分析学の実践に転じて、異邦的《エトランジュ》な言語論樹立の仕事から遠ざかってしまったのは、我々にとってはとても残念なりゆきであった。それ以来、我々は完全な独行である。レンマ学は西欧にとってはあいかわらず異邦的な「学」であろうが、西田哲学や今西生物学を持つ日本人には、むしろ馴染み深い思想をあらわす。レンマ派言語学はレンマ的数論とともに、このレンマ学の重要な一翼を担うことになる。

第十二章

芸術のロゴスとレンマ

自己組織系としての言語

人間のおこなう象徴行為のすべては、アーラヤ識に内蔵されている最小のミニマリスト原理から生まれる。言語の場合、「併合 Merge」と「移動 Move」という二つの最小原理から、あらゆる文が生成される。この二つの原理さえあれば、人類が使用してきたあらゆる言語を、自己組織的に生み出していくことができる。

生成文法によるこの発見は、大乗仏教における華厳学の知見に照応している。縁起の理法による一心法界は、「相即相入」の過程をその最小原理として運動しているが、それが言語構造（ロゴス軸とレンマ軸の直交補構造）に注ぎ込まれるとき、「併合」と「移動」の言語過程となってあらわれるのである。ホモサピエンスは、このような象徴界が心／脳に形成されたことによって、それまでの人類とは違う能力を持った活動を始めたわけであるから、レンマ的知性とロゴス的知性を結合したアーラヤ識の形成こそ、進化の上で決定的な働きをなしたと言える。

「法界」に内蔵された「相即」がアーラヤ識内の言語の構造に注入されると、語を他の語に重ねる「併合」の過程が起こり、それは「メタファー」の能力として文に現れる。「相入」は

「移動」の過程を起動させて、「メトニミー」の能力となる。ここにホモサピエンスとしての人間に特有な「喩的」言語が発生する。それまではどの生物もコミュニケーションのためにある種の「言語」を用いていたが、そこにはまだ「相即相入」の原理が十分な自在さをもって組み込まれていないので、表現と内容が分離していなかった。そのために彼らの「言語」には象徴能力が欠けていた。

華厳学の言う「理事無碍法界」の様態が強く「言語」に働きかけることによって、人間の言語は発生したのである。そのとき同時に他の多くの人間的能力が目覚めている。まず言語と深い関係を持っているのが「数」である。生成文法は言語における統辞構造が心／脳に形作られると同時に、数の数え上げ能力が発生することを証明してみせた。「併合」と「移動」の能力をミニマリスト原理として、人間の言語は無限に多くの文を生成できるようになるが、この能力と数の「加算無限」の能力は本質を同じくするからである。

しかしここに興味深い考古学的事実がある。旧石器人はホモサピエンスとしてとうぜん数を数えることができた。数は加えていくことができると同時に、いろいろな数に関わる現象の中には「周期性」の性質があることも、旧石器人は知っていたのである。そのことは彼らが残した骨器にくっきりと示されている。アフリカで発見された旧石器人による骨器にはしばしば十一、十三、十九など素数の線条が刻まれており、考古学者たちはこれらの数が月齢による一種のカレンダーに関係しているのであろうと推測している（「イシャンゴの骨器」にたいする

A・マルシャークの解釈など)。

このカレンダーをつくった人々は、数には必ず「次の数」があって加算して増えていくとともに、一定数を「法 modulo」として、数は循環して元に戻る性質を持つと考えていたことがわかる。月はあらゆる天体現象の中でも「短い周期性」においてきわだって印象的な存在である。月齢の周期性を認識し、記録し、予測を立てることができた旧石器人には、あきらかにホモロジーを認識する能力が備わっていた。数には直線的に伸びていく加算無限性とともに、周期的に循環して円環をなす自己回帰性があることを、この人々は知っていたわけである。

言語とともにアーラヤ識にセットされた数の数え上げ能力には、加算的なロゴス的知性だけではなく、「併合」をおこなうレンマ的知性が深く関与していることが、ここから明らかになる。一定の繰り返しがおこなわれると、数は周期的に「元に戻る」のである。もちろんそれらは「同じ数」ではないが、互いによく似ている。この似た数を「同じ数」とみなすと、世界には周期性・円環性が発生するようになる。

旧石器人はこのような認識を、主に月の満ち欠け現象を観察することで得ていたのであろうが、その認識は季節や天界の運行にまで拡張される。天文観察がそのような認識を人間の心に生み出したのではない。人間の心/脳に最初から「同じものの回帰」を認識する能力が備わっていたからである。その能力は「併合」=「喩的能力」によって準備されたものだが、それを可能にするのは「一心法界」の本質をなすレンマ的知性である。

言語の場合と同様、数の数え上げにおいてもロゴス的知性とレンマ的知性の直交補構造が、決定的な働きをおこなっている。アーラヤ識の内部にその構造が作動しはじめたとき、言語を操って無限の文を生成でき、数を次々と数えあげそれを使って算術をおこなうホモサピエンスが出現しえた。そのとき月の示す顕著な周期性がレンマ的知性の活動を誘導していたことは、多くの神話が語るとおりである。

音楽と言語

ジャン＝ジャック・ルソー（一七一二―一七七八）やオットー・イェスペルセン（一八六〇―一九四三）をはじめとする何人もの思想家や言語学者は、このとき音楽が重要な働きをしていたと考えている。音楽の能力が形成されることによって、言語能力の発生が準備されたという考えである。発生の前後関係の問題はさておき、人間のおこなう音楽が言語や数の能力と同じアーラヤ識の構造から生まれた可能性は、レンマ学の立場からも肯定される。

『歌うネアンデルタール』の中で認知考古学者のスティーヴン・ミズン（一九六〇―）は、ゴリラからネアンデルタールまで、ホモサピエンス以前の霊長類と人類は、「Hmmmmm」と彼が呼ぶ非分節的「言語」を用いてコミュニケーションをおこなっていただろうと述べている。

「Hmmmm」言語には感情、欲求、危険の通告、威嚇などを伝達するために、さまざまな要素が分節されないままに詰め込まれている。この「言語」の使用者はピッチや強度を変化させることによって、他の個体とコミュニケーションをおこなう。この非分節「言語」の使用者は、メロディを歌う鳥類ほど巧みではないにせよ、歌を歌うこともあっただろう。しかし彼らの歌は「前音楽」と呼ぶべきもので、特に音楽にみられるような再帰性を持っていない。

ネアンデルタール人の「Hmmmm」は響き《レゾナンス》で出来ていて、音階を持たない。響きから音階が発生するためには、一オクターブ離れた倍音を「同じ」ないし「きわめて似ている」とみなすことのできる回帰性の認識が必要である。二倍の振動数を持つ音が聞こえて来ると、「同じ音が戻ってきた」と感じる周期性にたいする能力である。ここには数の場合と同じく、「併合」をおこなうレンマ的知性の働きが深く関与している。一オクターブ離れた音は「同じ音」ではないが、互いによく似ている。この似た音を「同じ音」とみなすと、響きの世界に周期性をもった音階の体系が発生するようになる。

1：2がオクターブをなすと、その内部で2：3や3：4の音程比が感覚される。これはそれぞれ五度と四度の音程を持ち、調和的な響きを発することから、きわめて初期の段階からホモサピエンスに好まれた。それぞれの音が周期的に回帰してくる。これによって音の体系は自分の内部に閉じていく性質を具えるようになる。数の場合と同様に、響きの世界を聞き取っているのがロゴス的知性だけだとすると、どこまでも延長していく加算無限のアルゴリズムしか働かないので、響きは閉じた音階をつくることがない。それでは音楽は発生しない。音楽が発生するためには、レンマ的知性の働きによって音の世界に周期性を発生させ、そこを閉じたものにする必要がある。

このときネアンデルタール人の「Hmmmmm」による響きの前音楽からホモサピエンスの音楽が発生するが、そこには言語と同じ生成原理が働いている。それはアーラヤ識を形成する「理事無碍法界」の作用であり、その作用を生む最小原理である「相即相入」の過程である。よく音楽は感性と理性の結合した表現と言われるが、それは響きの空間にたいする全体直観と、音階の体系をつくる言語的「併合」との結合を意味している。そこから言語と音楽の共通性と違いがあらわれてくる。

言語は響きの全体直観を出発点にしない。言語も聴覚から聞き取る音を素材にはするが、言語であるために必要な音は、響きの中からあらかじめ選び出された、各言語ごとに少しずつ違う少数の「音素」の体系によっている。ところが音楽は響きの全体直観に浸かったまま、そこに音階をつくりだすのである。その意味で、音楽は言語よりもよりレンマ的な性格が強く、「Hmmmmm」の前言語に近いと言える。この前言語には感情や身体運動が情報とのアマルガムをつくっているが、音楽にも言語の場合よりはるかに豊かな感情や身体の動きや舞踏性を組み込むことができる。

ここから言語と音楽の「起源」をめぐる古くからの問いにたいするレンマ学の答えが出てく

る。言語も音楽も、人間の心／脳にアーラヤ識というレンマ的知性とロゴス的知性の結合体が形成される進化が起こったとき、相前後して生まれた可能性が高い。ホモサピエンス以前の人類も「言語」と「音楽」を持っていた。しかしその「言語」は象徴機能が未発達であったために（ロゴス的知性とレンマ的知性の直交補構造がうまく出来ていなかったためであろう）、指示機能しか持つことはなかった。また彼らの「音楽」には音階と再帰性が欠けているために、響きはあっても音程に基づく音楽感覚はなかった。その「言語」と「音楽」にはあまり区別がなく、「Hmmmmm」という共通母体からホモサピエンスの言語と音楽は形成された。

そのさい活躍したのが、「法界」を作動させそこに響き（振動）を充満させる「相即」と「相入」という華厳的ミニマリスト原理である。人類の心／脳にロゴス的知性とレンマ的知性とを直交補構造の関係で結び合せるアーラヤ識が形成される進化が起こったとき、心に「無意識」というものが生まれ、そこに言語と音楽の能力がセットされたと考えられる。

このような進化の過程すべての土台をなすのが、縁起の理法で作動する「法界」の本体をなすレンマ的知性である。この「法界」を理法として表現すれば「相即相入」の原理に納まっていくが、感覚で表現すれば「無限の響き」である。音楽はこの無限の響きに基礎づけられている。そのため響きを基礎とする音楽は音素を基礎とする言語よりも、アーラヤ識＝無意識の深いところにまで届くのである。

「法界」の全域が繊細微妙な響き（振動）に充たされているという考えは、浄土の感覚的な描写が発達した浄土教の中で美しく展開された。インドラ網につけられた無数の鈴が「法界」に鳴り渡っているのだ。法蔵の『華厳五教章』にも、「法界」のミニマリスト原理である「相即相入」によって、その全域が量子的振動を発生させていることが述べられている。「法界」である心はそれ自体が響きでできている。その響きはアーラヤ識を駆動させているミニマリスト原理に起因するもので、言語も音楽ももとはと言えばこの響きを基礎としている。それは理性的であると同時に感性的でもある。そのことによって、音楽はもとより、世界のロゴス的認識をめざす言語でさえ、この自らの発生の場所に立つことを密かに求めているのである。

サピエンスの言語としての詩

言語がアーラヤ識内の自らの発生の場所に立つことを求めたとき、「詩的言語」が生まれる。デカルト派言語学は、言語は世界をロゴス的知性によって明晰に秩序づけるために、その統辞機能を発達させてきたと考えるが、レンマ派言語学はそのいっぽうで、言語は自らをつくりなすレンマ的知性によって世界を全体直観によってとらえるために、アーラヤ識への下降をおこなおうとすると考える。そのためレンマ派言語学にとっては、言語における芸術行為である詩的言語が重要な役割を果たすことになる。

人類はアーラヤ識の形成が果たされた瞬間から、詩を生み出そうとしてきたと言える。そのためあらゆる詩にレンマ的知性の強い働きを見出すことができる。そのためどんな国語によってつくられた詩であるかは、本質的な違いを生まない。そこでここでは、中国の詩的言語を例にとりあげることにする。中国人の思考はかつては仏教や道教の伝統をつうじて、レンマ的論理から強い影響を受けてきた。そのため世界のレンマ性を認識するために、彼らの詩はそれ自身がレンマ的知性の多元的な表現となっていた。

法蔵とほぼ同時代の人、王維《おうい》（七〇一頃〜七六一）の詩と絵画にはそのことが明瞭に示されている。『鹿柴《ろくさい》』と題するすばらしい五言絶句を見てみよう（この詩とつぎの『春暁』についてはF・チェン「中国の詩的言語」松枝到訳の翻訳と解釈によっている。引用は一部改めた）。

『鹿柴』
空山不見人　　空山　人を見ず
但聞人語響　　ただ　人語の響きを聞く
返景入深林　　返景　深林に入り
復照青苔上　　また照らす青苔の上

（空ろな山　誰も見かけない

ただ人の声の響くのが聞こえる
夕陽は　深い森に差し込んで
ながながと緑の苔の上を照らしている）

山中を散策していた王維は深い霊的な感覚に包まれていた。詩句の意味は「空虚な山の中にあって、私は誰とも出会わない」だが、ここには人称代名詞が除かれているので、主体と「空虚な山」は一体になっており、連続体に溶け込んでしまっている。この「山」はもはや「どこそこの山」ではなく、自然の連続体そのものである。そこには遠くの人の声がこだまとなって響いている。その響きに包まれた詩人は響きと一体になっている。後半では、青々した苔の上に夕日が差し込む光景が歌われている。そこでも詩人は光景に溶け込んでいて、キラキラと光る自然の光をその連続体の内部から「見ている」のである。しかし視覚的対象《オブジエ》としてその光を見ているのではない。その空間に充ちみてる響きや陽光の煌めきと「相即相入」している。この詩で王維は言語からロゴス的機能を解除しながら、「法界」のレンマ的空間に踏み込んでいる（ちなみに王維は禅仏教に深く親しんでいた）。

孟浩然《もうこうぜん》（六八九〜七四〇）のつぎの有名な詩も、レンマ的空間と現実世界との融合状態を描いている。

『春暁』
春眠不覚暁　　春眠　暁を覚えず
処々聞啼鳥　　処処　啼鳥を聞く
夜来風雨声　　夜来　風雨の声
花落知多少　　花落つること　知んぬ多少ぞ

（春の眠り　夜明けをほとんど感じることがない
どんなところにも　鳥のさえずりが聞こえる
過ぎし夜　風と雨　ざわめき
落ちた花びら　どれほどかと自問する）

この五言絶句を読む人は、冒頭からただちに眠っている意識状態に入るように促される。眠りの状態から半覚醒に移ろうという中間の状態である。聴覚の知る知覚の空間には鳥のさえずりが充満している。響きが詩人を包み込んで、ここにも連続体が生じている。この状態の意識にはレンマ的知性だけが働いている。そのために現在（鳥のさえずり）、過去（風雨のざわめき）、未来（庭先に降りて地表を覆う花びらを見ようかしら）は一点に同居して、時制を行き来している。

言語は時間軸にそって線形に事物を並べていく連辞軸《シンタグム》と、時間軸を取り払った空間で事物が喩的に重なり合う範列軸《パラデイグム》が、直交補構造によって結び合う仕組みをとおして、意味表現をおこなう。別の言い方をすれば通時態と共時態の結合体である。日常言語は現実世界との対応を求めるから、よりロゴス的な機能の強い連辞軸のほうに関心が注がれる。すると多次元的な響きの充満する範列的空間を離れて、事物を線形的に配列することのほうに傾いていく。

ところが人間の心／脳にはそれとは反対に、言語と音楽の生まれる原初の場所ともいうべき無時間的な響きの空間に立ち戻っていこうとする傾向も共存している。そこでは主客の差別は消え失せ、対象の輪郭が消えて「無対象（non-object）の対象」の発する響きがあたりに充満し、事物が相依相関しあいながら円融する華厳的空間が、意識の表面にあらわれてくるようになる。そのとき、日常言語は詩的言語に変容する。意味は響きに包み込まれて音楽化する。インド、中国、日本などのレンマ的文明圏では、それを「芸術」と呼んだのである。

とくに中国人の間でレンマ型の思考がおこなわれるとき、インドの好んだ「テトラレンマ（四項レンマ）」ではなく、「ディレンマ（二項レンマ）」が好まれた。そのために芸術表現においても二項レンマ型のレンマ的思考が大いに活躍した。

詩では「対句法」が大いに発達した。王維の『山居秋暝《さんきよしゆうめい》』でその実例を見よう。

明月松間照　　明月　松間を照らし

清泉石上流　　清泉　石上を流る

（明るい月　松の間に光る
　さわやかな泉　岩の上を流れる）

対句法では「聯（律詩における二句ずつのまとまり）」を構成する二つの詩句に、同じ文法的パラディグムに属していながら反対の意味を持つ語を、一語一語対照的に配置するのである。すると「明月」のような光を放つ要素が、「清泉」のような流れる水に対照され、生命ある「松」が生命なき「石」に対照される。そうやって「陽」と「陰」が競い合いながら追いかけっこを始める。この様子を、西欧の言語学なら四項的な空間的秩序として表現する連辞の秩序と範列の秩序として示すところを、中国の芸術理論では陰陽の変転運動をあらわすダイナミックな回転として表現した。なんと構造言語学の基本図式はディレンマをあらわす太極の図式に簡単に変形が可能なのである。

これについてF・チェン（一九二九―）は次のように書いている。

　みずからのまわりを回転しながら、同時に無限にたいして開かれている運動がここにある。個々の要素は、ひとたび生ずると、ただちに一方の極に位置する対立項へと「送り返

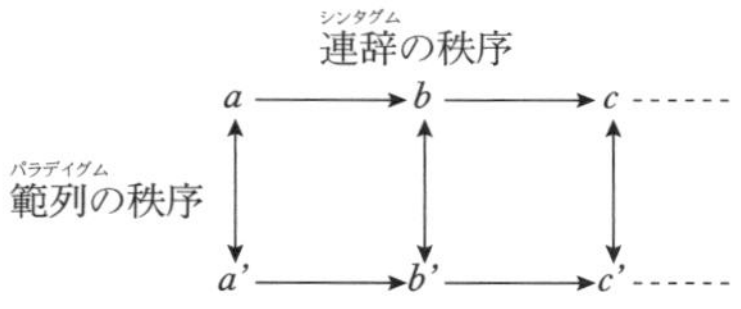

西欧言語学の図式

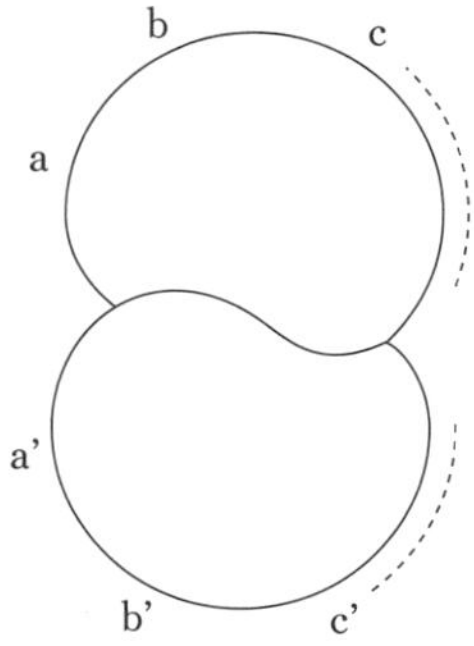

中国言語学の太極図式

される」。時間のなかと時間の外で、同時に内と外に向かう追尾の戯れ（あるいは、つねに他者である「わたし」の追跡だろうか）。（「中国の詩的言語」『記号の横断』所収）

この太極図はレンマ学にとってもきわめて興味深い。アーラヤ識に内蔵されていてあらゆる象徴表現がそこから引き出されてくる、ロゴス的知性とレンマ的知性の直交補構造による結合体を、二元論思考の面上で表現すると、この太極図の構造が生まれてくると考えられるからである。陰陽の対立的ロンドによって運動を発生させるこの中国的思考法は、直交補構造による数学的表現に比べると、はるかにダイナミックである。じっさいロゴス的知性とレンマ的知性はアーラヤ識の内部で、このような矛盾をはらんだダイナミックな関係をもって運動しているのであろう。

興味深いことに、このようにダイナミックに表現された陰陽の図式は、ジャック・ラカンが無意識の構造を示すものとして提示した「クロスキャップ」と酷似しているのである。このトポロジーはフロイト的無意識を表現する努力を重ねたラカンが最後にたどり着いたものであるが、空無を示す特異点の場所からねじれをはらんだ（直交補構造の関係にある）軸が伸び広がり再び閉じていく様子をあらわしている。私の解釈が正しいとすると、アーラヤ識の内部構造として東洋思想が取り出してきたものと、フロイト的無意識の内部構造として西欧の「心の学」が引き出してきたものとが、ほとんど同じような図式にたどり着いたということ自体、人間の知的探究の普遍性を示すものとして意義深いではないか。

絵画とレンマ

道教や仏教など中国のレンマ的思考の伝統では「詩画一如」すなわち詩的言語と絵画は同じ本質を持つと考えられた。詩的言語においては、音の響きから世界観にいたるまで言語のあらゆるレベルに、レンマ的思考の影響が体系的に強く及んでいる。その結果、詩的言語においては、

（1）主客の分別の消滅。主体は自然との連続体のうちに包摂される。
（2）事物が相互の有機的つながりを回復し、「事々無碍法界」の様態のうちに包含される。
（3）意味は響きに包摂される。響きは「法界」の存在様態を感覚的にあらわしたものである。そこに内蔵されたミニマリスト原理によって言語的な意味は生成されるのである。
（4）あらゆる事物は相依相関しあっているので、どの事物も「自性」を失う。対象としての輪郭を失うのである。しかしそれによって事物の個性はかえって際立つ。
（5）人事は自然に包摂される。そこではすべての人間が孤独である。

詩的言語に表現されたこうしたレンマ的特質が、絵画に表現されるのである。主体は人間ではなく、人間の営為を包み込む無限の連続体（大乗仏教が「法界」と呼び道教が「道」と呼んだもの）であり、それは絵画の中で「自然」をとおして表現される。ここから風景画のきわだった重要性が浮かび上がってくる。中国や日本の前近代絵画において絵画表現の中心となった「山水画」である。

西欧絵画では近代になるまで風景は人間の営為の背景をなすものにすぎなかったが、東洋の絵画では主役は風景で、人間の姿はその一角にささやかに描かれる。西欧の画家たちは自然の風景を目を凝らして観察し、正確にそれを画布に再現すべきものと教えられた。ところが東洋の画家たちは、自然の外面的な姿を模写してはならない、自然の奥に隠されている「気 chi」

の流れを直観して描け、と教えられた。セザンヌ（一八三九―一九〇六）が正当な評価を受ける以前には未完成の絵には価値が少ないと言われた。細部の描き込みをしないデッサンはしょせんデッサンにすぎないとも考えられていた。

ところが東洋絵画ではむしろその逆で、隅々まできちんと描き込んだ対象で画布が埋め尽くされてはならず、むしろそれらの対象を包み込んでいる「空無」の部分を広くとって描くべきであると考えられた。描かれた事物は「空無」から生じ「空無」に溶け込んでいく。主役はその「空無」を満たす充実しきった「法界」ないし「道」のエネルギーであり、聳え立つ山々はその充実したエネルギーの突出であり、流れ落ちる川や滝はそのエネルギーが落下していく姿をあらわしている。「大象は形無し（偉大なイメージは形を持たない）」と老子は語った（『老子』第四十一章）。西欧に「非対象 Nonobject」の絵画が現れる一千年以上も前に、そこでは絵画はつねに Nonobject を目指すべきものとされたのである（F・ジュリアン『大象は形無し――絵画における非対象について』）。

しかし東洋では非対象の絵画が「抽象絵画」に突き進むことはない。抽象的なエネルギー体だけが描かれることは稀で、それから生まれ出る多数多様な「事」と円融一体でなければ、絵画による世界の表現は「佳」とは認められない。『華厳経』に説かれた「事々無碍法界」が、絵画の世界でも生かされていた。画家自身がこの「事々無碍法界」で種々の個物と相依相関しあいながら、「山水」に包含された一個物となれたとき、風景の中から「道」であり「法界」

である普遍的にして偉大な「形なき」イメージが立ち現れてくる。
清初の画家石濤《せきとう》（一六四二〜一七〇七）は中国文化屈指の絵画論『画語録』の「第八　山川章」で次のように語る（兪剣華の比較的自由な現代訳による）。

山川は天地の形勢的表象の一種である。そして山川の変容は千変万化でその構造や形態もまた極めて複雑である。これを気候、遠近、踞跳、向背等の各方面から観察すると、まことに「朝暉夕陰、気象万千」と言える。（……）風雲の変化は、あたかも天が山川を純白な絹で覆いかぶせるのに似ている。水石の激躍は地が山川を激流で押し流すのに似ている。そこに天地の均衡が存在することによって、はじめて山川の無限の変化を醸出できるのである。（……）画家は一画の画法を用いれば、一切を測れ、一切を描写でき、一切を表現できて、方寸の画面に千里の無限感を醸成するに至る。天地が渾然と溶け合って生成変化発展することが、「造化在手」ということで、これが造形芸術における最大の効用である。（……）石濤（私）は五十年前には、まだ山川に対する造詣が浅く、技法の練習も未熟で、その作品にはかれ独自の作風も生まれてなかった。そのうち個性的表現がようやく形づくられてきたが、まだ山川を脱胎することも神髄を伝えることもできなかった。（……）現在は美に対する感度もすでに深まり、水準も高まって、山川と自分とが互に交流し合って、山川は自分を通してでなければ語り得ないまでになった。山川と自分が交流し脱胎して二にして一、一にして二の絶対の境地を形成したから、とても両者は分け難くなった。

しかしこのようなレンマ的認識は、東洋的文明圏の芸術家だけのものではない。作家ガスケに宛てた手紙でセザンヌがこう書いている。

これらの色調、これらの諧調を捉え、定め、寄せ集める……それらは、私が考えなくても、線をなし、物体となり、岩となり樹木となる。それらは質量を獲得し、人に作用する。こうしてカンヴァス上の質量や重みが、私の眼前に出現する面や点に対応すると感じられるようになるとき、そのとき私のカンヴァスは両手を組むのだ。もはやためらいはしない（……）それはリアルで、緊密で、充実している……

しかし少しでも緊張が解けたり、分別が入り込んだりすると「すべてははじけて消え去ってしまう」。セザンヌにとって「ばらばらに拡がってゆくものを、同じ衝動、同じ信念で再びひとつに寄せ集める（……）我々の芸術は、自然のあらゆる変化の諸相、諸現象と併せて、持続という衝撃を自然に与えなければならない。我々の頭の中で、芸術は自然に永遠性を付与しなければならない」。

目の前に置かれた自然は「事法界」の相貌を見せている。それは変化する現象としての自然

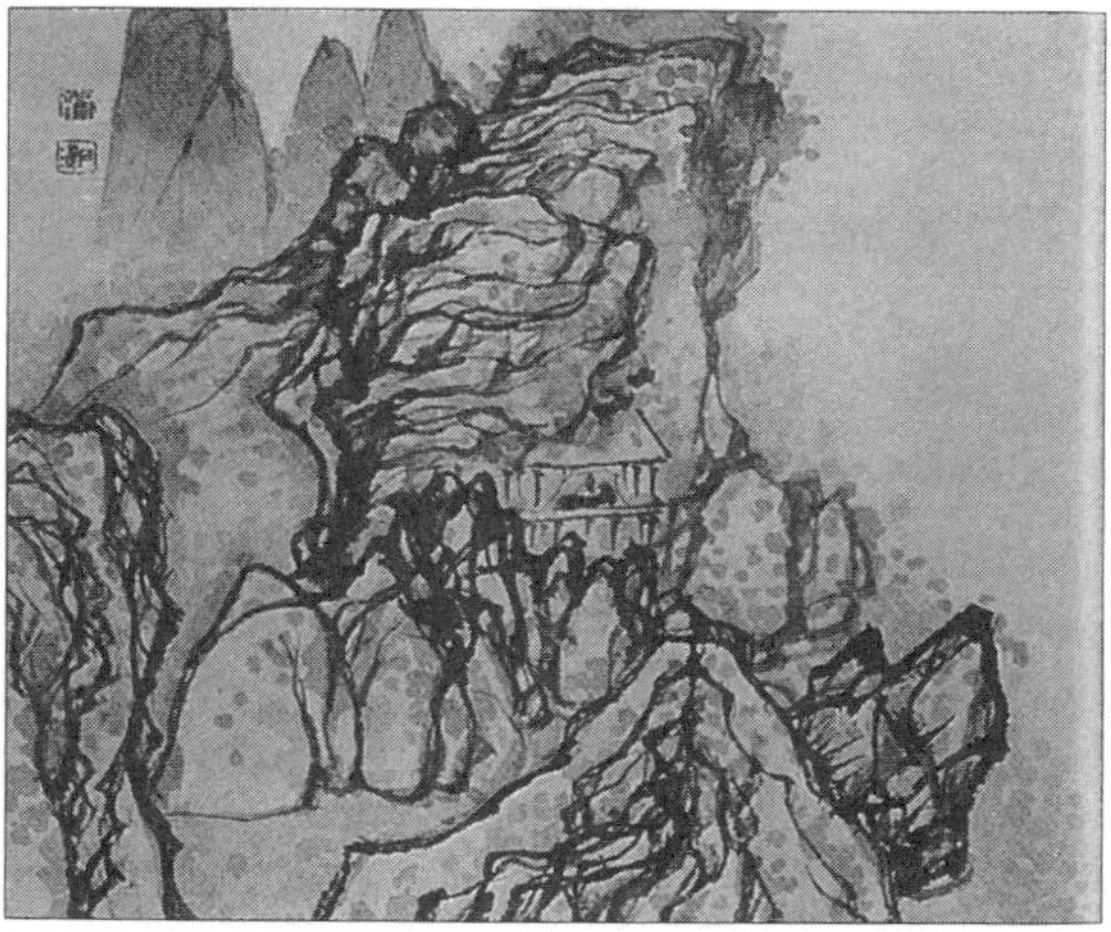

石濤の山水画
(François Cheng *Empty and Full—The Language of Chinese Painting* より)

セザンヌのサントヴィクトワール山画
(ウルリケ・ベックス＝マローニー『ポール・セザンヌ：1839－1906』より)

である。その自然を芸術家の「一心法界」をくぐり抜けさせることで、「事々無碍法界」の相貌をそなえた自然に生まれ変わらせるのである。現象の奥に大象を見出すと、それが形を持たないことがわかる。山水（風景）が芸術家の「一心法界」と一にして二、二にして一となれたとき、偉大な風景画は生まれると、石濤もセザンヌも同じことを語っている。

芸術は感覚の言葉で語られたレンマ学にほかならない。レンマ的知性の充満する「一心法界」は、あらゆる方角から押し寄せあらゆる方角へ波及していく波動に充ちている。その波動を音楽は「響き」として聴き取り、絵画は「色彩」として感受する。「色は世界の根っこから立ち上がる。色は世界のいのち、諸々の理念のいのちなのだ」（セザンヌ）。世界の根っこから立ち上がる諸々のいのちある理念とは、「法界」に充満するレンマ的知性の、他のものに依らない自己表現にほかならない。レンマ学は理念の力によってこの根にたどりつこうとする「学」である。

エピローグ

「レンマ学」は粘菌と『華厳経』の出会いから生まれた新しい「心の学」である。生物界できわめて原始的な生命形態に近い粘菌と、人智の最高峰ともいうべき『華厳経』との結びつきの中から、未来の「学」を取り出そうという試みを最初に着想した人は南方熊楠である。南方熊楠は粘菌の生活サイクルのなかに、きわめて大乗仏教的な考えが表出されていることに気づいていた。

『般若経』などにたくみに表現されているように、あらゆる存在物は固有の自性を持たず、縁起の理法によって相依相関しあっている。それゆえそこには死もなく生もない。この縁起の理法が、胞子を飛ばす植物的な形態からアメーバ状の変形体になって動物的な捕食活動をおこなう粘菌の生活サイクルのうちに、直接的な形で表現されている。このことを知った南方熊楠は、大乗仏教の縁起の理法に基づく、西欧近代科学とは異なる「縁起による学」の創出を着想したのである。

明治三十六年（一九〇三）に南方熊楠が那智の森で得たこの着想は、粘菌をめぐる現代科学の諸発見を内部に組み込むとき、「レンマ学」に向かっての飛躍的進化を始める。『華厳経』を初めとする大乗経典には、「法界」という概念が登場する。この概念には原始的な生物から始まって人間の心／脳にいたるまで、いっさいの「有情」の意識の働きが包含されている。五億数千万年前に地球上に出現した中枢神経系を持つ生物群のみならず、それ以前から生存した脳も中枢神経組織も持たない夥しい種類の原始的な生物も、この有情の仲間である。これら有情の「心」を「法界」と呼ぶ。
「法界」は全域が知性である。その知性のほんらいの機能は、脳と中枢神経系を備えた生物において表面に現れている「ロゴス的知性」とは異なるもので、線形的な順序的な秩序にしたがった情報処理ではなく、全体が相依相関しあい局所的情報が即座に全体に波及している非局所性などの特質を備えている。私たちはロゴスの前駆形態をなすこの知性を「レンマ的知性」と呼ぶことにした。生物の心をつくる「法界」は、このレンマ的知性によってすみずみまで充塡されているのである。

生物はどれも「自己」の意識をもっていて、原始的なものから高度なものまで、あらゆる生物が「自己」と「非自己」を分別するのである。感覚的なクオリアによって、原始的な「自己」の感覚が発生しそこから分別が生まれる。そのとたん生物の心で「レンマ的知性」の「ロゴス的知性」への構造組み換えが起こる。この過程を大乗仏教では「無分別」の知性が、自我意識という「客塵煩悩」(外部からの汚染による苦楽)によって、「分別」的知性に瞬間的な変化を起こし、そのときから生物としての煩悩を感受するようになると考える。これが『華厳経』に始まる如来蔵的仏教思想における生命－意識論の核心部である。

この過程には、脳と中枢神経系は二次的な重要性しか果たしていない。中枢神経系を備えた生物が、カンブリア爆発とともに多種多様に出現し始めているからといって、意識がそのときに生まれたと考えることはできない。意識とは「分別」である。それは「法界」に「自己」と

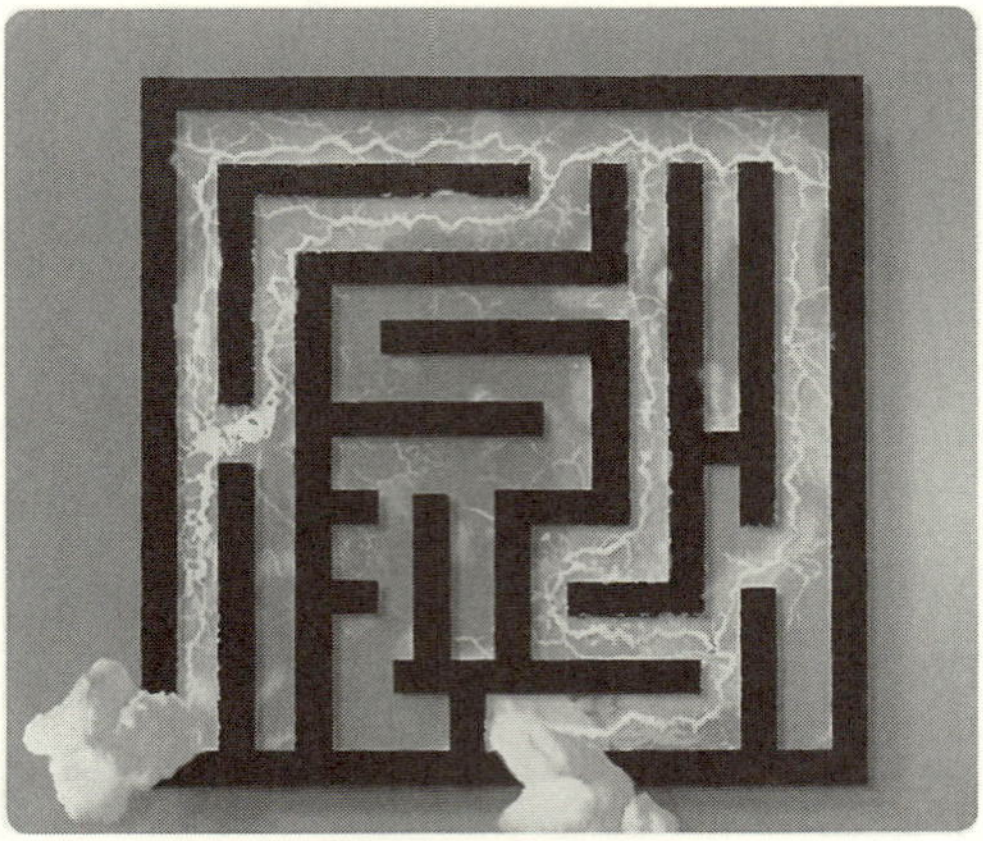

粘菌は「最短経路問題」に正解を与えることができる。
（中垣俊之・文／斉藤俊行・絵『かしこい単細胞　粘菌』より）

「非自己」を差別する働きが生まれた瞬間に発生する、「法界」の変容した様態（事法界）にほかならない。したがって粘菌のような脳も中枢神経系も持たない原始的な生物であっても、「法界」ほんらいの機能である「レンマ的知性」をプラットホームとして、その上に生物特有の「ロゴス」的な知性活動をおこなうことが可能である。

現代生物学における粘菌研究は、目下この事実を次々とあきらかにしつつある。北海道大学の中垣俊之の研究チームは、実験室で培養したモジホコリという粘菌を用いておこなった一連の実験をとおして、粘菌が原形質流動を媒質に用いることによって、「最短経路問題」のような難しい問題を解く数学的アルゴリズムをおこなっている事実を明らかにしてきた。

この研究が明らかにしたことで重要なのは、（1）生物の知性作用が脳や中枢神経系のような高度なニューロン組織を用いずとも、原形質流動のようなアナログ的媒質を使うことによっても可能であることと、(2) その知性作用において、「レンマ的」に働く知性と「ロゴス的」に働く計算的知性とが、協働しあっていることである。レンマ学にとって重要なのは、特に (2) の問題である。

迷路の奥に粘菌の好きなオートミールの餌を置いておく。すると粘菌は変形体としての能力を利用して、迷路いっぱいに広がっていく。そしてどこかの部分が餌にたどり着くと、そこだけ残して他の枝をひっこめて原形質流動をその部分に集中させ「最短経路問題」に正解を与えることができる。この過程では原形質流動を媒体として、「レンマ的」な働きをする知性と「ロゴス的」な計算をおこなう知性が協働して事に当たっている。迷路の全域に広がった粘菌の内部では、非局所的な全体型の「レンマ的」な知性が餌のありかについての情報を、原形質流動の全域に伝えている。餌のありかが判明したとたんに「ロゴス的」な知性が働きだす。その知性は餌までの最短経路を計算で導き出し、変形体の形状を最適なものに変化させていくのである。

粘菌には原始的とはいえ「自己」の感覚的意識が形成されているので、そこから「自己」の内外に順序的な秩序を生み出す「ロゴス的知性」を発達させていると思われる。その知性にある種のアルゴリズムの能力が宿っている。そのアルゴリズムは大小を判断する半順序構造(Ⅶ) を用いて、最短経路を「算出」している模様である。脳も中枢神経系も持たない粘菌は、このように全体論的な「レンマ型」の知性を土台として、その上に乗る「ロゴス型」の原始的な計算的知性との協働で、みごとな思考をおこなっている。無分別知と分別知の協働による思考である。粘菌はまことに大乗仏教的な生物なのである。

ところで粘菌の実行している計算で働いていることが推測される半順序の構造は、量子論理などで大きな働きをする「束 lattice」を形成するものだ。この束の概念が量子論理に用いられるのは、そこにこれまで何度も現れたあの「直交補構造」が現れるからである。量子の世界では「分配則」が成り立たない。異なる論理が互いに直交しあっているから、どんなにうまく結合させても互いに混じり合ってしまうことがないからである。

粘菌の駆使する知性においても、情報を全体論的に処理する「レンマ型」の知性と、アルゴリズム的処理をおこなう「ロゴス型」の知性は互いに分離されていて、混じり合うことがないように見える。つまり中枢神経なしにも生物の心をなす「法界」は、「レンマ的知性」から変異して発生した「ロゴス的知性」すなわち分別知を直交補構造的に分離して無分別知に結合させることによって、「頭無し《アセファル》」の状態でも思考をおこなうことができるのである。これらすべての過程が原形質流動を利用しておこなわれていることが、粘菌という生物の驚異である。

ニューロン組織はその直交補構造の原理を「ブリコラージュ」のやり方で利用して、純粋レンマ知性からの分別知と無分別知の分解を確実におこなうための物質機構として発達したのではないだろうか。知性作用の本質は物質機構だけからは生まれない。それについて思考するためには、大乗仏教がそうしたように「法界」の概念が必要である。レンマ的知性としての本質を持つ「法界」という土台なしに、「物質からの意識の発生」を理解することはきわめて困難である。

したがって粘菌に大乗仏教の哲理の体現者を見た南方熊楠の直観は、今日の生物学の知見に照らして見ても、驚くほどに正確であった。粘菌は縁起の理法の素朴な表現者である。その粘菌の傍に『華厳経』があった。なぜ他の大乗仏典ではなく『華厳経』でなければならなかったかと言えば、この仏典が純粋状態にあるレンマ的知性の活動原理を、余すところなく表現しているからである。

縁起の理法を悟ったばかりのブッダが、自らの体験内容（自内証）を直接に表現したと言われる『華厳経』は、分別知によって影響を被っていない純粋な状態の無分別知の活動を描き出そうとしている。そこには人間の心／脳の機能の最重要部分を担うアーラヤ識への変成を起こす以前の、レンマ的知性の純粋な状態での活動が描かれている。

このような『華厳経』に照らし出してみるとき、はじめてアーラヤ識の構造やその能力と限界が理解される。このアーラヤ識の活動のもっとも原始的な活動様式を外に曝しているのが粘菌であり、もっとも発達した状態のそれを表現しているのが『華厳経』である。こうしてレンマ学によって、これまで人間科学の扱ってきた研究領域のすべては、粘菌と『華厳経』の中間に包摂されていくことになる。

人間科学がこれまで探っていたのは、じつはアーラヤ識の働きだったのである。このアーラヤ識はレンマ的知性とロゴス的知性の直交補構造による結合として形成されている。古代ギリシャ以来、西欧で発達した文明は主にこのうちのロゴス的知性に中心を置いて形成されてきた。ところが大乗仏教は人間の心／脳の働きにおけるレンマ的知性に注目してきた。そこではレンマ的知性こそが生命活動と知性のおおもとであることが、工夫を凝らしてさまざまに説かれてきた。それればかりではなく、ロゴス的知性そのものがレンマ的知性の変異形であることも、大乗仏教のおこなった重要な発見である。

これまで人間は、ロゴス的知性の働きに物質的な基礎を与えている脳と中枢神経系をつくりなすニューロンの組織形態を模して、人工知能をつくりだしてきた。その人工知能は今日着実に「技術的特異点《シンギュラリティ》」をめざして発達を遂げつつある。機械の計算能力が人間のロゴス的能力を超える事態が迫りつつある。その事態に立ち向かうべきヴィジョンを、これまでの人間科学は持っていない。それはこれまでの人間科学に、生命と知性のおおもとをなすレンマ的知性への理解が欠如していたからである。レンマ的な知性作用を扱うべき厳密な「学」が、今日まで発達してこなかった。大乗仏教が得た認識の成果を最後として、レンマ的知性を基底に据えた「学」の形成は停止してしまったのである。

私たちはじつに一千年以上もの空白のあとに、現代科学に取り囲まれた世界の真っ只中で、このレンマ学をよみがえらせようとしている。現代世界は「故郷喪失」の最終段階へ入っていこうとしている。人工知能の形をとったロゴス的知性は、自分のおおもとであるレンマ的知性とのつながりを断ち切って、完全な自立を果たそうとしているかのように見える。しかしそれはAIはいざ知らず人間には不可能なことである。

ロゴス的知性が人間の心／脳で活動を始めるときには、同時にレンマ的知性が心／脳を横切って働き出しているのでなければならない。ロゴス的な分別知はレンマ的な無分別知からたえまなく直交補構造的に生成されるのでなければ、存在することもできないからである。そういうレンマ的知性とのつながりを断ち切るとき（それがハイデッガーの言う「最終的な故郷喪失」の意味である）、ロゴス的知性も人間の心／脳で消滅せざるをえない。

レンマ的知性を基体とするアーラヤ識の構造は、人間の心／脳においてこののちも変わらない。レンマ的知性自体は宇宙的規模で繰り広げられる「華厳的進化」の只中にあって、縁起の理法にしたがって事物の配置と組み合わせを不断に変化させていくが、それ自身は本質を変えない。そこにレンマ学の基礎は据えられる。「大乗仏教に望みあり」と明治三十六年に南方熊楠は書いたが、こんにちでは望みをかけていた多くの試行がついえ去ったのち、残されているのはわずかに大乗仏教だけである。

付録一　物と心の統一

付録二　レンマ的算術の基礎

付録三　心のレンマ学／A Lemma Science of Mind

付録一

物と心の統一

1

私は今日の講演で、これからの「こころ」の学はどのような土台に立ち、どのような構造をとらなければならないか、という話をしようと考えています。

現代では分子生物学や神経科学が、こころの活動を分子過程にまで還元して理解しようとする探求を深めています。これらの自然科学的探求にたいしては、いわゆる「人文系」の学問が古くから発達させてきたこころの学というものが存在していますが、この両者は今日までいまだに統一的な理解にたどり着くにはほど遠い状態におかれています。私の話は、この両者をつないで、真に統一されたこころの学を生み出すには、どういう視点をとらなければならないか、その見取り図を示そうとするものです。野心的な内容になると思いますが、よろしくお聞き届けください。

私が大学に入学したのは一九七〇年代の初めのころでした。そのころの大学では、まだ自然科学と人文学とが、いまのような非対称な関係にありませんでした。格差もたいして感じられませんでしたし、大学には人文系の学問など不要であるなどという議論は、ついぞ聞いたことがありませんでした。

そのころ哲学は堂々と人間のこころについて語っていましたし、精神分析学の語るこころの構造について、多くの人が耳を傾けようとしていました。しかしその一方では、分子生物学が猛烈な勢いで発達をとげつつあり、また神経科学では電子顕微鏡を駆使した神経組織の観察も進んで、情報伝達や記憶の仕組みについてつぎつぎと新しい知見がもたらされつつありました。人間のこころの理解について、自然科学と人文学はたがいに覇を競っていたのです。

私のいちばんの関心は、人間のこころにありました。幼い頃から、そのことがいちばんの気がかりでした。こころはどこにあるのだろう、脳とこころはどういう関係にあるのだろう、いつから人間はいまのようなこころを持つようになったのだろう。こういうことが私の最大の関心事でした。唯物論の考えを知るようになってからは、物質とこころをつないでいるものはなにかなどということも考えるようになり、大学でもぜひそういうことを学びたいと思うようになりました。

しかし困ったことに、どこの学科にいけば、自分の求めているようなこころの学問に出会うことができるか、私にはわかりませんでした。さんざん迷った末に、大学では理学部の生物系を目指すことにしました。そこではたいへんハードな毎日が待っていました。講義では遺伝子解析の方法が細かく説明され、それがすむと夜遅くまで実験が続きます。記憶過程を脳内タンパク質の組成変化として解明しようとする、新しい研究についても手ほどきを受けました。

私はまた迷いはじめました。自分の求めているこころの学が、はたしてこのような研究の向こうに現れるものだろうか。迷っていた私の前に、一人の宗教学の教授が現れて、悪魔の囁きをしました。「君の求めている学問は、人間のこころのもっと過激な活動領域にある。それは宗教学に来れば学ぶことができる」と。かくして私は大学の三年生のとき、生物学の研究を離れて、人文系の学問によるこころの研究に「転向」しました。しかも、哲学などとはちがって、奇怪なもの、常軌を逸しているもの、崇高なもの、深淵なものまでを包摂する、宗教現象にあらわれた人間のこころを研究する道に踏み込んだのでした。

そんなわけですから、私は宗教学や人類学の研究をおこないながらも、分子生物学や神経科学がおしすすめていた生き物のこころの研究にも、深い関心を持ち続けました。人文学のほうでは、たしかに人間のこころの微妙な働きにいたるまで、すべてのこころ現象を克明に追跡しようとしていました。しかし、そこで用いられている学問の方法論は、十九世紀以来のロマン主義的方法からあまり進んでいないと、私には感じられました。ロマン主義は「物語」の構造を思考の仲立ちとして、この世の真理と考えられたものを言語で表現しようとする強い傾向をもっていますが、人類学を学んだ私には、それが新石器時代以来の「神話」の、近代的ヴァリエーションにすぎないように思われたのでした。

そこで私が関心をもったのは、当時人文学に導入されつつあった構造主義の研究方法でした。言語学で実現された科学的方法でもって、人間の心的現象を研究しようという、新しい人文学の登場でした。構造主義の方法は、一見すると科学的に見えました。しかししだいに、そこにはなにか重要なものが欠けているように感じられるようになりました。それは言語学をモデルにしてつくられた構造主義が、そのことによって文化的なものと自然過程に属するものとを分離してしまい、物質過程とこころ過程の統一的理解を、逆に阻んでしまっているように思われたからです。

2

そのことをいま少し詳しく話してみましょう。人文学は、人間のこころは言葉によってつくられる、という視点から出発します。じっさい、こころで起こることは、言葉によって外に引き出してみなければ理解ができません。構造主義はこういう視点を拡張して、こころそのものが言葉によってつくられる（構造化されている）という地点にまで、出て行きました。

現代言語学は、言葉の音のレベルである音韻から、意味にいたるまで、言葉が構造の積み重ねとしてできていることを解明する、強力な分析道具を開発していましたから、その言語学に学んで、ことばと一体であるところのこころの構造も明らかにできる。そういう構造主義の方法をつくっていけば、人文学にも科学的に確実な基礎を与えることができる。こういう期待がもたれました。

ところがここに困ったことが起こります。私はいま自分の喉の形や舌の位置や口の開き方などを微妙に調節しながら、こうしてみなさんに話をしています。発声のすべての過程が無意識におこなわれます。喉から声を外に送り出す過程は、内臓の活動に直接つながり、それは身体の物質過程に直結しています。

言語はこうして発声される音の中から、ごく少数の要素だけを選んで音素として用います。選ばれた音素を組み合わせて、言葉をしゃべるのです。これはすでに文化の領域に属する活動です。文化は自然のものから有用な要素だけを取り出して、システムをつくります。文化は自然から切り離され、自律性をもった活動をおこないます。構造主義はこういう文化をシステムとして研究しようとしました。そのために、身体や内臓活動につながる自然過程は、文化から分離されてしまいます。こころを言語と同じ構造として研究しようとすると、どうしても物質的な過程から切り離されてしまい、いわば「もの」と「こころ」の分離が、ここでも進行していってしまうことになります。

これでは近代主義（モダニズム）の限界を突破できない、と私は思いました。近代主義は、自然に束縛されない、自然の拘束から自由になった文化の構築に、高い価値を与えてきました。文化的な構築物のなかに、自然過程がなるべく入ってこられないようにつくって、自然過程を「外部」として排除したシステムの内部で、脳内に生まれる思考や想像を自由に表現する、それが近代主義の理想です。

そこでは文化の全体が都市の構造を持つようになります。外の自然からの影響ないし脅威をシャットアウトして、都市の内部に言語的ロゴスにもとづいた自由な空間をつくるわけです。さっきの発話のケースで言えば、喉が発する言語音は内臓的な自然過程に直結しているのに、その事実を言語学の外に追いやって、自然音が言語に有用な音（音韻）に変形されたあとに始まる、文化的なコミュニケーションの世界のことばかりに、関心を集中させていく。そういう傾向が構造主義にも強くあらわれていました。

人文学はまたもや、自然過程に属する「もの」と、人間の脳内過程から生み出される「こころ」をつなぐ回路を自分でふさいでしまった、と私には思われました。言語学をモデルにする構造主義は、「こころ」の向こう岸に広がる「もの」の領域に踏み込んでいくことができないまま、「こころ」のこちら側で文化と戯れている。そうこうしているうちに、神経科学は「もの」の側から越境して、「こころ」の働きの分子的解明に乗り出してくるにちがいない。そういう時代がやってきたとき、人文学にはまだなにか「こころ」について語る資格などが残されているだろうか。私は構造主義やその劣化した後継者であるポスト構造主義の先に出て行くための探求を、一人で始めなければなりませんでした。

しかし、私には確信がありました。どんなに人間が高度な思考力を持ち、さまざまな発明や発見をおこなってきたといえども、すべてはこの脳があってのことです。この脳は自然の進化過程から生み出されたもので、そこでは不可解な物質過程はいっさい起こっていないことが、しだいに明らかにされつつあります。ニューロンの中で電位変化がおこり、イオンの出し入れがおこなわれて、シナプスから伝達物質が放出されている。そこでは自然過程以上のことがいっさい起こっていません。自然は自前の材料を用いて、長い時間をかけて自前で脳を生み出してきました。地球の外からやってきたものではなく、地球が進化の過程で生み出したのが、この人類の脳です。

そして人間のこころは、この脳を仲立ちにして活動をおこない、脳内の物質過程と一体になって動き変化しています。そう考えれば、こころもまた地球の進化過程から生み出されたものにほかならず、自然の生み出した傑作といえましょう。それならば、自然の物質的過程とこころ過程をつなぎ、統一しているメカニズムがかならず存在していなければならないはずです。では私たち人間の脳内で、物質的な「ニューロ系」と非物質的な「こころ系」をつなぎ、統一しているものとはなんなのだろう。私はそのことを数十年もかけて考え続けてきました。今日はそこから見えてきたものを、限られた時間の中ですが、お話ししてみようと思います。人文系の学問と自然科学系の学問を、真に統一できる未来の「サイエンス」の形が、そこから見えてくるでしょう。

3

現在のところ、人間のこころを理解する二つのやり方があります。一つは「ニューロ系」の研究をとおしてこころを理解するやり方であり、もう一つは認知過程の構造を分析することをとおしてこころの働きを研究するやり方で、これを私は「こころ系」の研究と名付けておこうと思います。前者はこころを「もの」としての側面から研究するものですが、後者はこころの「こころ的」な側面を、もっぱら人文学的なやり方で研究するといってもいいでしょう。

ニューロ系のこころ研究は、もっぱら神経科学によって推し進められています。電子顕微鏡と分子生物学のおかげで、神経組織で何が起こっているのか、かなり細かいことまで分かるようになっています。私たちがなにか不安や喜びの感情を持つとき、なにかの判断をしたとき、ニューロンとシナプスで何が起こるのかを、神経科学は正確に追跡して、そこでどんな物質過程がおきているのかを、あきらかにできる方法を開発しています。

そんなわけで、かつてフロイトやユングの精神分析学が無意識とか、一次過程とか、抑圧とか、抑鬱とか、さまざまな概念を開発して取り扱ってきた問題を、脳内の物質過程として捉えることができるかもしれないというところまで、神経科学の研究は近づきはじめています。鬱病の治療には現在では薬物が用いられています。それは神経科学の研究によって、鬱病がある種の脳内物質の分泌が阻害されることであるからだと解明がなされ、そこから分泌を促進する物質の投与による治療法が開発されたからです。そうなりますと、これまで人文系のこころの学問がさまざまな概念を用いて鬱病を解明しようとしてきましたが、今後は薬物の投与によって治療がおこなわれ、また鬱病そのものも物質的な過程として語られることになります。

人間のこころというものを扱ってきた人文学には、いま神経科学からの大きな挑戦が突きつけられています。とくに神経科学の研究の盛んなアメリカでは、フロイトやラカンの権威は大いに揺るがされています。精神科の医師は、「まあ、そこのソファにゆったり横になってください」とか「この箱庭で遊んでみてください」などというかわりに、数分の診察でもう薬を処方しておしまい、しかしこころの病は確実に治っていく、という話がいまや現実になりつつあります。

では、人間のこころがこのようにして神経科学や脳科学によってすべて解明されていくのかというと、そうはならないだろう、というのが私の考えです。そもそも原理的に、そうはならないと思います。こころはニューロ系の物質的過程をとおして活動しますから、ニューロ系の活動がないところに、こころ系の活動は起きません。しかし私たちの体験が示しているように、こころ系をニューロ系に還元してしまうことは、どうしてもできないのです。ニューロ系とこころ系はどこまでが同じで、どこに違いが発生するのか。このことを正確に取り出してみなければなりません。

これはこころを扱う人文学にとって、重要な試金石となる問いかけです。神経科学や生命科学と正しい対話をおこなうことのできる人文学を、これから私たちはつくっていかなければなりません。そうでなければ、人文学は自己満足に留まったまま、現代の人間の必要とする真の知識を生み出していく能力を失ってしまうでしょう。したがって私の今日の話は、人文学の再生に関わることになります。

4

ニューロ系とこころ系をつなぐ回路が存在しています。同じ原理で動いている部分があり、しかもそこは両系にとって本質的な機構ですから、それを追求していくと、求めるつなぎの回路が見つかる可能性があるからです。

ニューロ系もこころ系も、「ブリコラージュ bricolage」によって自分を組織しています。進化や複雑化を進めるのに、ニューロ系もこころ系も、同じブリコラージュの方法によっている。神経科学と人類学が相前後して、このことを見出しました。

ブリコラージュは、人類学者クロード・レヴィ＝ストロースの『野生の思考』（一九六二年）によって、人文学のほうでは大変有名になった概念です。現代のエンジニアは特定の作業をおこなうのに、それ専用に特化した道具や素材をあらかじめ用意しておいて作業します。ところが産業革命以前の人間は、そういうことはめったにしませんでした。別の用途のために用意しておいた道具や素材を、他の種類の作業に転用して平気でした。石斧は新石器人によって、ありとあらゆる種類の作業に用いられたことでしょう。なんでも自分で作る主義のふつうの生活人でも、ホームセンターなどが発達する以前は、事情はまったく同じでした。身の回りにある「がらくた」を組み合わせて、適当な道具を上手に使って、棚を作ったり風呂場の修理をしていた光景が、よく見られたものです。この「がらくた」を利用して、新しいものを作りだしていく行為、これがブリコラージュです。人類の知性は、自然状態ではブリコラージュをする、というのがレヴィ＝ストロースの考えでした。

じっさいにそこでブリコラージュがどう言われていたかを、見てみましょう。

器用人（ブリコルール）は多種多様の仕事をすることができる。しかしながらエンジニアとはちがって、仕事の一つ一つについてその計画に即して考案され購入された材料や器具がなければ手が下せぬということはない。（中略）器用人の用いる資材集合は、単に資材性〔潜在的有用性〕のみによって定義される。（レヴィ＝ストロース『野生の思考』）

ブリコラージュのやり方で仕事をする人（ブリコルール）は、潜在的に役にたちそうだと思われたものなら、なんでも使って仕事をするというのです。新しい事業を起こす時にも、身の回りにある素材と人材を集めて、それらを器用に組み合わせてことを始めます。新しい資材を外部から調達したりすることをせず、使い古した資材から潜在的な能力を引き出して、いままでとは違った機能を与える、そうやってイノベーションを起こすというのが、「野生の思考」の流儀です。じっさい神話などは、つねに古い「資材」を再利用して、組み合わせを変化させるだけで、新しい神話を生み出してきました。芸術に関してもまったく同じことが言えると思います。

ところがまったく同じブリコラージュの原理が、生物によっても見事なやり方で用いられています。バイオ・ニューロ系においても、ブリコラージュは進化の過程で大活躍してきたのです。それについて現代の神経科学者はこう述べています。

実際に記憶に関する生化学の研究から、生物学の一般な原理が明らかにされてきている。進化は、新たな特定の機能を生み出すたびに、新しい特別の分子を創造するのではない。

むしろ、分子生物学者のフランソワ・ジャコブが指摘しているように、進化は不器用な修繕屋（ブリコルール）であり、手持ちの遺伝子をその時々でわずかに違った様式で繰り返し再利用しているだけである。人間がコンピューターや車を再設計するときに、新しい機能を創造するために、古道具から出発することはしない。一方、進化は変異を創出することや遺伝子構造に無作為な変化（突然変異）を起こしたり、あるタンパク質にわずかに違った変異を起こすことによって仕事をさせている。（スクワイア＋カンデル『記憶のしくみ』）

つまりブリコラージュは、こころ系のおこなう文化創造の原理としてだけではなく、生命が生き残りと進化をかけた飛躍をおこなうときに用いる、ニューロ系でもっとも重要な働きをする原理なのです。そういうことが、生命科学の中で明らかにされてきたわけです。アメフラシのような単純な神経組織をもつ生物からラットのような発達した脳をもつ生物へ、さらにゴリラへ、チンパンジーへ、猿人へ、人類へと脳の神経組織は複雑性を増す進化をとげてきました。その間に神経組織はつぎつぎに新しい形に進化してきましたが、そのつど新しい部品が調達されたわけではない、と現代の神経科学は考えています。

ゴリラが新しいコンピューターを脳にセットしたために、類人猿に進化したわけでもなく、ネアンデルタール人が何か新しいプログラムを脳にセットしたから、私たちのようなホモサピエンスに進化したわけでもありません。そうではなくて、すべて生物が、自分の細胞や脳のなかに見つけられる出来合いの素材に、ブリコラージュをほどこすことによって、そこから新しい機能を引き出してきました。進化の後の場所に立てば、まるで「がらくた」のように思われる素材を使って、新しい組織がつくりだされ、「がらくた」素材の潜在能力が引き出された結果、生物は進化をとげるのです。生物はそのつど、新しい分子を発明するかわりに、古道具を利用して、進化してきました。

フランソワ・ジャコブ（一九二〇－二〇一三）が語っていますように、「進化は変異を創出することや遺伝子構造に無作為な変化（突然変異）を起こしたり、あるタンパク質にわずかに違った変異を起こすことによって仕事をさせている」。手持ちの素材に、ちょっとした変異を加えるだけで新しい機能を生み出し続けてきました。生命は遺伝子のレベルから神経組織にいたるまで、すべてがブリコラージュを原理として、進化をおこなってきました。その果てに、人類の脳が出現したのです。

そして、その人類の脳が生み出す文化現象もまた、「自然な状態」では、ブリコラージュの原理によって、創造的な仕事をしてきました。ここにニューロ系とこころ系をつなぐ第一の鎖が見えてきました。ニューロ系もこころ系もともに、いわば古道具の再利用というやり方で、進化や創造を実現してきました。二つの系の間には作動のいちじるしい共通性が見いだされます。

ここからも、ニューロ系の活動とこころ系の活動との間に、数学で言うところの「同型性《アイソモルフイズム》

(isomorphism)」が存在しているらしい、という推測が生まれてきます。「もの」と「こころ」は直接に連結しているのではなく（もし直接連結しているのだとすると、唯物論や唯心論になってしまいます）、カテゴリー（圏）の異なるもの同士の間に存在し働きかけあっている「同型性」を仲立ちにしてつながりあっているのではないか、という考えがここから浮かび上がってきます。

5

二十世紀の思想家のなかで、このような見通しを持っていた人物が、私の知る限り二人います。一人はさきほども話に出てきた人類学者のレヴィ＝ストロース、もう一人は経済学者のハイエク（一八九九―一九九二）です。

レヴィ＝ストロースは人間の精神の構造を探求した人です。精神においては二項対立のシステムが重要な働きをおこなっていますが、最近の生命科学の研究によって、同じ機構が視覚のメカニズムの中でもすでに働いていることがわかってきました。視覚細胞が、明るい／暗い、上から下への運動／下から上への運動、まっすぐな運動／斜めの運動などといった二項対立を使って、見える世界の分類をおこなっているというのです。つまり視神経から伝達されてくるカオティックな情報を、脳が二項対立システムを使って分類・整理しているのではなく、視覚ニューロンのレベルですでに始められていた分類の作業を、脳はただ受け継ぎ、完成しているにすぎないとも言えます。精神と身体は、このような「同型」のメカニズムを介して、相互に深くつながりあっている。そのことをレヴィ゠ストロースは『神話論理Ⅳ　裸の人』などにおいて強調しています。

ハイエクの探求は、さらに進んだものでした。ハイエクはいまでは「新自由主義の騎士」とも呼ばれることもある経済学者・思想家ですが、若い頃の着想を発展させて、『感覚秩序』（一九五二年）という本を書きました。その着想を抱いたとき彼はまだ学生だったといいますから、一九二〇〜三〇年代の頃だったでしょう。ラモン・イ・カハール（一八五二—一九三四）というスペインの天才的な生理学者によって、ようやくニューロンの存在があきらかにされつつあった、そんな時代のことです。

電子顕微鏡の発明は一九五〇年代まで待たなければなりませんから、それよりもずっと以前の話です。その当時の神経科学の知見を総動員して、ハイエクは脳の神経過程と社会や法律やそこに営まれるべき自由などを、統一的に理解するための方法を探ろうとしました。『感覚秩序』という本は、とても重要な研究です。ですが、ハイエク研究者のなかでもこの本に取り組もうという人は少なく、最近ではあまり読まれていません。しかしこれは、ハイエクのおこなった研究のなかでもとりわけ奥の深いもので、神経科学の発達した現代において、新たに読み直されるべき本であろうと思われます。その重要性は今後ますます多くの人に気づかれていくことと、私は考えます。

ハイエクの考えはこうです。（当時の）神経科学が教えているように、脳の中ではニューロンとシナプスを通じて、電位の変化と電流による発火がたえまなく起こっているにすぎません。脳内のニューロ系を観察しても、分子と電子の運動が起こっているだけで、量的な物質過程が見られるだけであり、そこから感覚の質のようなものがどうやって発生できるのか、皆目見えてきません。神経組織をもつあらゆる生物は、自分の世界のなかに質的な違いと意味を見出すことによって生存を可能にしていますが、分子と電子の物質過程からそれはどうやって発生できるのか。

この問いは、ニューロ系とこころ系のつながりを見出そうとしている、私たちの問いと同じものです。ハイエクはそこで当時のドイツで発達していた「ゲシュタルト心理学」の知的在庫のなかから、「同型《アイソモルフィズム》」という概念を借りてきて突破を図りました。同型は構造をもった集合間の関係を表現するものです。カテゴリーの異なる事物の間に、同型や準同型《ホモモルフィズム》の関係が見出されるとき、それらの間にたしかなつながりを見出すことができる、という概念です。この同型や準同型があると、異なるカテゴリー間にはでたらめでない情報伝達がおこなわれ、こちらの構造をあちらの構造にそっくり移すことができます。

もしもニューロ系で見出されるパターンが、こころ系で見出されるパターンと同型ないし準同型を示すならば、お互いの間には情報の運搬がおこなわれ、前者の構造が後者の構造になんらかの程度で転写されている、と考えることができるでしょう。ハイエクはここから、感覚ニューロンに起こる単純な電気現象のパターンから感覚の質の違いが生まれ、それは何段階もの階層を超えるパターン転写をへて、言語や社会などの文化構造におけるパターンも発生させていくと考え、その過程を緻密に描き出そうと試みました。

彼がのちに展開することになる、「自生的秩序」の考えがここから生まれてくることになります。感覚のレベルから法や宗教のレベルにいたるまで、人間は複雑な階層性をもった秩序の構造体としてできていますが、それぞれの階層ごとの秩序は、パターンの繰り返しから生み出されます。そして階層ごとに異なるパターンの間には、ある種の同型性が見出されます。

ニューロンの内部を走っていく電子の発火にはパターンがあり、そのパターンの繰り返しのなかから、感覚の「分類」がおこなわれる。明るいと暗い、上方と下方、白と黒、などの分類は、感覚ニューロンがパターン認識をつうじて、自らの能力で（自生的に）発生させている。そのパターン認識に関する情報が、より上位の階層に同型性をつうじて運搬されていく。こうしたやり方で、ニューロ系とこころ系はたがいに連絡しあい、統一をつくりあげている。このようなハイエクの考えは、唯物論や唯心論を超える、新しいかたちの物心統一論をめざしていた、と見ることができます。

ハイエクやレヴィ＝ストロースの議論のなかで重要なことは、ニューロ系が原初的な「分類」の能力をもっているということでした。視神経の例はすでにお話ししました。脳が情報処理をおこなう以前に、すでに目の奥の視神経をつくるニューロンが、基本的な分類をすませておいてくれるので、脳はすでに大雑把な分類が済んでいる情報に、同型の処理をほどこせばいいだけになっています。このときニューロンはどんなやり方で感覚の分類をおこなっているのでしょうか。

6

ハイエクの考えですと、同じ電気的発火パターンを含んだ情報が何回も繰り返しニューロンのなかを走っているうちに、それらは「同じもの」として、ひとまとめのものとして分類されるようになります。その「同じもの」はさらにその内部で、より細かいパターンの繰り返しをもとにした分類がほどこされ、分類の内部には階層性ができてくるようになります。

こうして感覚のレベルにつくられる階層性をもった分類に、それと準同型な言語による分節がかぶさります。そうすると、視神経が知覚している感覚と言語による分節が、構造としての一致をしめすようになり、現実の秩序と言語がつくる秩序の間に、適切な対応関係が生まれるようになります。そうなりますと、「もの」と「こころ」は直接的な因果関係ではなく、構造に関する情報を運ぶ作用をするものを媒介にしながら、つながりあっていることになります。

現代の神経科学の知見をもとに、この過程をもうすこし詳しく調べてみることにしましょう。いまから百年近くも前にラモン・イ・カハールによって、ニューロンはひとつながりに連続しているのではなく、間に微小な間隙を挟んだ多数のニューロンの非連続なつながりとしてできていることが発見されました。その間隙というのがシナプスで、この間隙に情報伝達物質が放出されることによって、つぎつぎとニューロン間に情報が伝わっていく仕組みです。シナプスは大きな可塑性を備えています。伝達物質を大量に放出したり、放出を絞ったりすることによって、ニューロンの発火を抑制する働きをします。このシナプス可塑性が、生命の複雑な反応や活動を可能にしています。

その仕組みは今日ではつぎのように解明されています。ニューロンを伝ってきた活動電位が、シナプスの端（前神経終末）に達すると、カルシウムイオン（Ca^{+}）にたいする膜チャンネルが開いて、大量の Ca^{+} が急速に流れ込みます。これによって伝達物質の放出が引き起こされると、伝達物質はシナプス間隙を横断して、向こう側のシナプス細胞に向かって拡散するのです。シナプス後細胞は伝達物質を受け取って興奮性の電位を引き起こし、これが細胞に活動電位を発生させます。このときシナプスはきわめて柔軟な反応をおこない、大きな可塑性を発揮してみせます（「第十章レンマ的数論（2）」の図を参照）。

ニューロ系のおこなう「分類」にとって、このシナプス可塑性が重要な働きをします。同じパターンをもった刺激が繰り返されると、シナプスから放出される伝達物質を抑えてニューロンの発火を止め、まるでなにもなかったかのように、その刺激を無視する傾向があります。これは「馴化」と呼ばれています。ニューロンの「慣れ」のようなものです。

このことは有名なアメフラシの実験で明らかにされました。アメフラシの体の敏感な部分をちくちくと針で刺して、刺激してやります。最初はびっくりして、アメフラシは驚きます。このちくちくを何遍も繰り返すと、こいつはだいじょうぶ、何でもないや、いくら刺してもかまやしないよ、どうぞどうぞという態度を、アメフラシはするようになります。最初の刺激にはびっくりして反応するけれど、何度も同じパターンの繰り返しをされると、慣れっこになってそれを無視するようになる。シナプスからの伝達物質の放出を止めてしまうことで、このような馴化がおこなわれます。神経科学者はこれを記憶の始まりとして注目しています。

シナプス可塑性がつくりだすこの過程は、とても重要な意味をもっています。この過程によって、ニューロ系に「カテゴリー」がつくられるようになるからです。カテゴリーは似ているものを、ひとまとめにしたものです。感覚ニューロンから同じパターンが送られ続けると、ニューロン自身がそれを無視して、「ゼロ」として扱おうとする。そうすると、似ている発火パターンのなかの似ている部分を全部「ゼロ」として扱うことによって、似ているものが一つのカテゴリーにまとめられるようになります。ニューロン系はこうして物質的過程の中から、感覚の自然な分類体系をつくりだすようになるわけです。

ものごとを分類カテゴリーに収納することによって、ニューロ系には適度な「忘却」の能力が獲得されるようになります。自分が知覚したあらゆる刺激を覚えている、超人的な記憶能力をもった人のことを想像してみてください。この能力がニューロ系にまで及んでいるとしたら、その人のニューロンは馴化をいっさいしないわけですから、感覚世界にはカテゴリーというものが形成されなくなるでしょう。

生物はこの適度な忘却能力によって、環境世界を感覚的に分類し、カテゴリーを形成し、環境に適応した行動が可能になったとも言えます。シナプス可塑性によって、ニューロ系における感覚分類とカテゴリー形成が生まれますが、そのときニューロンがおこなう馴化の働きによって、「ゼロ」が発生していることが注目されます。

同じ共通性をもったものを「同じもの」として認識して、ひとくくりにするカテゴリーが生まれるとき、「ゼロ」が活動し始めています。この「ゼロ」は概念化されたものでなく、ニューロ系の物質過程の中で自然に発生する、概念以前の「ゼロ」です。人間はのちにその働きを「ゼロ」という概念として自然の内部からつかみ出すようになりますが、それは人間のこころがすでに「ゼロ」の働きによって稼働しており、無意識にその存在を知っているからです。ここにもニューロ系とこころ系の同型性を見出すことができます。ニューロ系もこころ系も、「ゼロ」の基礎の上に形成されているのです。

同型のメカニズムを、人間のこころ系にも見出すことができます。私たちのこころは、メタファーとメトニミーを組み合わせた「アナロジー（喩）」の作用によって働きます。アナロジーは似ているものを結びつける能力です。二つのものがあったとします。その二つに共通している部分があると、その共通部分を介して、二つはアナロジーによって、結びつけられることになります。

7

人間の用いる言語から、メタファーやメトニミーを除いてしまうと、骨と皮ばかりの単語と統辞法しか残りません。単語という単語はバラバラに孤立してしまい、単語をつうじての連想も起こりませんから、イメージの動きも起こりません。認知言語学者の研究によりますと、今の人間の使用している言語の八十パーセント以上が、なんらかの比喩の働きによっているといいます。それどころか、人間の言語的機能の使い方でもっとも抽象的だと考えられているあの数学でさえ、メタファーの力を借りなければ、円周率π《パイ》もネイピア数 e（自然対数の底）も「連続性」も「無限」も、いやどんな概念でも公式でも、理解することは不可能だと言われているほどです（レイコフ＋ヌーニェス『数学の認知科学』）。

言語の深層で動いているこころの働き、すなわち「無意識」もメタファーとメトニミーとまったく「同型」のメカニズムで作動しています。これは、フロイトの発見と関係しています。フロイトは、こころの働きを言語的な「二次過程」と前言語的欲動的な「一次過程」とに分けて考えましたが、このうちのより原始的な一次過程は、異なるイメージを重ね合わす「メタファー」的な働きと、イメージをずらすことで意味を発生させる「メトニミー」的な働きの結合でできていることをあきらかにしました。メタファーについてはわかりやすいでしょう。メトニミーというのは、「帆」の映像を見たら即座に「ヨット」の映像が浮かぶように、部分によって全体をあらわす喩の働きのことをいいます。

フロイトはこう考えました。違うものを重ね合わせる「圧縮」によって意味を生み出すメタファーと、横へずらす「移動」によって意味を生み出すメトニミーによって、無意識というものは秩序のある動きをしている。その動きは、統辞法にしたがって（ということは時間軸にそって）ものごとを秩序づける言語とは、違う流動性をもっているので、無意識は奔放な動きをしているように見えるだけで、じっさいには無意識も意識もアナロジーをもとにした活動をおこなっているのである、ということになります。

こころの深層レベルでは、対象物を個体として認識していません。つねにほかの別のものと重ね合わせたり（メタファー的）、意味のずらしをおこないながら（メトニミー的）、アナロジー的に思考し続けています。私たちの思考が可能になっているのも、無意識がアナロジー的に動いているからこそ可能となっているのであって、純粋に合理的な思考などはおこなわれたためしがない。これがフロイトの思想でした。

ですから私たちの使用している言語というものの下には、それと「モルフィズム（同型）」な関係にある無意識が張り付いており、この互いに同型でありながら作動の異なる二つのメカニズムの結合として、私たちの精神活動は進行していることになります。夢や精神病やすべての創造的行為では、このうちの無意識的メカニズムのほうが表面近くに浮上していますが、日常生活では言語構造が表面を支配している、ということになります。しかし二つの構造はたがいに「モルフィズム」の関係にあるわけですから、きわめてスムーズに相互の移行はできるようになっていて、夢から目覚めへ、想像から現実へ、創造的沸騰から日常的平静へと、人間の精神はめまぐるしくギアチェンジして、使用するこころの装置を交換していくことができます。

人間の無意識をつくるこのメタファー的とメトニミー的という二つの仕組みが、それと「同型」である意識の働きと一体になって活動している言語というもののなかにどうあらわれているのか、このことをもうすこし詳しく解明してみましょう。

言語学は今の人類の使用しているすべての言語が、統辞法の軸である「シンタグム軸」と意味の軸である「パラディグム軸」の組み合わせでできていることを、あきらかにしてきました。このうち、ホモサピエンスではパラディグム軸がきわめて広大な空間を開いています。おそらく、ネアンデルタール人のような旧人から新人への進化がおこったとき、脳内の神経組織はこのパラディグム軸の空間が爆発的に拡大できる方向に、組織の組み替え（ブリコラージュ的組み替え）を実行したのであろうと思います。そのおかげで、メタファー能力が飛躍的に拡大できたのであろう、と推理されます。

言語に統辞法の構造のあるおかげで、私たちは外界で起こる現実世界の様子とほぼ「同型」な表現を、こころのなかにつくることができます。人類の言語は、S＋V＋O（主語＋動詞＋目的語）という深層にある普遍的な統辞構造をさまざまに変形しながら、自在な展開をとげてきました。この統辞構造は、現実世界の出来事の構造と、おおむね「同型」の関係にあります。

そのため、狩猟民が目の前を走る鹿を見て、「鹿が走る」と言うことができます。これはS＋Vの構造を持っていますが、じっさいに「鹿」が「走っていく」という現実の出来事の構造を再現できています。矢を放とうというときには、「私（S）は鹿（O）を射る（V）」と言えば、まわりの仲間たちにも、その人の意図を正確に理解します。

言語のシンタグム軸は、現実世界の構造と対応している表現を可能にしてくれます。ネアンデルタール人が統辞法を発達させた言語をすでに持っていたであろうということは、彼らがすでにじゅうぶん発達した家族や狩猟集団をつくっていたことからも推測されます。彼らは言語による社会的コミュニケーションを発達させていたはずです。ところが旧人は宗教と芸術を持っていませんでした。

宗教も芸術も、新人であるホモサピエンスの出現と同時に起こっています。私はその理由を、メタファー的なパラディグム軸の拡大のうちに見出そうとしてきました（『カイエ・ソバージュ』など）。アナロジー脳への進化が起こり、統辞法的シンタグム軸にメタファー的なパラディグム軸を結合した、今と同じ言語ができてくると同時に、新しい文化への爆発的な飛躍が起こった、と考えられます。

興味深いことに、旧人から新人への進化とともに、人類の脳の容量の劇的な減少が起こっています。脳のスペックが減り、それでいて能力のアップが見られたということは、情報を縮減できる（圧縮できる）新タイプの回路が、神経組織のなかに生まれた、と考えることができます。この情報縮減の能力は、メタファー的回路の出現と深く関係しています。

メタファーは違うものを重ね合わせ、意味を圧縮するメカニズムによります。違っているけれども共通している部分があるものを並べて、そのうちの共通している部分を無視する、あるいは情報として「ゼロ」として扱う。そうすると二つの意味の重ね合わせがおこり、情報としてはゼロとして扱われる部分から、新しい意味が発生するようになります。このようにして、メタファーは情報の縮減をおこない、同時に新しい意味の発生を促します。別の言い方をすると、人間はそのつど古い意味を忘却して、新しい意味の発生・増殖を促しているとも言えます。

こころ系の認知においては、世界を分類するカテゴリー化の作業そのものが、このメタファーの機能によっています。カテゴリー化が起こるとき、共通するパターンをゼロとみなす縮減がおこなわれ、いくつもの事物がひとくくりにされます。あきらかにここには、ニューロ系でおこなわれている感覚情報の分類作業と、まったく「同型」の過程がおこっています。

シナプスがその可塑性を利用しておこなっている、ニューロ系におけるカテゴリー化の仕組みと、こころ系が（その一次過程と二次過程で共通して）用いているアナロジー的機構の仕組みとは、驚くほどによく似た構造をもっています。その様子を見ていると、どうしてもニューロ系にできた仕組みを、ブリコラージュのやり方で組み立て直したところにこころ系が形成されてくるのだ、と考えたくなります。

こころ系が発生するのに、他の宇宙からの手助けは必要ありません。地球の生命史のなかに生まれた生命、その生命の内部につくられた神経組織、こうしたものがあれば生命のなかにこころは生まれることができるからです。自分自身がブリコルールとなって、がらくたを素材に用いて、地球はホモサピエンスのこころ系を生み出すことが可能です。

8

じつに不思議なことに、いままで私が語ってきたことを、すでに数学が「ホモロジー（Homology）」として取り出しています。ポアンカレによって着想され、二十世紀の後半にはすでに完成の域に達し、いまや「圏論（Category Theory）」という新しい数学に進化をとげようとしている、数学の理論がそれです。

この理論は生理学とも神経科学ともハイエクとも構造人類学ともまったく無関係に、数学のなかだけで純粋にかたちづくられてきたものです。そうして形成された純粋数学の理論が、こころの本質を探ろうとしている探求がつかみだそうとしているものを、すでに表現しつくしている。こういうことが、アインシュタインの一般相対性理論とリーマン幾何学の関係のように、サイエンス（学問）の領域ではときどき起こります。

ホモロジーの考えは、ニューロ系やこころ系のおこなう基礎的な認識活動をそのまま、自然に、取り出してきたものと見ることができます。ホモロジーは世界を「割り算」で見る数学と言われます。ＶからＷへ伝達される情報のうち、Ｗへ行くと消えてしまう（ゼロになる）情報ははじめから無視してしまうという、情報縮減のプロセスとして世界を見ていこうとする、その操作をＶ/Ｗという割り算であらわすのです。ある数学者はそれをこう表現しています。

（ホモロジーＶ/Ｗとしてとらえられた世界とは）Ｖをベクトル空間とし、（中略）Ｖの世界でＷという方向をまったく感知できない生物が見る世界である。つまりＶの元ｖはＷに含まれるときは零ベクトル〇（ゼロ）となり、Ｖの２つの元 v_1 と v_2 はその差がＷに含まれているときは区別できない（等しい）と約束して得られる集合がＶ/Ｗである。（安藤哲哉

球体のような三次元のものの表面を歩いている二次元生物(二次元のものしか感知しない生物)には、球面はどこまでも続いていく平面としてしか感じられないでしょう。球体の表面がどんなに曲がっていても、二次元生物にとっては、見分けのつかない同じ平面として認識されます。このようにV/Wというホモロジーは生物の知性のあり方を、自然なかたちで表現しています。人間も含めあらゆる生物が、そのようなホモロジーのやり方で世界を認識しています。

ホモロジーはニューロ系にもこころ系にも、自然なかたちで適用可能な数学です。生物は感覚ニューロンにおいて、すでに情報の縮減をやっています。ニューロン発火にあらわれる同じパターンの反復を無視する(ゼロとみなす)ことによって、感覚領域でカテゴリー形成をおこない、さらには記憶の基礎を固めています。いわば神経回路全体が、ホモロジーをアルゴリズムとして動いています。

またアナロジーを用いて活動している人間のこころは、一次過程においても二次過程においても、情報の圧縮と移動をたえまなくおこなうことによって、思考をおこなっています。アナロジー的思考はホモロジーとして理解可能です。そんなわけですから、ニューロ系とこころ系の両方で、ホモロジーが本質的なアルゴリズムとして働いていることになります。おそらくは、ニューロ系とこころ系の中間に形成されている重層的な諸機構も、ホモロジー的なメカニズムを利用していることでしょう。

ホモロジーではよくつぎのような図式が用いられます。

→M→N→O→P→Q→

この図式は「住民」MやNなどの間を、情報が伝わっていく様子をあらわしています。MからNにいく過程で、どれほどの情報が伝わり、どれほどの情報がゼロとなっていくかをしめしています。この図を見ていますと、私などは矢印（射）がニューロン単体をあらわし、MやNなどがシナプスを象徴しているように思えてなりません。シナプス可塑性と呼ばれているものは、シナプスの間隙でどれくらいの情報がそのまま伝わり、どれくらいの情報がシャットダウンされるかをあらわしている概念ですから、これはそっくりホモロジーにほかなりません。しかもホモロジーが問題にしていることと、ニューロ系の機能が実現しようとしていることは、驚くほどよく似ています。

このような意味でも、ホモロジーは生物の生命活動に密着した、自然な数学であると言えます。圏論にいたっては、そのことを強く意識しながらおこなわれています。二十世紀後半には、こうした「自然な数学」への追究が発達してくることになりました。私には数学を、自然学と考えたらいいのか人文学の一部とみなすべきなのか、いまだによくわからないのです。しかしホモロジーや圏論の例を見てもわかりますように、数学が今日ますますニューロ系とこころ系、自然学と人文学をつなぐ環の働きをするようになっていることは、まちがいありません。

不思議なことだとは思いませんか。数学者はみな潜在的にはプラトン主義者です。彼らは現実の世界のことなどそっちのけで、脳の中の「イデア」世界に生起する、驚くべき光景を覗き込んでいます。しかしホモロジーや圏論の例を見てもわかりますように、そうやって脳の中から取り出した数学が、こころ系の動きを表現するばかりでなく、「イデア」の対極である「もの」世界の住人であるニューロ系の活動をも表現しているらしいとなると、いったい数学とはなんなのだろう、と思えてきます。ここにも「もの」と「こころ」の間に、自然なつながりが存在しているにちがいない、という確信を強くさせるものがあります。

9

ホモロジーではつねにゼロ空間が生成されてきます。いやそもそも、世界をゼロ空間の基礎の上に考えようとするのが、ホモロジーとも言えます。このことを神経科学的に言い直してみると、生物は神経組織のなかにホモロジー的な働きをおこなう回路網をつくってあり、それによって「潜在的には」ゼロ空間をたえず生み出しているわけです。生物のおこなう感覚世界の分類やカテゴリー化や記憶化の奥に、ゼロ空間が潜在し活動しています。そのゼロ空間を実体として取り出すことは不可能でしょうが、ホモロジー的に機能している以上、ゼロ空間が形成されているのは間違いありません。

ニューロ系にブリコラージュ的な改編を加えていった末に出現するこころ系も、ホモロジー的な作動をおこなっています。とくにホモサピエンスの場合、それはアナロジー（喩）という完成度の高いメカニズムで動いています。とうぜんそこでは、ゼロ空間が大きな働きをしています。ゼロ空間はホモサピエンスの出現以来、その脳でずっと作動し続けていたのですが、そのことを「ゼロ」という概念として対象化できるまでには、長い年月を要しています。

ニューロ系の作動を支えているゼロ空間と、こころ系の働きをつくりだしているゼロ空間は、ホモロジー的な作動を生むためには、どちらも同じような働きをします。しかしその「内部構造」には大きな違いがあります。ゼロにも内部構造があり、その違いがニューロ系のゼロとこころ系のゼロに、違いを生み出すのです。今日の話の最初に、こころ系にはニューロ系に還元することのできないものがある、と言いましたのは、じつはこのゼロ空間の内部構造の違いということに原因があると思われます。

このことをアメフラシの馴化反応の場合と、人間のこころのおこなう高度な表現の場合とを比べながら、具体的に見てみましょう。敏感な部分を突かれたアメフラシは、最初の頃はびっくりしてあわててエラを引っ込める反応をします。しかししだいに同じ刺激パターンに慣れてくると、シナプス間隙に放出される伝達物質のバルブを締めて、ニューロン間の連絡を塞いでしまいます。そうなると、そこから先には情報がまったく伝わらなくなってしまいます。文字どおりこの「ゼロ」は無の「0」となり、伝達物質が放出され情報が流される状態の「1」と組み合わさって、ニューロ系デジタル信号を形成します。

ところが、こころ系の「ゼロ」ではそれとは違うことが起こります。「ゼロ」に内部構造があり、この構造をもつ「ゼロ空間」を介して、新しい意味の増殖が起こります。ニューロ系でもこころ系でも、「ゼロ空間」が機能することで、分類や記憶が可能になりますが、こころ系では内部構造をもつ「ゼロ空間」をくぐり抜けるたびに、情報の間に新しいメタファー的結合が生じます。

とても有名なシュールレアリズム詩を例にとって、その様子を見てみましょう。

解剖台の上での、ミシンと雨傘の偶然の出会のように美しい。(ロートレアモン『マルドロールの歌』)

この詩にはアナロジーが機能するためには「ゼロ空間」の存在が必要であり、その「ゼロ空間」が言語の結合に自由と拘束の法をもたらす、ということが語られています。世界は美しい。それは解剖台の上で偶然に出会ったミシンと雨傘の組み合わせのように美しい、と詩人は語ります。この詩を構成する喩では、「解剖台」が私のいう「ゼロ空間」にあたります。金属の光を放ち、つるつるしていてなにも置かれていない、均質な鏡のような解剖台。まったく意味を発生させないようなその「ゼロ」の上で、ミシンと雨傘がなんの前提も前触れもなく、誰かが仕組んだこともなく、まったくの偶然に出会っているのです。

一見すると、ミシンと雨傘は完全に自由に、この解剖台という「ゼロ空間」で出会っているように見えます。ところが「ゼロ空間」には内部構造があり、そこには事物を通常とは違うやり方で結びつける、拘束性が働いています。ミシンと雨傘の間には、対立をはらんだコレスポンダンスが存在しており、それによって無重力の自由な「ゼロ空間」のなかで、お互いを自分にもっともふさわしい喩の相手と認め合い、引き合う、不思議な拘束性が働き出すのです。

ミシンと雨傘には共通点と違いがあります。両方ともが、尖った先端を持っています。ミシンには針がありますし、雨傘は雨に向かって突き出す尖った鉄の先端があります。ところが、ミシンは布を突き抜けていくのに対して、雨傘は布で雨を防ぐというところは、反対の働きを示しています。ミシンと雨傘の間には、対立を含んだ相関関係があります。そういう相手をアナロジー思考の動く「ゼロ空間」のなかで発見して、これこそ我が求めし相手！　と喜んで結び合っていく。ここには自由と拘束が同時に働いています。これが「偶然」の本質だ！　そうロートレアモンは言いたいのでしょう。人々が至上の価値のように言う自由など、絶対的偶然の課す拘束なしにはくそだと、この激烈な詩人は語るのです。

ここに、ニューロ系ホモロジーとこころ系ホモロジーの本質的な違いがあります。どちらも「ゼロ空間」の働きなしには、活動できません。ところがニューロ系「ゼロ空間」には内部構造がなく、したがって生産性や増殖性をもちません。それにたいして、こころ系「ゼロ空間」は内部構造をもち、独特の結合律をもつことによって、新しい意味の生産・増殖をおこすことができます。ものとこころの違いは、おもにここにおいてあらわになります。

　生産性をもつ「ゼロ空間」は、人間のこころの中だけで働いていて、実体として取り出すことはできません。そんなものは存在しないのです。ところがその非存在はこころの動きに働きかける操作子となって、意味の世界に絶え間ないメタモルフォーゼ（姿態変化）を実現し、出来上がった世界の固定性を揺るがして、そこに自由を導き入れる力をもっています。

　ニューロ系に新しい結合をもたらすタンパク質が形成され、新しい回路が形成される突然変異がおこったとき、そのタンパク質の情報を遺伝子のなかに組み込むことによって、こころ系をもった人類へのホモサピエンスの進化はおこったのでしょう。この進化はおもに、ニューロ系とこころ系に共通するホモロジー構造に起こり、その構造を可能にする「ゼロ空間」の内部構造を、一気に豊かにしていく変化が起こりました。どうやら「ゼロ」が人間のこころの秘密を握っているようです。

そうなると、私は最後にどうしても仏教について語らざるをえなくなります。それにこの話題は、京都こころ会議の求めるものにも、ふさわしいでしょう。仏教は二千五百年も前に、すべての意識作用（こころ）をもつ存在を「有情」と呼び、有情のこころの本質を「空」としてとらえていました。仏教はあらゆる心的現象の解明をめざしましたが、そうした心的現象の基底にはゼロがなくてはならない、と考えたのです。

空、シューニャー、すなわちゼロです。数のゼロという概念を発見したのはインド人だったと言われています。ゼロという数もシューニャーです。数のゼロと空には共通性があります。しかし仏教思想はその二つの間にある本質的な違いにも、鋭く着目しています。驚いたことに仏教は、私たちがニューロ系とこころ系のそれぞれで働く「ゼロ空間」の違いを、じつに正確に取り出して見せるのです。

あらゆる有情のこころは空である、と仏教では説かれます。有情はそれぞれの生物的条件にしたがって、周囲の世界を感覚し、有情の種類ごとに違う世界を構成しています。動物と人間は同じ環境を前にしても、それぞれの生物的条件にしたがって、違う感覚の分類をおこない、違う空間を知覚し、違う世界を内側からつくりあげています。こういう有情の意識の働きすべての基底に「ゼロ」が働いていることを、仏教は強調します。

仏教では、この「ゼロ空間」に一種の内部構造を考えます。それは「縁」に結ばれた無限のネットワークであり、どこにも実体をもつものがないから、その本質は空にほかなりません。

仏教哲学（中観仏教）ではこの空の中に、二つの種類の空がある、と説明しています。すなわち「なにも生まない空」と「生産性をもった空」の二つです。

「なにも生まない空」はデジタルなゼロのように、それ自身ではなにも生み出さないのですが、ものごとを思考するときに必要な「否定辞」としても機能します。私たちは情報を流したり遮断したりするシナプスの働きの中に、そのような空＝ゼロの働きを見てきました。このゼロはあたかも内部構造など持たないようにして、否定をおこなうのです。

もう一つの「生産性をもった空」は、こころ系に内蔵された別種の「ゼロ空間」に対応しています。ニューロ系のゼロが「点」のように広がりを持たないのに対して、人間のこころにおいてあらわに浮上してくるこちらの空では、情報と情報がキアスム（交叉）的に結合することによって、新しい第三の意味が生産されてきます。こころ系の「ゼロ空間」はじつに巨大な広がりと、複雑な結びつきを生み出すことのできる内部構造を備えています。その内部構造を幾何学化すると曼荼羅があらわれてくることになりますが、この曼荼羅の根元もじつは、ニューロ系からこころ系までを貫くゼロの作用にほかなりません。

このようなゼロの概念に基づいて、「もの」と「こころ」を統一していく新しい学（サイエンス）が生まれなければなりません。二千五百年前に仏教がなしたような果敢な探求によって、そのような学をつくりださなければなりません。いまはまだ、「もの」と「こころ」は、おたがいを交換することがまったく不可能なほどの非対称な関係にあります。

しかし、今日の話で私たちが見てきたように、ニューロ系とこころ系の間に、「同型」を媒介にしたたしかなつながりが存在し、ブリコラージュ以外のやり方を進化が必要としていなかったのだとすると、ニューロ系とこころ系、「もの」と「こころ」の間にはかならずや「隠された対称性」があるはずなのです。それが見出されたときはじめて、人間のこころは宇宙の中にあって孤立したものでなくなるでしょう。

物理学はすでに自然界の奥で働いているこのような対称性の実例を、いくつも発見してきました。長いこと交換不能で非対称な粒子と考えられていた陽子と中性子の間に、対称性を回復する実験までが、今日では成功をおさめています。私はそういうことが、こころの学にも実現可能だと思っているのです。人間のこころはときに自然を超える能力を示しはしますが、もとはと言えば自然が生み出した子供にすぎません。「もの」である自然が生み出した子供が、人間の「こころ」であるならば、二つの間に統一が存在しないなどということは考えられません。ましてや、脳の活動が自然を制圧できると考えることなど思い違いもはなはだしい、と言わざるをえません。「もの」と「こころ」の統一をめざすこの未知のサイエンス（学）は、人間に真の謙虚さを取り戻そうとする試みにほかなりません。

付録二

レンマ的算術の基礎

1　拡大サピア＝ウォーフ仮説

『メッセージ』という映画にもなったＳＦ短編小説『あなたの人生の物語』（テッド・チャン著）[1]には、非線形言語を用いるエイリアンが登場する。七本の足を持つところから「ヘプタポッド」と名付けられたこのエイリアンは、音声による発話とグラフィック文字による書記との、二つの言語様式を使う。このうち発話のほうに関して、ヘプタポッドは人類のような音素システムを用いない。まるで咳をしているようにして彼らはしゃべる。しかし彼らの発声を、音響スペクトログラムをとおして分析すれば、ある程度はその中に語彙と統語法のシステムを特定できるようになるので、それによって発話によるコミュニケーションが、ぎこちないながらも可能になった。

ところが問題は文字のほうである。人類の用いているあらゆるタイプの文字と、それは共通点を持たない。ヘプタポッドの使う文字は「複雑なグラフィックデザインの寄せ集めに見える。この表語文字の配置には、行や渦巻きといった線形《リニア》の様式はどこにもない」[2]。エイリアンの調査を依頼された人類の言語学者は、はじめはこの複雑きわまりない非線形書法体系を前に途方に暮れていたが、しだいにそれが人類の絵文字のようなものとはまるで違うものであって、文を構成する規則をそなえた視覚的統語法でできていることを理解するようになる。

人類の絵文字では意味を表現するイメージを並べていくことによって、一つの文を構成する。ところがヘプタポッドの用いている視覚的統語法では、一つの表語文字に対する他の表語文字の方向づけによって、意味が決定されるようにできている。線の曲がりぐあいの変化で、ある語が主語なのか目的語なのか、「はっきり聞く」なのか「容易に聞く」なのかが決められていく。人類の発明した書法体系の中で、これに似たものとしては、数学の式と音楽や舞踏の表記法しかない。しかし人類は数式や楽譜で会話を記録することはできない。

ヘプタポッドと名付けられたこの地球外知性体は、この非線形書法を用いて、人類からみればきわめて迅速な思考をおこなっているように思えた。いや「迅速な」という言い方は正しくないかもしれない。人類のスーパーコンピューターのおこなう計算が超高速であるというのとは違って、原因と結果、前提と結論などが交換可能な状態で、一種の全体思考を一挙におこなっているのである。

さらに堪能になるにつれ、意味図示文字の構図は、複雑な概念までも一挙に明示する、完全に形成された状態で現れてくるようになった。といっても、結果的に思考過程が速くなったというわけではない。心は疾駆するのではなく、表義文字群の基層をなす相称性の上に均衡を保って漂っている。表義文字群が言語をこえたなにかに見えてくる。それは曼荼羅に似ていた。気がつくと、瞑想状態にあって、前提と結論が交換可能なやりかたで黙考している。各命題の関連づけに固有の方向性はなく、特定のルートをたどる〝思考の筋道〟もない。推論という営為における全要素は等しなみに力強く、すべてが同じ優位を占めていた。[3]

ヘプタポッドは彼らの物理学を持っているが、そこでの物理法則は因果律的に記述されない。それにたいして人類は物理法則を因果律にしたがって思考するのを好む。事象は時系列にそって変化し、原因が結果を生んでいくことによって、過去から未来へと連鎖反応が広がっていく。その様子を微分方程式が記述する。ところが非線形言語様式で思考するヘプタポッドはそれとは対照的に、物事を目的論的に解釈する。原因が発生する前に結果についての知識を持っていて、それにしたがって作用の最小化ないし最大化をめざして事物は展開するという考え方だ。これはちょうど、人類の物理学でいうと「フェルマーの原理」に類似した思考法で、この最小化原理の考えを利用して演算子型の量子論とは異なる型の量子論を開発したファインマンの「経路積分」の発想などは、きわめてヘプタポッド的と言えそうである。[4]

ヘプタポッドとのコミュニケーションを重ねるにつれて、人類の言語学者はしだいにヘプタポッド的な直観的思考に慣れていった。彼女の中で原因と結果が交換可能となる目的論的な直観力が育っていくようになったのである。言語学者である彼女は、学生の頃に勉強した「サピア＝ウォーフの仮説」を思い出すことだろう。アメリカ先住民の言語を比較研究したサピアとウォーフは、言語構造の違いが思考法の違いを生むという仮説を立てた。この仮説は人類の言語のように深層構造が共通している言語どうしに見られる表層構造の違いが、はたして思考法における明白な違いを生むものであろうかという批判を受けてきた。しかし次のような「拡大サピア＝ウォーフ仮説」を立てることは可能である。非線形言語を用いて思考と表現をおこなう生命体は、線形言語で思考し表現する人類とは、異なる世界のとらえ方をしている。非線形言語による生命体は事象を因果律的にとらえないのである。しかし両者の間には「移行の原理」が働いていて、相互のコミュニケーションは可能である。

私はこの論文において、ＳＦの発想とは違って、エイリアンに独自なものと考えられた非因果律的な知性が、人類の心の中にも実在していることを示そうと思う。それを「レンマ的な知性」と呼んで（なぜそういう言葉が使われるかについての説明はあとで詳しくおこなわれる）、その知性形態に基づく厳密な「学（Science）」の可能性を探ってみたい。

あらゆる厳密な「学」の基礎は、算術によって固められなければならない。その「学」にとって意味を持つ数の概念を確立し、その数をもとに概念の上部構造を構築していくことができなければならない。レンマ的な知性による「学」の場合も例外ではない。「レンマ的な数」なる概念を確立し、その数の具体的な構成法を求めた上で、作用子演算や微積分の計算方法を考え、さらにはふつうに用いられている標準的な数学に、その別種の数学が自然に移行できる手順が確立されている必要がある。そういう算術が基礎に据えられていれば、安心してその先の「学」の構築に進むことができる。そこで私はこの論文で、はたして「レンマ的算術」などというものが可能なのかを考えてみたい。

2 縁起論的思考

人類の思想史において、心に内蔵されている非因果律的なレンマ的知性の存在と働きを明瞭に認識したのは、ゴータマ・ブッダが最初である。その知性はあらゆる生命体の出現を可能にしたものだが、各生命体に特有な生存条件のために、奥に隠されてしまっている。人類の場合には、心の働きの表面を覆っている「煩悩」によって、奥にやられてしまっている非因果的知性が、前面に出て働くことができなくなっている。その知性の働きを前面に出して活動させることができる。ブッダは宗教者として、それを可能にするための実践的な方法を示そうとした。

初期の仏典ではこのブッダの思想が「十二縁起」として示されている。ブッダは人生苦の原因を探し求め、それが相依相関する複雑な関係の網の目としてつくられているさまを知って、それを「縁起法」と名づけた。この縁起法こそが世界の実相なのである。古い層に属する伝承にもブッダの言葉として、「縁起法はわが所作にあらず、また余人の作にもあらず、かの如来出世するもいまだ出世せざるも、法界常住なり。かの如来みずからこの法を知って正覚を感じたまいしもの」（阿含経典）とある。人類がそれを知ろうが知るまいがに係わりなく、縁起法は作動し続けている。縁起法は法界（存在世界）のあらゆるところで活動し、隙間なくそこを充たしている。

この縁起の網の目は無限であるから、因果律に束縛されている知性によっては、これをとらえることができない。とりわけ人類のように自我の観念に基づいて意識を構造化し、その構造に最適なかたちで適合する言語を発達させている生命体には、縁起法にしたがって運動変化している世界の実相を如実に見ることはきわめて困難である。しかし自我によって組織されている知性を、無我による構造につくりかえることができれば、人類の心の内部から、非因果律的な別種の知性が姿をあらわす。その知性は「プラジュニャー prajñā」と呼ばれる。プラジュニャーは、縁起法のおこなう全体的な運動の認識に適合する知性であり、それが人生苦からの真実の解放をもたらす。

ブッダ入滅ののちに発達した仏教思想の努力は、総力をあげてこの「縁起」の解明に傾注された。その歴史の中にそびえ立っているのが、ナーガールジュナ（龍樹）による「中観空」の思想である。あらゆる事物は、無限につながりあった縁起の網の目の交点に生成するのであるから、それ自体の本性（自性）がなく、したがって空である。ナーガールジュナはブッダの縁起思想を「空論的縁起」の概念に高めた。そのさいナーガールジュナは「拡大サピア＝ウォーフ仮説」によく似た思考によって、この空論的縁起を認識するにふさわしい新しい論理学を打ち立てた。それまで人類が手にしたことのなかった非因果律的論理学である。

その新しい非因果律的論理学の特徴は、つぎの「八不」の偈文によく表現されている。

彼（龍樹）は縁起をかくのごとく説いた
滅なく、生なく、
断なく、常なく、
来なく、去なく、
異義にあらず、一義にあらず

ナーガールジュナはブッダの語った縁起の思想を、徹底的に空論的論理として展開した。これにたいしてヴァスバンドゥとマイトレーアらは有論的立場に立って、縁起法を心の働きとしてとらえる唯識論を展開した。しばらくの間、縁起の理解には空論と有論が並び立って論争が続いたが、やがて大乗仏教の中から巨大な『華厳経』が出現するに至り、空論・有論を総合統一して、縁起の思想はついに「法界縁起」としての理解に到達したのである。[5]

ブッダの菩提樹下のさとりから『華厳経』にいたるまで、仏教思想の中心はつねに縁起の思想にある。縁起の思想は、世界の実相が因果律的知性によってはとらえきることができないことを明らかにし、世界の実相（法界）の認識に最適合する非因果律的な別種の知性形態が、人類の心に内在していることを語ってきた。如来の知性はエイリアンによって地球外からもたらされるものではなく、人類の心（脳）につねに可能性として内在し続けている。

しかし、縁起思想の発達は五世紀頃の『華厳経』をピークとして、長い停滞に入ってしまう。その間ひとり中国華厳宗だけが、その停滞を打ち破るめざましい成果を示せたのみである。そのために、本来ならば近現代のテクノロジーが形成する世界にふさわしい形をした、縁起思想に基礎づけられた厳密な「学」が、因果律的思考による科学に対抗ないしは相互補完する形でつくられていなければならないはずなのに、東洋思想はそれをいままで怠ってきた。

縁起論的思考の復活の萌芽は、むしろ現代科学の最先端にあらわれている。量子論、非可換幾何学、超準解析、位相数学などの探求の中に、私はそれを強く感じる。「大乗仏教に望みあり」と南方熊楠が書いてから、すでに百十数年が経とうとしている。その望みが幽霊のままであってはならない。私はその望みに現実の身体を与えたいと思う。

3 「レンマ学」の構築

私は縁起的思考に基づいた新しい「学」を創出しようとするにあたり、これに「レンマ学」という名前を与えようと思う。レンマの概念は、ナーガールジュナの縁起的論理学の本質をとらえて、哲学者の山内得立によって、最初に言い出されたものである。[6] 山内はギリシャ哲学の伝統の中に、ロゴスと対立するレンマの論理法というものが存在していたことに着目する。ロゴスは語源的に「目の前に集められた事物を並べる」を意味する。これに対してレンマの語源は「全体をまるごと摑む」である。この語源を見てもわかるように、ロゴスのほうは線形言語による思考によって事物の集合に秩序を与えることを意味しているが、レンマはあきらかに非線形的思考によって集合を全体として直観的に把握するやり方を指している。ロゴスが人類に普遍的なふつうの思考法であるのに対して、レンマはヘプタポッドの非線形的書法を用いた曼荼羅的な認識に近いものと言える。

山内得立は仏教とりわけナーガールジュナによる中観仏教の駆使する論理が、レンマの特徴を多く備えていることに注目する。そしてこのレンマ的論理が、のちの仏教思想全体の土台となった。ナーガールジュナは縁起の仕組みを表現するために、ギリシャ哲学がレンマと呼んだ別種の論理を用いたのであり、ブッダの思想の核心が縁起思想にあって、大乗仏教はあげてその縁起思想の解明に努力を傾注したのであれば、このレンマの論理こそが、縁起論すべての土台であることになる。そこで、縁起論的思考の現代的復活をめざしている私は、自分の企てに「レンマ学」という名前を与えることとしたのである。

そもそも『華厳経』そのものが巨大なレンマ学なのである。そしてそこから哲学的核心を抽出することを試みた『華厳五教章』をはじめとする中国華厳宗の諸労作そのものが、レンマ学の冒険であったと言える。私のなすべきことは、そこに残された古代・中世人の思考を、現代人の思考としてさらに展開進化させることにある。『華厳経』でも中国華厳宗でも、数と算術にたいする関心が深い。縁起論的思考の生み出す宇宙論や存在論を、彼らの数学的概念を用いて説明しようとする努力が、いたるところでなされている。私はそこに表現されている数論的思考の可能性を、現代数学の問題として引き出そうと試みた。

このレンマ学が通常の実証科学にはなりえない特殊な学問であることを、はじめに断っておかなければならない。それを脳内過程として実証的に観察したり、その思考過程を外部に取り出して、レンマ型計算機のようなものを作製する望みはいまのところありそうにないからである（ＳＦ映画ではヘプタポッドがそれを人類に贈与する話になっている）。ロゴスの場合にはそういうことが可能である。現代の神経科学は、ニューロンがロゴス的な情報処理をおこなうのに最適な組織構造をしていることを明らかにしている。またフォン・ノイマンの古典的な著作『計算機と脳』においてすでにほぼ完璧に理解されているように、脳内の神経組織でおこなわれている電気的・化学的な情報処理過程は、チューリング機械を原型とする古典的計算機の電気回路のおこなっている情報処理過程と、本質的には同一なのである。[7] そのロゴス的な神経過程に、レンマ的知性の作動は収まらない。

ところが、非線形的かつ非局所的で全体論的な知性の働きをあらわすレンマ的知性を、脳であれコンピューターであれ、ロゴス型の思考システムに収納し切ることはできない。脳内過程としては、レンマ的知性そのものをオブザーバブル（観測可能量）として取り出すことはできないのである。そのため縁起論的思考に基づく「学」はこれまで科学の中に根付くことがなかった。しかしレンマ的知性が人類の脳の活動を介して、思考と感情に強い働きかけをおこなっているのは、まぎれもない事実である。直観的認識をまったくおこなわない人間などはまず存在しない。私たちはこの「実在しているのに実在しないと見なされるもの」について、できるだけ確実な基礎の上に立って語りたいと思うのである。

そこで我々はレンマ的知性作用をここではとりあえず、複素数における「虚数」やライプニッツ流の微積分に登場する「無限小」や射影幾何学の「無限遠点」などと同じような、「イデアール（理想元）」タイプの概念として思考に取り込むことにする。それによって自然な形で縁起論的思考が可能になる。これは無限小・無限大や無限遠点などのケースと同じである。無限に関わるそれらはたしかに実在している。しかし実在する事物として取り出すことはできない。

そうしたものをイデアールとして思考の中に組み込むことによって、それまで理解できなかったことが理解できるようになる。難しかった概念は初等的なものになり、入り組んでいた思考の手順は驚くほど簡明になる。レンマ学はライプニッツのモナドロジーと同じように「実無限」を認め、その「実無限」の上に構築されるというタイプの「学」なのである。

4　縁起と性起

『華厳経』において縁起論的思考は、「性起《しょうき》」と「縁起」という二側面から語られる。法界から個体性をそなえた力が無数の個体となって立ち上がり（性起）、その無数の個体が互いに調和と連絡を保ちながら、広大なネットワークをつくりなしている（縁起）。性起と縁起の二つは、それぞれが互いの要因となっているので、二つにして一つという関係にある。個体性をそなえた事象を「事」という。事は空から立ち上がるので本性が空である。またそうして立ち上がった事は、縁起によって他につながっているので、その本性も空である。性起の側面から見ても、縁起の側面から見ても、事は自性（個体としての本性）というものを持たない。またあらゆる事が、調和と連絡を保ちながら一斉に起こるので、事と事は互いを妨げることなく、無限の広がりの中で自由な交通をおこなっている（事々無碍）。法界ではあらゆる事物が、個体性を失うことのないまま、互いに縁起によってつながりあっているのである。

『華厳経』に説かれるこのような縁起思想が、ライプニッツが『単子論（モナドロジー）』において表現した思想に酷似していることは、古くから指摘されてきた。[8] たしかにモナドロジーにおいても性起と縁起が根本的な重要性を持っている。モナドは「原始的な一者である根源的単純実体」としての神によって不断に創造される、個体性をそなえた単純実体である。一である神が多であるモナドを創造するのであるから、多数のモナドの間には予定調和が実現されていることになる。

このライプニッツのモナドも「性起」と「縁起」の二側面からとらえることができる。まず事と事のつながりである「縁起」の面で、モナドロジー的宇宙はつぎのような性質を持つ。

> したがってすべての物体は宇宙の中に起こるすべてのことの影響を感ずるから、すべてを見る者はあらゆる処で今起こっていることばかりでなく、今まで起こったことやこれから起こることまでも各の物体の中に読み取ることができ、時間的にも空間的にも遠く隔たっ

ていることを現在の中に認めるのである。「万物同気」とヒポクラテスは言った。（『単子論』六一[9]）

こういうわけで創造された単子はそれぞれ全宇宙を表現してはいるが、特にその単子の用にあてられていて、その単子を自分のエンテレケイアとしている物体をことさら判明に表現する。そうしてこの物体は「あらゆる物質が充実空間の中で結合していること」によって宇宙全体を表出しているものであるから、精神は「特に自分に属している物体を表現すること」によって同時に宇宙全体を表現する。（『単子論』六二[10]）

ただしモナドには外に向かって開かれた窓がないので、自ら鏡となって他のモナドの姿を無限に相互映発することによって、重々無尽につながりあうのである。したがってライプニッツの縁起論的法界においても、あらゆる事物は個体性を損なわれることのないまま、時間と空間のあらゆる線形的秩序を超えて、無限の広がりの中で自由な交通をおこなっている。

個体性の立ち上がりである「性起」に関して、『単子論』はつぎのようなきわめて興味深い記述をおこなう。

そこで、神だけが原始的な一即ち根源的単純実体であり、すべて創造された即ち派生的な単子はその生産物としていわば神性の不断な電光放射によって刻々そこから生まれてくるものである。しかもこの創造された単子は、本質上有限な創造物の受容性のために制限を受けている。（同前掲書）[11]

ここで「電光放射（les fulgurations）」と言われているのは「突然の放出」を意味する言葉である。ライプニッツはここで「創造（la création）」と言ってしまうと神とモナドを引き離しすぎ、かと言って「流出（l'émanation）」と書いてしまうと、神とモナドを一体化してしまうきらいがあるので、それを避けるために互いの間に「無限小（les infinitésimaux）」の程度の距離を入れる、中間的な「電光放射」の言葉を使ったといわれている。[12]

ライプニッツの「モナド」の概念も、「性起」的側面と「縁起」的側面の二側面を含んでいる。このうちの「性起」的側面においては「無限小の距離」という概念が重きをなし、「縁起」的側面では重々無尽につながりあい相互映発しあう「無限大」の宇宙が考えられている。『華厳経』の縁起論的思考とライプニッツのモナドロジーとの深い類縁性は、我々が企てている「レンマ的算術」の構築にとって、きわめて重大な意味を持つ。そこでライプニッツ流の微積分学とそれを現代数学として復活させた「超準解析」が大いに活用されることになるからである。

5 「性起」と超準解析

ここからいよいよレンマ的算術の構築に入る。この算術は現在までに大いに発展をとげた「ロゴス的算術」とは異質の体系をなす。算術の体系をつくるためには、その基礎をなす「数」の性質を決めなければばならないが、レンマ的算術の基礎をなす「数」と、ロゴス的算術の基礎をなす「数」とでは、互いの構成原理が異なっている。

レンマ的算術の基礎をなす数は、内部に「性起」の概念を含んでいる。法界から個体性をそなえたなんらかの数が立ち上がってくるが、その数は空そのものである法界から切り離されたものでもなければ、また法界と一体のものでもない。ライプニッツのモナドの場合と同じように、その数は「電光放射」の機構によって立ち上がる。そのため縁起論的に考えられた数の「底」ないし「限界」には、無限小の概念が組み込まれていることになる。

この無限小は、コーシー＝ワイヤシュトレス流の極限操作の極みに考えられる非実在の数ではなく、どこまでも現実的な数である。ただしそれは「非アルキメデス性」をそなえている。この無限小数をいくら加えても、有限の数にたどり着かないのである。『維摩経』にそういう無限小数についての比喩表現をいくつも見ることができる。

菩薩は、かくも高く、かくも大きく、かくも神聖であり、かくも広大な山の王のスメール山を、芥子粒のなかに入れます。しかし、かの芥子粒が大きくなるのでもなく、スメール山が縮小するのでもないままで、そのようなはたらきが行なわれるのです。(しかもスメール山中の)(中略)神々は、すべて、自分たちがどこへ入れられたかを感じません。(「不可思議解脱法門」[13])

並の山の高さをaとする。山の王シュメール山はそのn倍も高い。それほどに高い(naの高さを持つ)シュメール山であっても、直径がbほどもない芥子粒に収まってしまう(つまりna<b)。ここに描かれている数は、「アルキメデスの公理:任意のa>0、b>0に対して、na>bをみたす自然数nが存在する」を破っている。この無限小世界に住む神々は、自分では山の王の偉大さを感じない。aを無限小数とすると、それをいくらたくさん集めて加えてみてもbを超えない。この無限小世界に住む神々は、自分では山の王の偉大な住人と考えているが、芥子粒の中に収納されても、その事実に気づかない。この経典には無限大の部屋の描写もたくさんある。どんなに遠くまで走破しても無限大までたどり着けないのである。このように大乗経典には、無限小と無限大を実無限として含んでいるために、ふつうの実数体Rの性質(アルキメデス的順序完備体)にはないいくつもの性質を持つ、レンマ的な数体が登場してくる。

数ある大乗仏典の中でもとりわけて『華厳経』には、この種の無限小と無限大が頻出する。

このすべては仏陀がその身を変じてこれを全宇宙に偏満せしめる不可思議なる力を有するが故であり、一切諸仏と一切諸仏の国土と荘厳と彼自身の身に入らしめる不可思議なる力を有するが故であり、法界の一切の影像を一微塵の中にあらわす不可思議な力を有するが故であり、過去の一切諸仏、そのつぎつぎの出現を一毛孔の中に示す不可思議なる力を有するが故であり、(中略) 一毛孔より変化の雲を出し、それをもって一切諸仏国土を充満せしむる不可思議なる力を有するが故であり、一毛孔の中に十方一切の世界の歴史をその最初の出現よりその最後の破滅に至るまで示現する不可思議なる力を有するが故である。
(『華厳経』[14])

ここでは想像力による奔放な描写などではなく、ある明確な哲学的概念を比喩をもって表現する試みがおこなわれているのである。法界はふつうの世界(スタンダード宇宙)ではなく、実無限としての無限小と無限大を含む、超準的世界(ノンスタンダード宇宙)のなりたちをしている。そのためこの世界に存在するどんな実数も、「性起」する数として、自分の周りに無数の無限小をまぶされまとわりつかせている。この無限小を(哲学とは少し違う意味で)「モナド μ」と呼ぶことにすると、あらゆる数がそれ自身の μ を持つことになる。

つまり『華厳経』の描き出している縁起論的世界は、実数体Rを拡大した超実数体*Rによって構成されているのである。Rで構成されたスタンダードな世界に起こる出来事のすべては、*Rでできた法界縁起の世界でも起こる。Rの世界の算術の原理のすべては、その拡大体である*Rにおいても成り立つ。しかし*RにはRにない外的な集合も含まれており、そこでは通常の算術規則が通用しない。

数学者アブラハム・ロビンソン（一九一八—一九七四）が、このような考えを一九六〇年代にはじめて提出した。ロビンソンはそれによって、十九世紀以来数学の世界から追放されていたライプニッツ流の無限小解析を、現代数学の「モデル論」の厳密な手続きを使って、完全に合理化することに成功した。[15] ここから見えてくるのは、仏教の縁起論的思考が直観している法界の数学的構造は、ふつうの数学ではなく、超準モデルによるものでなければならないことである。レンマ的数は超実数*Rの構造をしている。ライプニッツのモナドロジー同様、そこに「性起」が関与しているからである。つぎなる作業は、そうして「性起」したレンマ的数を、「縁起」の中に投入することである。

6　「縁起」の非可換空間

観念上のものであろうと物質的なものであろうと、あらゆる事物が縁起によってつながりあっているとするならば、とうぜん「数」も縁起しているはずである。西欧で発達した集合論的な数論では、自然数は個体として性起して、自らに1を加えることによって次の自然数を生成する。そうやって次々と自然数は生成されていく。

デデキントによれば自然数は「そこで生成される一つ一つがすぐ前のものから定義されていくという、正の整数の無限列の逐次的な創造」として、その生成が考えられる。この生成のプロセスの初めにある「φ」は、すでに何らかの数学的オブジェクトであるから、「何もない」という状態ではない、と考えられる。より現代的な定義では、「集合xを唯一の要素として持つ集合（シングルトン）{x}を付け加えてx∪{x}をとる」、という操作で、「無限列の逐次的な創造」をおこなう。この方法では自然数は、

$$0=\phi, 1=\{\phi\}, 2=\{\phi, \{\phi\}\}, 3=\{\phi, \{\phi\}, \{\phi, \{\phi\}\}\} \cdots\cdots$$

という列に属する集合として定義されている。現代数学でも数は「逐次的創造」として縁起的に定義されている。[16]

ところがいったん生成された数は、前の数との関係を絶って独立する。自然数は縁によって生成するが、生成後は個体として独立し、その個体同士が集まって他の自然数と集合をなすの

である。

これにたいして縁起論的思考による数論では、いったん縁によって生成された数はその後も、他の数との縁によるつながりを絶たないのである。2の中にはそれを生成した1が包摂され、また逆に2を生んだ1の中に2が包摂される。あらゆる数の間にこの包摂関係が保たれる。自然数から有理数へ、そして実数へ、複素数へと数の体系は拡大されていくが、この包摂関係はすべての数体系に受け継がれていく。

『華厳経』に象徴主義的手法で描かれたこの縁起論的数論を、中国華厳宗の法蔵は『華厳五教章』の中で、次のように形式化して説明している。

初めに、上に向かう数に関して十門が立てられる。第一には、一が基本数である。どうしてかというと、それは縁によって生み出された数だからである。ないし第十には、〔十は〕一の中の十である。どうしてかというと、もしも一がなければ、十は成り立たないからである。すなわち、この場合は、一に完全な力があるから、十を包摂しているのである。そこで、十は一ではない。このほかの九門も、これと同様であり、それぞれにみな十がある。……下に向かう数に関しても、十門が立てられる。第一には、十がそのままで一を包摂する。どうしてかというと、それは縁によって生み出された数だからである。というのは、もしも十がなければ一は成り立たないからである。すなわち、この場合は、一にまったく力がなく、十に帰入する。そこで、一は十ではない。この他の例も同様である。(『華厳五教章』[17])

ここで「縁によって生み出された」と訳されている言葉の原語は「縁成」である。数を時間的に作用(力用)ということから見れば、一を基本にして一を足していく働きがあって、はじめて数ができる。ここまでは集合論と同じ考えだが、縁起論的数論にあっては、新しい自然数は一を足すことによってできるが、たんに一を足したばかりではなく、その一を足した全体を同時的に直観することによって出来てくる。数は集合論では、時間的に見れば序数、空間的に見れば基数であるが、縁起論においてはこの二つは矛盾しあいながらも同一ということになる。

こうやって作用によって縁成された諸数は、それぞれが空から性起した有として空有の構造を共通に持っている。そのために数どうしは「相即」しあうことができる。また空を介して力の移動が起こるから、力の「相入」が起こる。このとき数どうしの間で、有力か無力かの違いがでてくる。有に向かって現象化していく力が強い数は、勢力が表面化して顕在数となる。相対的に無力な数は、無自性空として裏面に隠伏する。しかしその数に他の数が縁起作用することによって有に転ずるときには、こんどはその数のほうが表面に顕在化し、いままで表面に出ていた数が、裏面に回って隠伏数となる。顕在化した数を「実数」と考え、裏面に隠伏した数を「虚数」と考えるとすると、『華厳経』は作用(力用)の面から見た数というものを、複素数（x+iy）の構造として考えていることが見えてくる。

鈴木大拙は現代人として、『華厳経』に展開された数論に新たな理解を加えようとした。彼は『華厳の研究』において、法蔵によるこの縁起論的数論を、さらに次のように形式化しようと試みた。[18]

法蔵に依ると、次の様な無限系列に於ては、

$a_1, a_2, a_3, a_4, a_5, a_6, a_7, a_8, a_9, a_{10}, \cdots\cdots\cdots$

その各項がそれぞれに他の各々に対して存在的と作用的、又は静的と動的の二様の形で関係していると考えられる。存在的見地から見ると、その関係は『相即』であるといわれる。すなわち次の様になる。

$a_1 = a_2, a_3, a_4, a_5, a_6, a_7, a_8, a_9, a_{10}, \cdots\cdots\cdots$

$a_2 = a_1, a_3, a_4, a_5, a_6, a_7, a_8, a_9, a_{10}, \cdots\cdots\cdots$

$a_3 = a_1, a_2, a_4, a_5, a_6, a_7, a_8, a_9, a_{10}, \cdots\cdots\cdots$

…………

…………

（中略）

この系列はまた作用的に或は動的に関係しているものとして見ることもできる。この系

列、

$a_1, a_2, a_3, a_4, a_5, a_6, a_7, a_8, a_9, a_{10}$……………

に於ては、その各項は、それぞれに、この系列の一般的形成に役立つものとして、この系列を可能ならしめる様な具合にそれぞれ作用しつつあるのである。ただの一項でも系列の中から落ちると、系列は系列でなくなる。すなわち、それはもはや系列として作用しなくなる。そういう訳であるから、系列の全体を通じて完全な『相入』の状態がある。a_1を系列から離して取り上げると、a_1は意味を持たぬ、従って存在をもたぬということになる。

こうした関係をまとめて、鈴木大拙は「相即」「相入」しあいながら静的かつ動的な体系をなす縁起論的数を、次のような図式にまとめ上げる。

$a_1=a_1$;

$a_1=a_1, a_2, a_3, a_4, a_5, a_6, a_7, a_8, a_9, a_{10}$,……………

$a_1, a_2, a_3, a_4, a_5, a_6, a_7, a_8, a_9, a_{10}$,…………… $=a_1$

$a_2=a_2$;

$a_2=a_1, a_2, a_3, a_4, a_5, a_6, a_7, a_8, a_9, a_{10}$,……………

$a_1, a_2, a_3, a_4, a_5, a_6, a_7, a_8, a_9, a_{10}$,…………… $=a_2$

……………………

……………………

この図式によって鈴木大拙が表現しようとしていることを、我々のやり方で言い換えてみると、縁起論的に考えられた数は、単独に孤立したものの集合と考えることはできず、ある系列の中に置かれて初めて意味を持つということである。つまり縁起論的数は「マトリックス」であることになる。

鈴木大拙の図式の弱点は、作用（力用）の側面が十分に表現できていない点にある。そこでその面を表現に入れて、法蔵＝鈴木大拙の図式を次のような二次元の配列を持つマトリックスに描きなおしてみると、こうなるであろう。

$$A=\begin{bmatrix} A_{11} & A_{12} & A_{13} & \cdots\cdots \\ A_{21} & A_{22} & A_{23} & \cdots\cdots \\ A_{31} & A_{32} & A_{33} & \cdots\cdots \\ \cdots\cdots & & & \end{bmatrix}$$

各マトリックス要素は$A_{n,n'}$の形をしている。これは$A_n \rightarrow A_{n'}$への作用を表すとともに、その作用の影響を示している。法蔵によるとそのときの影響として「振動」が発生する。数と数との「相入」が起こるとき、「それぞれのものが、自己の位置を動かないままに、常に行ったり来たりするのである。どうしてかというと、行ったり来たりすることと動かないこととは常に同じものだからである」（同前掲書）[19]。作用が起こると事物は振動を起こす。振動することで、動きながら不動であるという状態を保つのである。

縁起論的数をあらわすマトリックスの各要素は、顕在部と隠伏部の結合としてできているから複素数である。しかしマトリックスとしての「数」は、現象界に出てくるときには実数として現れてくる。つまり実数的なにかの「量」を表している。これをどう考えたらよいのだろうか。

各マトリックス要素は「振動」する複素数でありながら、「量」としてのAは実数的なのである。そこでそのような「振動」を表す「振動数ν《ニュー》」に関わる要素を入れて、マトリックスを書き直すとすると、各マトリックス要素$A_{n,n'}$は、時間tについて$\exp(2\pi i\nu_{n,n'}t)$で「振動」し変化していると考えられる。この振動要素を加えて細かく書きだしてみると、つぎのようになる（これは$A_{n,n'}$の中身を改めて$A_{n,n'}\exp(2\pi i\nu_{n,n'}t)$と書き換えただけである）。

$$
A=\begin{bmatrix}
a_{11}\exp(2\pi i\nu_{1,1}t) & a_{12}\exp(2\pi i\nu_{1,2}t) & a_{13}\exp(2\pi i\nu_{1,3}t) & \cdots\cdots \\
a_{21}\exp(2\pi i\nu_{2,1}t) & a_{22}\exp(2\pi i\nu_{2,2}t) & a_{23}\exp(2\pi i\nu_{2,3}t) & \cdots\cdots \\
a_{31}\exp(2\pi i\nu_{3,1}t) & a_{32}\exp(2\pi i\nu_{3,2}t) & a_{33}\exp(2\pi i\nu_{3,3}t) & \cdots\cdots \\
\cdots\cdots\cdots\cdots & & &
\end{bmatrix}
$$

このときAn,n′とAn,′An は反対方向を向いた作用をあらわしているから、νn,n′ =-νn,′n と考えることができる。複素数において、これは互いに「共役複素」の関係にあることをあらわしている。そこでAn,n′=An,′n*となり、An,n′は実数である。こうしてマトリックスの中からうまく実数的なものがあらわれることができた。つまり法蔵の考えた縁起論的数は、対角線要素を実数とするマトリックスであることになる。このようなタイプのマトリックスは「エルミート的」と呼ばれて、ヒルベルト空間論や量子論で重要な役目を果たす。

　このような構造をした縁起論的数をもとに、我々は「レンマ的算術」の仕組みをあきらかにしようとしている。それにはマトリックスで表現されたレンマ数どうしに、作用子演算や微分演算などが考えられなければならない。数同士の作用を考える上でいちばん重要なのは積(product)の計算法である。どの要素とどの要素を作用させれば(掛け合わせれば)正しい「積=プロダクト」が出せるか。あらゆる数構造の中でいちばんの基礎となる演算である。もしもここで法蔵の「自位動ぜずして而も恒に去来する(自己の位置を動かないまま、常に行ったり来たりする)」という言葉がなかったとしたら、我々はお手上げであっただろう。互いに作用しあう数どうしから積を作るときに、どの要素とどの要素を組み合わせて加えれば、安定した状態が生み出せるか、皆目見当がつかないからである。

しかし「相入」によって起こる「振動」には、振動数の間に特別な結合法則がなりたってぃなければならないことを、法蔵は主張する。それには次のような組み合わせがなければならない。この主張は、「インドラの網」に喩えられる法界の空間全体が、運動と不動の矛盾的自己同一をとおして、絶対的安定性を保ち続けられるための条件を示している。

$$\nu_{n,n'}+\nu_{n',n''}=\nu_{n,n''}$$

こういう関係があれば、二つの異なる「振動」を合成しても、かならずこのマトリックスのどこかに存在する「振動」の場所に、落ち着くことができる。マトリックスにない「振動」要素を発生させてしまって、全体の安定を破壊してしまうことがないわけである。これが実現されるためには、積演算をおこなったときにできる「同一振動数」を持つ要素を全部足しあわせて、マトリックスの新しい要素をつくるのである。すなわち、要素で書くと、

$$(AB)_{n,n'}=\sum_{n''}A_{n,n''}B_{n'',n'}$$

マトリックスで書くと、積ABは、

$$AB=\begin{bmatrix} \sum_n A_{1,n}B_{n,1} & \sum_n A_{1,n}B_{n,2} & \sum_n A_{1,n}B_{n,3} & \cdots \\ \sum_n A_{2,n}B_{n,1} & \sum_n A_{2,n}B_{n,2} & \sum_n A_{2,n}B_{n,3} & \cdots \\ \sum_n A_{3,n}B_{n,1} & \sum_n A_{3,n}B_{n,2} & \sum_n A_{3,n}B_{n,3} & \cdots \\ \cdots & \cdots & \cdots & \cdots \end{bmatrix}$$

でなければならない。レンマ的数のかけ算をこのように定義すると、一般には、

AB=BA（交換法則）

は成り立たなくなる。すなわちAB≠BA。このように縁起論的数による「レンマ的算術」のおこなわれる空間は「非可換」の構造をしている。この空間は通常の空間よりもはるかに複雑な幾何学的構造をしている。[20]

レンマ的算術とロゴス的算術

こうして縁起論的構造を持つ「レンマ数 *L」（実数と区別するために超実数をあらわす「スター *」をつけてある）の仕組みが見えてきた。レンマ数は次のようなマトリックスの形をした、超実数の組で表現される。

$$A=\begin{bmatrix} {}^{*}A_{11} & {}^{*}A_{12} & {}^{*}A_{13} & \cdots\cdots \\ {}^{*}A_{21} & {}^{*}A_{22} & {}^{*}A_{23} & \cdots\cdots \\ {}^{*}A_{31} & {}^{*}A_{32} & {}^{*}A_{33} & \cdots\cdots \\ \cdots\cdots & & & \end{bmatrix}$$

レンマ数は性起する数であるから超実数でつくられ、顕在と隠伏という二つの状態をとるために、複素数で表現される。さらにレンマ数は縁起によって相互作用しあっても「振動数」を変えないから、積がそのような数を自動的に選び出せる通常のマトリックス算法の規則にしたがうのである。

このようなレンマ数による算術（レンマ的算術）は、ふつうの数（スタンダードな数やｃ数のこと）による算術（ロゴス的算術）に、スムーズに移行することができる。ノンスタンダードな数とスタンダードな数との間には「移行の原理」が成り立っているので、スタンダードな数の世界を成り立たせている「ツエルメロ＝フレンケル集合論」で正しいとされる命題や定義のすべては、ノンスタンダードな数の世界でも正しい。ただしノンスタンダードな世界にはスタンダードな世界には含まれていない、「外的」な要素が含まれている。このことさえ念頭に置いておけば、ノンスタンダードな数学の世界の出来事はスムーズにスタンダードな世界の出来事に移行することができる。

マトリックスであることから要求される非可換性についても、似たことが言える。これは量子論が明らかにしたことであるが、量子的世界では「ｈ（プランク常数）」が効いているために、たとえば位置ｘと運動量Ｐは次のように非可換である。

$$xP-Px=\frac{h}{2\pi i}\cdot 1$$ （ここで１は単位マトリックス）

しかしｈの効果が消えるふつうの世界では、ｘとＰは可換性を取り戻し、古典物理学が正確な予言をするようになる。ここでも非可換的な量子的世界と可換的な古典的世界は、スムーズな移行をおこなっている。

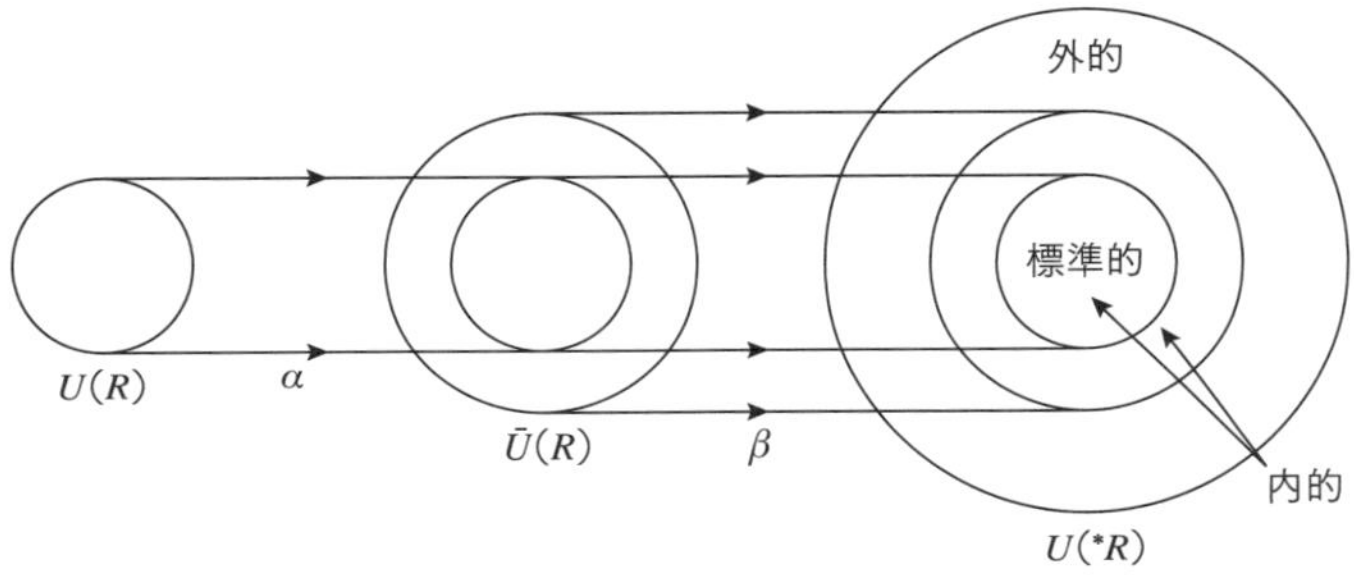

図　$U(R)$ は実数体 R で構成される世界で「標準的」。$U({}^*R)$ のうち $U(R)$ に埋め込まれた集合を「内的」、$U({}^*R)$ の要素のうち「内的」でないものを「外的」という。古典物理学は「標準的」、量子論は「内的」といえる。

こうしたことの類推から言うと、縁起論的な世界とふつうの因果律的な世界の関係も、けっして対立的なものではなく、因果律的世界で起こることのすべては、縁起論的世界でもおこりうるのであるが、縁起論的世界には因果律的世界にはけっして含まれない出来事が起こるのである。この関係は「拡張」というような言葉では言い尽くせない。

超準解析では、標準数とその上に構築される標準的な世界と、超準的数の構成する超準世界の関係を図のような「標準的」「内的」「外的」という三つのカテゴリーの関係として理解してきたが、我々の因果律的世界と縁起論的世界との間にも、それとよく似た「標準的」「内的」「外的」の三層構造を考えることができるかも知れない。[21]

この三層構造において、古典物理学と古典計算機は「標準的」な数と算術で構成されているが、量子論はノンスタンダードな数と算術を含む「内的」な集合において展開される。また『華厳五教章』や我々の「レンマ学」なども同じようにして「内的」である。ところが『華厳経』自体は、そこにも含まれない「外的」な要素を含んでいる。その部分をとらえて、鈴木大拙は学的な努力を超越した『華厳経』の「霊性」を強調するのであるが、我々は彼の言うその「霊性」もまた、レンマ的知性のうちの「外的」な要素として、常識や学から断ち切れたものでない点を強調しておきたい。

古典物理学が描く現象の中で同時に量子論的な出来事が生起しているように、因果律的に動き変化している「凡夫」の世界とまったく同じ場所で、「如来」の活動も続けられている。大乗仏典はじつにそのような描写に満ち満ちている。その描写がどこか矛盾をはらんでいるように感じられるとしたら、それは縁起論的な「外的」な事物を、因果律的な「標準的」な事物として語ろうとしているからであろう。

エピローグ

量子論に詳しい方はもうお気づきのように、我々が縁起論的数による算術の規則を導き出した道筋は、量子論の幼年期にハイゼンベルクが「マトリックス力学」を導き出した推論の道筋と、瓜ふたつなのである。[22] 我々はただナーガールジュナから『華厳経』へ至る縁起論と、それに明確な理論化を試みた中国華厳宗の論書に記された縁起論的数論とに導かれながら、レンマ的数の構造を自然に導出してきた。そのレンマ的算術の仕組みが、二十世紀に出現した量子論の本質をなす非可換構造と一致したのである。これはいったいなにを意味するのであろうか。それは量子論の根底に、レンマ的＝縁起論的な思考が横たわっているからである。別の言い方をすれば、物質の微細レベルに起こることを記述するためには、思考はどうしてもレンマ的＝縁起論的になっていかざるを得ない。そこから、いわゆる「量子論のパラドックス」なるものが発生してくる。初期のボーアとアインシュタインの論争に始まり、アインシュタイン＝ローゼン＝ポドルスキーの理論をへて、ベルの定理からアスペの実験にいたるまで、量子論の抱える非局所性理論としての特性が生み出すさまざまな困難は、いずれも量子論がレンマ的＝縁起論的な本質を抱えていることに起因している。

つまり量子論は「思想」としては、通常のロゴス的算術思考に対する真に「外的」な要素を潜在的に含んでいるのにもかかわらず、物理学理論としては「標準的」と「内的」な思考道具を用いて記述されている。そのために標準的なロゴス的思考の規則によって記述された理論の内部に、そこに収納し切れない「外的」な要素が残ってしまうことになるが、その部分は標準的な理論言語にとってはパラドックスになってしまう。量子論は物質世界についての真に縁起論的思考に開かれた、はじめての物質理論なのである。しかしそのことを明確にわかっていたのは、ことによるとボーアをはじめとするごく少数の人々だけだったかも知れない。

映画『メッセージ』では、ヘプタポッドは彼らの非線形書法とそれがもたらす非因果律的知性への脳の進化を、人類への贈与としようと申し出ている。今から三千年後にヘプタポッドが危機に直面するとき、十分に進んだ能力を身につけた人類の助けを必要とするからだと言う。しかしその贈与は約二千五百年前の人類の覚者によってすでになされている。残念なのはそのとき贈与されたものを、人類がいまだ十分に使いこなせないでいることである。

注

(1) テッド・チャン『あなたの人生の物語』、浅倉久志他訳、早川書房、二〇〇三。この小説はドゥニ・ヴィルヌーヴ監督によって二〇一六年に映画化された。

(2) 同、二〇七頁。

(3) 同、二四五頁。

(4) 自然界は計算可能なある量Sをもつ作用をおこなうとき、つねにSを最小にする経路をとろうとするという「最小作用の原理」または「フェルマーの原理」の考えを利用して、ファインマンは経路積分法による量子論を着想した。このフェルマーの原理には他の物理理論と違う目的論的思考が組み込まれている。

(5) 亀川教信『縁起の構造』、全人社、一九四四。

(6) 山内得立『ロゴスとレンマ』、岩波書店、一九七四。

(7) フォン・ノイマン『計算機と脳』、柴田裕之訳、ちくま学芸文庫、二〇一一。

(8) 村上俊江「ライプニッツ氏ト華厳宗」『華厳思想』所収、法蔵館、一九六〇。

(9)ライプニッ『単子論』河野与一訳、岩波書店、一九五一、二七二頁。

(10)同、二七三頁。

(11)同、二六〇頁。

(12)同、河野与一氏による注釈、二六一頁。

(13)『維摩経』、長尾雅人訳、『大乗仏典7』所収、中央公論社、一九七四。

(14)『華厳経(世主妙厳品)』、訳文は鈴木大拙『華厳の研究』、法蔵館、一九五五、八一頁による。

(15)A.Robinson ,Nonstandard Analysis and Philosophy, Yale University Press, 1979.

(16)デデキント『数とは何かそして何であるべきか』、渕野昌訳、ちくま学芸文庫、二〇一三、ならびに訳者による解説「現代の視点からの数学の基礎付け」。

(17)法蔵『華厳五教章』、木村清孝訳、『大乗仏典〈中国・日本編7〉』、中央公論社、一九八九、九八頁。

(18)鈴木大拙『華厳の研究』、一四六〜一五一頁。

(19)法蔵『華厳五教章』、一〇三頁。

(20)アラン・コンヌ『非可換幾何学入門』、丸山文綱訳、岩波書店、一九九九。
またその英語版 Alain Connes, Noncommutative Geometry, Academic Press, 1994.

(21)中村徹『超準解析と物理学』、日本評論社、一九九八。また「標準化」の概念については Alain M.Robert, Nonstandard Analysis, Dover, 2003。

(22)ハイゼンベルクの推論過程については、朝永振一郎『量子力学 第2』、みすず書房、一九五二に生き生きとした描写がされている。我々は「状態」を「同一性」として捉えていた鈴木大拙の図式を、「状態」の「差異性」を要素とするマトリックスに置き換えた。ハイゼンベルクの最初の発想でも、何かの運動要素のフーリエ成分（X,τ）があらわれたならば、それを即座に n→n－τ に関係する遷移成分X（n;n－τ）に置き換えるというやり方で、マトリックスを得ている。

付録三

心のレンマ学

1

仏教は人間の心の探究を最大のテーマとしてきた。人間が煩悩や迷いから救い出されるために何をなさなければならないか、という問いかけから出発する仏教は、煩悩や迷いの根源は心の外にはなく、一人一人の心こそがその根源であることを見出してきた。

「三界は心である」[1]というのが、大乗仏教のたどり着いた根本認識だった。三界すなわち、欲望の世界（欲界）も、物質的な現象世界（色界）も、非物質的な潜在世界（無色界）も、この宇宙を構成するもののすべてが、心から生ずるという認識である。仏教はこのような唯心的(mind only)な視点から、この世界のあらゆる事象を観察しようとした。その意味では、仏教は人類最古の心理学であるということができる。じっさい、心の探究をめざしてきた仏教と、現代の私たちが「心の科学」と呼んでいるものとの間には、本質的な違いなどはない。

仏教が蓄積してきた人間の心に関する知識がきわめて重要であることは、心理学や精神分析学のような、主に欧米で発達した心の科学によっても早くからよく理解されており、「エディプス・コンプレックス」に対して「阿闍世コンプレックス」を提起するなど、仏教と心の科学の間に橋を渡そうとする試みは、いくたびか試みられてきた。しかしそうした試みの多くは散発的な性格のもので、仏教と心の科学の間に存在する真に内在的な関係を明らかにする首尾一貫した探究は、残念ながらまだ十分に展開されたことがない。

議論の土台に据えようと思うのは、大乗仏教運動の初期に出現した『華厳経《けごんきょう》[2]』という経典である。三世紀から五世紀の間に中央アジアで成立したと推定されているこの経典は、規模が大きいだけでなく、扱われている領域の広さによっても、圧倒的な存在感を誇っている。

その経典の中には、心の深層領域に開かれる「解脱した心=仏性」の内部構造の詳細な記述に始まって、仏性の内部に変化を生み出す運動法則と情報伝達の様式、心と物質をつないでいる共通の基体、人間の心をつくりあげる構造とそこから生まれる限界性、その限界性からの離脱の可能性などについて、驚くほどに豊かな思想が展開されている。

『華厳経』では「心はどこからやってきたのか、心はどのような仕組みを持ち、果てはどこへ行ってしまうのか」という心理学の主題とも重なる話題が、数論や生命論や宇宙論とのつながりの中で、自在に探究されている。そのために、心理学と物質科学とをつなぐ真実の環を見出したいと願っている、現代の心の科学者にとっても、きわめて有益な知識を与えてくれる。ユングは物理学者パウリと共同で時間の構造についての研究をおこなった。[3] そのとき彼らが解明をめざそうとしていた問題なども、『華厳経』が探究していた主題群にまっすぐつながっている。

そのような意味で、古代の仏教思想家たちの探究と私たちのめざしている探究との間には、深い共通性や同時性が存在しており、ときには古代の思想家たちの探究のほうが、同じ問題をより自由に、より深く解明していることさえある。そこで私は新しい視点に立って、仏教と心の科学との真のつながりを見出す試みに取り組んでみたいと思ったのである。

2

ヨーロッパで発達した心の科学とアジアで発達した仏教との間に実現されるべき真の対話を阻んできた、一つの重要な問題点がある。仏教も心の科学も、ともに「学（Science）」たらんとして、お互いが最善を尽くしてきたが、それぞれの「学」が立脚している論理の本質が、根本的に異なっているのだ。そのため同じ問題に同じ解明を得たとしても、最終的にまるで似たところのないように見える、別の表現にたどり着いてしまう。
ヨーロッパで発達した「学」の全体は、「ロゴス」に依拠している。ところが仏教を育んだアジアの「学」においては、ロゴスとは異なる「レンマ」の論理が、全体を貫いている。ロゴスとレンマの違いは、古代ギリシャの哲学者たちによってもよく認識されていたが、彼らはロゴスを尊重し、あらゆる「学」はロゴスによらなければならないと考えた。これにたいしてレンマの論理は主にギリシャから東方の世界で重んじられ、特に仏教の伝統に取り入れられてから大発展をとげる。この「ロゴスによる学」と「レンマによる学」の差異が、それぞれの世界において、一見するとまるで異質に思えるような学問を生み出してきた。[4]

ロゴスという言葉は語源的に、「目の前に集める」「集めたものを並べる」「言葉で言う」といった意味を持っている。この世界に現象する事物を、目の前に集めてきて、それらを並べて整理し、さらには言葉で言う。それがロゴスと呼ばれる知性作用である。事物を集合させ、順序を与えて並べることが、どうして「言葉で言う」と同じ意味を持つかというと、人間の言語がそれとまったく同じ働きをするからだ。人間は、世界に現象する事物に名前（語）を与えることによって意識の中に「集め」、集めたものを線形的な順序にしたがって並べて表現することで、体験を秩序立てる働きをする。そのため、ロゴスと言語は同じ本質を持つ、と古代ギリシャ哲学は考えた。

そこから「正しい言葉で言う」ことが「正しく思考する」と同じ意味になり、ロゴスの働きによって「正しく思考されたものは、存在する対象の存在と同一である」（パルメニデス）とされた。言語の深層構造と同型である線形的な秩序を保って、正しく言語表現されたものは、存在する対象と同一であることになるからである。ヨーロッパの学問にとって、このパルメニデス的な認識は決定的な重要性をもち、哲学に始まりキリスト教の神学をへて近代科学にいたるまで、そこで発達した「学」はすべて、ロゴスの知性作用の正しい運用として方向づけられてきた。

このロゴスの知性作用を形式化して、「正しい論理学」の基礎を築いたのがアリストテレスだが、それによるとロゴスは、⑴同一律⑵矛盾律⑶排中律という三つの法則に従っている。「同じものは同じ」（同一律）、「肯定と否定は両立しない」（矛盾律）、「事物は分離できる」（排中律）という三つの法則を守ることで、正しい言語表現は可能になるというアリストテレスの考えは、その後のヨーロッパでは広く認められるようになり、現在でも論理哲学や科学方法論の基礎となってきた。

ところが仏教の伝統の中では、このロゴスによる論理とは大きく異なる別種の論理が発達することになった。それは「レンマによる論理」と呼ばれるものである。レンマという言葉は、「手でまるごとつかむ」「捉える」「把握する」などの語源的意味を持ち、言語によらず直観によって全体をいちどきに理解することを意味している。ロゴスが世界の現象を言語の線形構造を用いて理解するのにたいして、レンマはそのような実在（リアリティ）の変換装置を仲立ちとすることなく、実在を直接的につかみとる知性作用をあらわしている。古代ギリシャの哲学者も、人間の知性作用の中にロゴスとは異なるレンマの働きのあることは知っていたが、確実な知識をもたらすのはロゴスであってレンマではないと考えて、ロゴスによる論理のみが尊重された。

ところが仏教ではまったく逆のことが起こった。仏教ではヨーガによる瞑想が重視された。ヨーガによって脳内で活動し続ける言語の働きを停止に向かわせるとき、ロゴスの働きが後退して、かわってレンマ的な直観的知性が前面に浮かび上がってくる。このときレンマによる知性のとらえる実在のあり方を「真如《しんによ》」と認めたのである。仏教が大乗仏教の段階に入ると、この問題はさらに深く突きつめられて、「レンマによる論理学」が確立されるにいたった。

このレンマによる論理学を創造したのが龍樹（ナーガールジュナ　二世紀頃）である。龍樹はロゴスによる論理との闘争を通じて、レンマによる論理学を打ち立てようとした。そのためロゴスを支える三つの法則には、徹底的な批判が加えられた。同一律も矛盾律も、さらには排中律までもが否定され、このロゴスの三法則を知性作用から取り除いたとき、はじめて人間の前に「真なる実在」が立ち現れると主張された。

同一律を解除すると「同じままであるものはない」となり、矛盾律を解除すると「肯定と否定は両立する」という認識が拓かれ、排中律が解除されると「あらゆる事物は分離することができない」となり「あらゆる事物はつながりあっている（非分離である）」という認識にいたる。あらゆる事物がこのようにしてレンマ的に相互連関している。仏教ではロゴスの三法則が解除されるときあらわになってくる実在の様相を「縁起」と呼んでいる。

龍樹の主著である『中論《ちゅうろん》』の冒頭には、のちの人によって龍樹を褒め称える次のような言葉が書きつけられている。[5]

彼（龍樹）によって縁起は、
滅なく、生なく、
断なく、常なく、
来なく、去なく、
異義にあらず、一義にあらず（と説かれた）

じっさい龍樹は、ロゴスの導き出す四つの世界現象のありかた、すなわち(1)生と滅がある、(2)断（非連続なもの）と常（連続なもの）がある、(3)来るものと去るものがある、(4)一（単性）と異（多様）がある、という認識を徹底的に否定して、かわって(1)不生不滅、(2)不断不常、(3)不来不出、(4)不一不異という四つのレンマ的な認識を、実在の真のありかたであるところの「縁起」として説いていた。

龍樹の主張は一見過激にも見えるが、じつは仏教全体を貫いているレンマ的な論理を徹底すると、このような見解にいたるのである。仏教はこのようなレンマの論理を土台にして、さまざまな「学」のシステムを構築した。ロゴスの論理によることなく、レンマの論理だけで確実な世界がつくられうるということを、仏教は示そうとした。レンマによる宇宙創成論、レンマによる生命論、レンマによる心理学、レンマによる論理学、レンマによる倫理学などさまざまな「レンマによる学」が創造され、それらの知見は厖大な「スートラ（縦糸と呼ばれるテキスト群）」にまとめられていった。

その過程で生み出されたさまざまな「レンマによる学」は、おもにヨーロッパで発達した「ロゴスによる学」とは、大きな異質性を持っている。「レンマによる学」は、「ロゴスによる学」が要請する同一律も矛盾律も排中律も取り除いたところで展開されるから、それは当然のこととも言える。ヨーロッパの近代哲学では、カント（一七二四－一八〇四）によって同一律を取り除いた哲学がつくられ、ヘーゲルは矛盾律を解除した哲学を創造した。しかしさすがに排中律を取り除いた哲学は、いまだに確立されていない。仏教の伝統が生み出した「レンマによる学」は、ロゴスの三法則を取り除いてしまっても、理性的な認識が可能だということを示している。いやそれどころか、ロゴスの三法則を解除することで、はじめて人間の知性作用は実在に近づくことができるのだから、レンマはロゴスの拡張である、と見ることも可能である。

私たちの主題である『華厳経』は、そうした大乗仏教テキストの中でも、とりわけ巨大で高い完成度を備えた深遠な経典である。高い宗教的な境地をめざしていると同時に、仏教を一つの「心の学」として構築しようという意図を持ってつくられている。しかも全編がレンマの論理によって統一されている。その意味で『華厳経』を「心のレンマ科学」の創造をめざしたものと考えることができる。

3

『華厳経』の冒頭には、この経典で説かれることになるのは、ブッダが悟りを得てまだ一週間しか経過していないときの説法だと書かれている。まだ多くの人々に向かって方便巧みに語りかける「対機説法」を始める以前に、仏陀が自分の悟りの内的体験（自内証）をそのまま語り出したのが、この経であるというのだ。

この経典で仏陀は、大毘盧遮那仏《だいびるしゃなぶつ》（Mahāvairocana）の口を借りて、自分が悟りの中で踏破しつくし認識しつくした心の全領域について、詳しい説明を与えようとしている。この心の全領域は「法界（dharma-dhātu）」と呼ばれる。『華厳経』はこの法界の全域にわたって、その内部構造とそこで生起している運動のさまと真理の伝達様式を、レンマ的論理を駆使して正確に描き出そうとしている。このような知的冒険が試みられたのは、大乗仏教運動の中でも初めてのことだった。その意味でも、『華厳経』はじつに空前絶後の仏典であったと考えられる。

これからこの『華厳経』について、現代の「心の科学」にとって重要と思われる話題を取り出して、説明していこうと思うのだが、そのさい私は唐の時代の中国で発達したこの経典の研究成果を、大いに利用していこうと思う。実を言うと、『華厳経』じたいまことに巨大で、哲学的な論点が全編に「撒き散らされている」といった印象で、それらが体系的に整理して語られているわけではないのである。そのためこの経典の中から、思想的に重要なポイントを抽出して体系づけるという仕事が、のちの時代の人たちに課せられた。その課題に見事に答えたのが、法蔵に代表される中国華厳宗の思想家たちだった。私は法蔵の主著である『華厳五教章』[6]をもとに、華厳レンマ哲学の本質をあきらかにしてみようと思う。

心の全領域である「法界」は、『華厳経』によると次のような四種の内部構造を持っている。[7]

(1) 事法界　個々の事物が対立し、相依り相倚って、差別相の世界を形成しているところをいう。

(2) 理法界　差別の事法は一々対立しているが、その体方は平等一如であるところをいう。

(3) 理事無碍法界　理と事とが交徹し、円融して、自在無碍なる世界をなしていることをいう。

(4) 事々無碍法界　理と事とばかりでなく、事と事とがまた相即相入して、一即一切・一切即一となり、円融無碍なる世界をなしていることをいう。

事法界は一個一個の事物が分離・自立している心的世界のことを言う。これはふつう私たちが物の世界を客観的にとらえながら生活しているときなどに働いている心の働きの層で、それを「心＝法界」の中の事法界としてとらえるのである。事法界では事物は分離していて、それぞれに語が与えられている。事法界としての心がとらえる世界は、差別相よりなりたっている。そこに理法界が働くようになると、事物の違い（差別相）はそのままであるが、違いの奥に平等なものが存在しているのが理解されるようになる。これは私たちがふつう「抽象能力」と呼んでいるものに関わりがある。コンクリートの建物を見て、それが石や砂を砕いて固めたものであり、そのかぎりでは人工と自然は平等一如である、と認識することができるようなものだ。

この理法界は、人間以外の生物の心でもすでに働いている。生物は感覚受容器官に入ってきた刺激を、さまざまな電気パターンに変えてニューロンに伝える。するとニューロンでは電気信号のパターンの中から同じ型をしているものを取り出して、同じ「クラス」に分類する。生物が「熱い」とか「冷たい」という風に分類された感覚にしたがった行動をおこなうとき、そこにはすでに理法界が働いているのを、認めることができる。あらゆる生物が程度の違いこそあれ、事法界と理法界を組み合わせた複論理（バイロジック）を用いて、法界の中での生き死にを体験している。

これが人間の心ではさらに自由度が大きくなって、事法界と理法界の間を自在無碍に行ったり来たりできるようになる。これが法界の中の理事無碍法界の働きにほかならない。人間の心には理事無碍法界の層が表面近くにセットされている。事法界は分離している事物が、理法界で平等一如なものとしてとらえられ、さらにこの理事無碍法界で異なるものの重ね合わせないしは異なるもの同士のコミュニケーションが可能となる。

言語のケースで言えば、異なる語を重ねて新しい意味を発生させる「メタファー」の作用などは、理事無碍法界の働きによって可能となる。人類の言語の中では、現生人類（ホモサピエンス）が使用している言語だけが、この「メタファー」の能力を持っている、と考えられている。そうしてみると、心そのものである法界の奥のほうに隠れていた理事無碍法界が、表面に浮上してきたときに、はじめて私たちのような心をもった生物が、この地球上に出現するようになったと言える。

この理事無碍法界において、ロゴスからレンマへのなめらかな変化が起こる。「理と事とが交徹し円融する」とき、相互に分離されていた事と事は、理の作用によって通底しあう。これを一つの事物について言えば、裏と表の差別は保存されたまま、裏と表がひとつながりになる事態である。トポロジーではこれを「クラインの壺」で表現するが、まさにそれこそレンマの知性作用の視覚表現にほかならない。

ロゴスが認識する事物の差別相を保ったまま、そこに平等一如を見出すレンマ的な理の働きが交錯することによって、世界が円融を実現していく。そういう世界のことを、ボードレール（一八二一―一八六七）はメタファーの力によって万物が交感しあう「象徴の森」と呼んだが、たしかにロゴス的言語を用いて詩が実現しようとしているのは、そのような理事無碍法界にほかならない。

しかし仏教では、それをもって人間の完成とは認めない。人間が自分の心の内部に、理事無碍法界の先にある事々無碍法界を開くことができたとき、人間の完成である「仏」の状態にたどり着くことができると考えるのである。とくに『華厳経』では他の仏教の教えに比して、心＝法界の完成状態ということが強調されるので、完成された教えという意味で「円教《えんきょう》」と呼ばれる。

事々無碍法界では、レンマの知性作用の働きが最高度に達する。理を通底器にして事と事が交徹・円融しあうだけではなく、事と事が直接的に「相即相入」を起こすのである。「相即」は二つのものが差別なく一つに溶け合うことを意味している。「相入」は二つのものの間に自在な力の行き来が起こっている状態を言う。したがって事物が「相即相入」しあう状態とは、事物が個性を失うことなく一つに円融しあい、一つの力（一心）がすべてを貫いて流れている状態をさしていることになる。

このような「相即相入」は、レンマの知性作用によってしかあらわれてくることはない。しかも事々無碍法界では、それがあらゆるところで起こるので、どんな極小部分に生じた変化もたちどころに全体に波及していくことになる。まさに一即一切であり一切即一、全体と部分は完全に円融しつつ、自在無碍な世界を現出していくことになる。

その様子を『華厳経』では、「インドラ（帝釈天）の網」という比喩で表現している。すなわち、インドラ神の宮殿に掛けられている網の目ごとに宝珠が置かれており、それらの宝珠はお互いの姿を映し出しているので、一つの宝珠にはすべてが映り込んでいる。そのようにこの法界では、すべてのものが重々無尽に「相即相入」して、自在に円融している。

人間の心がそのあらわれの一つである「法界」は、このようにもっとも高度な自由を実現している状態では、事々無碍法界としての様態をしめしている。あらゆる生き物の心には、まったく同じ（平等一如な）心が宿っており、その心は法界として、最深部に事々無碍法界を蔵している。しかしそのことに気づき（自覚し）、自分の心を「磨き上げて」、深奥の事々無碍法界にまで入っていくことのできる自由は、人間にしか与えられていない。理事無碍法界を心作用の表面近くにセットすることによって、いま私たちの知っている「人の心」を持った現生人類である人間だけが、事々無碍法界を自分の心の中に開くことができる。これが『華厳経』の基本的な考えである。

4

心の本性をめぐるこのような『華厳経』の考えは、近代ヨーロッパに生まれた心理学や精神分析学のような「心の科学」と、不思議に共鳴しあうものを持っている。とりわけフロイトとユングによって生み出された精神分析学は、人間の心を探究するためにはロゴスの法則の機械的適用は無益であるどころか有害であって、むしろレンマ的な心作用を重視しなければならない、と考えていた点において、仏教的な「心のレンマ科学」に近い考えを抱いていた。

フロイトもユングも、「無意識」という概念を立てたが、この無意識はロゴス的ではなくレンマ的な作用をおこなう実体である。たとえばフロイトは、心の作用が「一次過程」と「二次過程」というメカニズムの異なる二つの体制の組み合わせとしてできている、と考えた。このうち「二次過程」というのは、通常の分別をおこなう理性の働きのことだが、その働きはロゴスの知性作用に基づいている。事物を分別・分離し、正しい統辞法にしたがって言語表現する能力である。

ところがその下部で活動する「一次過程」は、心的エネルギーを圧縮したり、別の場所に移動させて置き換えるなどの、直接的な物質過程をとおして、イメージや意味を生み出している。

そこでは事物をあらわす語と語の間を、なにかよく実体のわからない力が貫通流動していく。そのため「一次過程」の影響を受けた「二次過程」の表現は、奇妙な変形や歪形を受ける事になる。

ここからラカンは無意識が言語のように構造化されていて、フロイトが「一次過程」と呼んだものは、言語学でいうところの「メタファー」と「メトニミー」に相当すると考えた。彼はトポロジーを使ってその考えを表現してみせたが、そこにあらわれたのはなんと、裏と表の相即する「クラインの壺」の構造をした無意識であった。

フロイトが「無意識」と呼んだものは、『華厳経』に「理事無碍法界」として、心＝法界の存在様態の一種として取り出されたものと、驚くほどの類似性を示す。「理」を「心的エネルギー」に、「事」を「語」に置き換えれば、心的エネルギーの圧縮・置き換えで表現をおこなう無意識は、心＝法界の一層をなす理事無碍法界のレンマ的心作用に相応する。ただ『華厳経』はじめ東洋の思想は、それを「無意識」とは言わない。

『華厳経』をはじめとする東洋の思想では、意識と無意識の対立を説かない。フロイトが「無意識」と呼ぶものを含めてすべての心的作用が、「法」の働きであり、あえて言えばすべてが「意識」なのである。ただ理事無碍法界や事々無碍法界の働く域界では、ロゴスとは異なるレンマの心的作用が中心に働いているので、「意識」の表層を動かしているロゴスの理性には従わない。

こうしてフロイト的無意識の広大な領域が、法界中の理事無碍法界に包摂されることになる。じつに彼が説いたように、無意識は人間の心の水面に顔を出した氷山の一角にすぎない。水面上に顔を出しているのは、ロゴスの心的作用によって作動する「氷山の一角」にすぎず、ホモサピエンスとしての人間の心の本質は、「クラインの壺」の構造をそなえアナロジーの複雑な組織体としてもとらえることのできる、理事無碍法界の無限の広がりの中に見出されることになる。

5

こうして『華厳経』という鏡に照らし出してみるとき、私たちはユングの創造した「心の科学」が、ヨーロッパ思想において有する特異性と独創性を、正確に理解できるようになる。ユングはフロイトと共同して精神分析学を創造しながら、後に決定的な決別をおこない、ユング独自の「心の科学」の創造に向かった。その結果、ユングはフロイトがけっして触れ得なかった領域に、足を踏み入れていった。私はそのときユングが、理事無碍法界の先に事々無碍法界を発見し、その探究に出発したのだと考えている。

じっさいユングは『チベットの死者の書』『太乙《たいいつ》金《きん》華《か》宗《しゅう》旨《し》』『グノーシス文書』などをはじ

めとする東洋宗教のテキストに大きな関心を持ってそれらを研究し、アメリカ先住民の宗教を学ぶためには現地に足を運んで、フィールドワークをおこなっている。そのさいに忘れてならないことは、ユングが関心を持ったこれらのテキストや儀礼は、いずれも「聖なるもの」としての性格を持ち、日常生活の規範からは大きくはずれていることが多いという点である。

アメリカ先住民であろうとチベット人であろうと、人間の社会は言語コミュニケーションを土台としているから、『華厳経』の言うところの理事無碍法界の作動で動いている。ところがその社会のシャーマンや修行僧や神秘家が追求しているのは、社会的規範を超えて、人間の心のさらに奥に隠されている層に向かってダイブを試みることにほかならない。彼らは人間の心の全領域を横断的に踏破することによって、自分以外のものによって支配されているのではない、真の心の自由を得ようとしていた。

そういう探究をとおして、彼らは人間の条件である理事無碍法界を踏み超えて、事々無碍法界を自らの心の内部に開こうとしていた。その結果、彼らが自らの体験にもとづいて著したそれらのテキストは、事々無碍法界の体験や内部構造の記述に関わるようになる。ここからわかることは、ユング自身の関心が『華厳経』言うところの事々無碍法界の様相に向かっていたことである。

このことが、ユングの学問をフロイトやラカンの学問から大きく分けることになった。「心の科学」の創始者たちは、みな心の深層部で活動を続けるレンマ的知性作用に深い関心を抱いたのだが、フロイトとラカンが理事無碍法界の探究にとどまったのにたいして、ユングは事々無碍法界の探究に踏み込んでいたからである。

そのことはいろいろな側面から確かめることができる。ここでそのうちのひとつ、時間の構造について考えてみよう。『華厳経』ではすべてが縁起によって結ばれ、相互に融通無碍な「相即相入」をおこなう、完全円満なる心的宇宙である事々無碍法界を考えたが、そこでは理法界や理事無碍法界で体験されるものとは異なる、次のような時間構造があらわれるとされる。

同時であることと別々であることとがともに具わって現れる、ということである。というのは、時間と存在とが互いに離れないからである。十世とは、過去・未来・現在の三世にそれぞれ過去・未来および現在があるから、九世となる。しかも、この九世が互いに即応し、入りあうから、それによって一つの総括的表現ができる。そこで、これらの総括的表現と個別的表現とを合せて十世となるのである。この十世が個別性を具えながら同時に顕現して縁起を成り立たせるから、即応し入りあうことができる。それゆえ、この『華厳経』には、「あるいは長い劫を短い劫に入れ、短い劫を長い劫に入れ、あるいは百千の大劫を一念とし、一念を百千の大劫とし、あるいは過去の劫を未来の劫に入れ、未来の劫を過去の劫に入れる」と説かれている。このように、自在に、(事々無碍法界においては)時間は何の妨げもなく互いに即応し入りあい融合して成立しているのである。[8]

すべての事象・事物が「相即相入」しあっている事々無碍法界では、時間の線形構造はなりたたず、そうなるととうぜん、事象間に「因果関係」を確定することはできない。近代の自然科学の基礎ともなった「因果性」の原理の適用できるのは理事無碍法界までで、その先に広がっている事々無碍法界には、その原理はなりたたない。このような考えを、『華厳経』はヨーガの体験とレンマ論理の徹底した演繹から導き出している。レンマによる論理は、ロゴス論理による時間と空間の概念を、根底的な仕方で拡張する可能性を持っている。

ユングによる「シンクロニシティ＝同時性」という概念を、このような「レンマによる科学」が拓く思考の中に置き直してみることができる。すると現代世界でひどく孤立しているように見えるユングの思考が、孤立しているどころか、むしろ未来の科学の側にある有力な思考であるという事実が見えてくる。「レンマによる科学」は夢物語でも妄想でもなく、ひとつの実在可能な人類の知的可能性である。それが実現されたあかつきには、「レンマによる科学」は自分がはるか古代の『華厳経』と「相即相入」しあっていることに、気づくことであろう。

注

1　世親（Vasubandhu）『唯識二十論』。この考えは大乗仏教すべての根本思想である。

2　『大方広仏華厳経』（『国訳一切経』華厳部一〜四）、大東出版社、一九二九—一九三一。

華厳経を構成する『十地経』『入法界品』などについてはいくつもの注釈つき現代語訳がある。

3 ユング・パウリ共著『自然現象と心の構造』、河合隼雄・村上陽一郎訳、海鳴社、一九七六。

4 山内得立『ロゴスとレンマ』、岩波書店、一九七四。

5 龍樹『中論』中村元訳、講談社、二〇〇二。

6 法蔵『華厳五教章』、木村清孝訳、『大乗仏典〈中国・日本編7〉』、中央公論社、一九八九。

7 末綱恕一『華厳経の世界』、春秋社、一九五七。

8 法蔵、前掲書。

A Lemma Science of Mind

The Potential of the Kegon Sutra[1]

by

Shinichi Nakazawa

Yamanashi, Japan

Abstract: The paper argues for a new perspective on the relationship between Buddhism and European psychology, or sciences of the mind, based in the the Kegon Sutra(also known as the Flower Garlal Sutra), a text that emerged in the early stages of Mahayana Buddhism (3rd–5th century C.E.). The basis of European science is logos intellection, formalized by Aristotle as following three laws: the law of identity, the law of contradiction and the law of the excluded middle. Logic in the Buddhist tradition, by contrast, is based in lemma (meaning to understand as a whole not with language, but with intuition). Lemma-based science born in the Buddhist tradition shows that rational perception is possible even without the three laws of logos. The Kegon Sutra, which explains what Buddha preached only a week after he attained enlightenment, is unified under the logic of lemma and can be seen as an effort to create a "lemma science of the mind". The fundamental teaching of the Kegon Sutra is explored and its principles are compared with primary process thinking and the unconscious as outlined by Freud and Jung. Jung's research of Eastern texts led him to create a science of the mind that

went further than Freud: his concept of synchronicity is given by way of example and can be seen anew within the idea of a lemma-based science.

Key words: Kegon Sutra, Buddhism, science of mind, lemma, logos, synchronicity.

1. The Kegon Sutra

Buddhism has taken the study of the human mind as its greatest theme. Buddhism begins by asking what people must do to save themselves from worldly desires and self-doubt, and discovers that the source of worldly desires and self-doubt lies not outside the mind but within the mind.

"The three realms are only mind"[2] is the fundamental understanding attained by Mahayana Buddhism. The idea is that the three realms—the realm of desires (desire realm), the realm of material phenomena (form realm), and the latent realm of the non-material (formless realm)—and everything that makes up the cosmos is generated from the mind. Buddhism has sought to observe the world's every phenomenon from this "mind-only" perspective. In this sense, I suppose Buddhism could be understood as humankind's oldest form of psychology. In fact, there is no essential difference between the Buddhism that sought to investigate the mind and what we call "sciences of the mind" today.

Sciences of the mind that developed mainly in the West such as

psychology and psychoanalysis were quick to grasp the importance of the knowledge of the human mind that was accumulated by Buddhism. Several efforts have been made to bridge the gap between Buddhism and sciences of the mind, such as the "Ajase complex" proposed to counter the "Oedipus complex." Such attempts, however, have been sporadic in nature and, regrettably, no coherent investigation has yet been satisfactorily developed that illuminates the true, inherent relationship between Buddhism and sciences of the mind.

My presentation today is an attempt to redress this omission. My argument will be grounded in the the Kegon Sutra[3] a text that emerged in the early stages of the Mahayana Buddhist movement. Presumed to have been compiled in central Asia between the third and fifth century CE, this scripture boasts an overwhelming presence not only because of its tremendous length but also because it encompasses such a broad spectrum of material.

Beginning with commentary on the details of the internal structure of the "emancipated mind = Buddha nature" that is open to the deepest realms of the mind, the text expands on a surprisingly rich ideology covering laws of motion and modes of information transmission that generate change within the Buddha nature, the common basis that links mind and matter, the structure that creates the human mind and its limitations, and the possibility of escaping from these limitations.

The Kegon Sutra freely explores—in the context of their links to number theory, theories of life, and cosmology—subjects that overlap with the main themes of psychology, such as where the mind came from, how the mind works, and where the mind goes in the end. The

text, then, offers extremely instructive knowledge to scientists of the mind today who wish to discover a circle of truth linking psychology and materials science. Carl Jung researched the structure of time together with physicist Wolfgang Pauli[4]. The issues they sought to resolve were directly related to themes pursued by the Kegon Sutora.

In this sense, there is a profound similarity and synchronicity between the investigations pursued by ancient Buddhist thinkers and those upon which we embark, and those of ancient thinkers can sometimes even be seen to have resolved the same issues with greater freedom and depth. That is why I have come to think that I would like to adopt a new perspective in seeking in discover a genuine connection between Buddhism and the sciences of the mind.

2. Logos and Lemma

There is one serious problem that has stood in the way of the genuine dialogue that should take place between the sciences of the mind developed in Europe and the Buddhism developed in Asia. Even though both Buddhism and the sciences of the mind have each tried their best to establish themselves as "sciences," they differ fundamentally with respect to the essential logic on which they are based. Even when they reach the same solutions about the same subject, therefore, they end up arriving at different expressions that appear utterly dissimilar.

Science as developed in Europe is based on *logos*, while science in Asia where Buddhism was nurtured is run through with the logic of *lemma*. Although ancient Greek philosophers understood the differ-

ence between logos and lemma very well, they valued logos and believed that all of the sciences had to be based on it. The logic of lemma, on the other hand, was valued in lands east of Greece and spread greatly as it was incorporated into the Buddhist tradition. The difference between science based on logos and science based on lemma has generated fields of study that seem utterly alien to each other.[5]

Etymologically, I am told, the word logos meant "to gather before one's eyes," "to arrange what has been gathered," and "to articulate in words." You gather before you things that are manifest in the world, arrange and organize them, and then describe them using words. This is logos intellection. The reason the gathering of things and their arrangement in order has the same meaning as "to articulate in words" is that human language performs exactly the same function. By naming the things that are manifest in the world, human beings gather them in consciousness; by arranging and expressing these things in a linear fashion, they give order to their experiences. Ancient Greek philosophy, therefore, considered logos and language to share the same essence.

This led to the notion that "to articulate using the correct words" meant the same thing as "to think correctly," and the idea that through the workings of logos "things that were correctly thought were equivalent to the existence of objects that exist" (Paremenides). This is because that which is correctly expressed through language, maintaining the linear order that the deep structure of language follows, is equivalent to the object that exists. This Parmenidian understanding has been of crucial importance to European scholarship; the direction of all the fields of learning developed there from philosophy to Chris-

tian theology to modern science has been shaped as the correct performance of logos intellection.

It was Aristotles who formalized logos intellection and laid the foundation for "correct logic," according to which logos followed three laws; 1) the law of identity (whatever is, is), 2) the law of contradiction ("A is B" and "A is not B" are mutually exclusive), and 3) the law of the excluded middle (all things can be divided). Aristotle's belief that correct linguistic expression can be achieved by following those three laws was subsequently widely recognized in Europe and remains the foundation of the philosophy of logic and scientific methodology today.

The Buddhist tradition, however, developed a logic quite different from the logic of logos: a logic based on lemma. Lemma has etymological meanings such as "to catch as a whole," "to grab," and "to grasp." It means to understand the whole not with language, but with intuition. Whereas logos understands phenomena in the world using the linear structure of language, lemma is an expression of the intellection of grasping reality directly without such transformative mediation. Ancient Greek philosophers knew that human intellection included a lemma function that differed from logos, but they believed that it was logos not lemma that would bring certain knowledge, and valued only logos-based logic.

What happened in Buddhism, however, was the exact opposite. Buddhism valued yoga-based meditation. Yoga brings the constant linguistic activity of the brain to a halt such that the function of logos retreats and the intuitive intellect of lemma rises to the fore. The reality captured with the intellect of lemma was recognized as *tathata* (the ultimate nature of all things). When Buddhism reached the stage of Ma-

hayana Buddhism this subject was pursued even more deeply, leading to the establishment of the "logic of lemma."

It was Nagarjuna who created this logic of lemma. Nagarjuna tried to establish the logic of lemma by struggling against the logic of logos. He was, therefore, thoroughly critical of the three laws that support logos. The law of identity, the law of contradiction, and the law of the excluded middle were all rejected as Nagarjuna insisted that "true reality" would only be revealed to humankind when the three laws of logos were removed from its intellection.

Removing the law of identity leads to "nothing remains the same." Removing the law of contradiction leads to the understanding that "'A is B' and 'A is not B' are mutually compatible" Removing the law of the excluded middle leads to "all things cannot be divided," and the understanding that "all things are connected (inseparable)." All things are interrelated in this lemma way. In Buddhism, this phase of existence revealed when the three laws of logos are removed is called "dependent origination" (*pratītyasamutpāda*).

Nagarjuna's main book, *Mulamadhyamaka-karika* [Fundamental Verses of the Middle Way], begins with an homage by a later writer that reads:[6]

> He (Nagarjuna) preached dependent origination,
> According to which there is
> Neither ceasing nor arising,
> Neither annihilation nor perpetuity,
> Neither coming nor going,
> Neither singularity nor plurality.

In fact, Nagarjuna thoroughly rejected the four aspects of world phenomena to which logos leads: 1) there is arising and ceasing, 2) there is annihilation (discontinuity) and perpetuity (continuity), 3) there is singularity (uniformity) and plurality (diversity), and 4) there is coming and going. Instead, he reasoned that dependent origination described the true nature of reality characterized by the following four lemma understandings: 1) neither arising nor ceasing, 2) neither discontinuity nor continuity, 3) neither uniformity nor diversity, and 4) neither coming nor going.

Nagarjuna's claim seems extreme on the surface, but this is the view one reaches after having thoroughly pursued the logic of lemma that courses through Buddhism as a whole. On the basis of the logic of lemma, various systems of science have been built within Buddhism, which sought to demonstrate that a solid world could be created using only the logic of lemma, without the logic of logos. Various "lemma-based sciences" were created such as a lemma-based theory of the origin of the universe, a lemma-based theory of life, a lemma-based psychology, a lemma-based logic, and a lemma-based ethics. Such knowledge was woven into sutras.

The lemma-based sciences generated in this process were markedly different from the logos-based sciences that developed primarily in Europe. Perhaps this is only natural given that lemma-based science developed after cleaning away the laws of identity, contradiction, and excluded middle that logos-based science requires. In modern European philosophy, Kant established a philosophy that cleared away the law of identity and Hegel created a philosophy that cleared away the

law of contradiction. Perhaps unsurprisingly, a philosophy that clears away the law of the excluded middle has not yet been established. Lemma-based science born in the Buddhist tradition shows that rational perception is possible even without the three laws of logos. In fact, human intellection is able to approach reality only after the three laws of logos have been cleared away, so lemma can be seen as an extension of logos.

Today's main topic, the Kegon Sutra, ranks even among such Mahayana Buddhist texts as a sutra of great size, depth, and degree of accomplishment. It was compiled with the intention both to reach for an elevated religious state and to establish Buddhism as a "science of the mind." Moreover, the entire work is unified under the logic of lemma. In this sense, the Kegon Sutra can be seen as an effort to create a "lemma science of the mind."

3. Mind as Dharma Realm

At the beginning of the Kegon Sutra, it is written that the sutra will explain what Buddha preached only a week after he attained enlightenment. It is said that the sutra presents how Buddha described his inner experience of enlightenment as it was before developing techniques for skillfully preaching to large group by teaching to the target audience.

In this sutra, Buddha gives a detailed explanation, in the voice of Mahavairocana, of the whole realm of the mind that he traveled through and perceived fully. This realm of the mind is called *dharma-*

dhatu (the Dharma realm). The Kegon Sutra was intended to cover the entire *dharmadhatu*, describing, accurately through the use of lemma logic, its inner structure and methods for conveying the various truths about the movements that occur there. This was the first such intellectual adventure to be attempted within the Mahayana Buddhist movement. In this sense, the Kegon Sutra can be considered the greatest Buddhist scripture of all time.

Next I would like to pick out a few topics related to the Kegon Sutra that are important for modern sciences of the mind. In doing so, I would like to make good use of research findings made in China during the period of the Tang dynasty. To tell the truth, the Kegon Sutra is truly massive and one cannot help having the impression that its philosophical arguments are scattered throughout rather than ordered systematically. The mission of distilling the ideologically important points from the text and organizing them, then, was left to later generations. It was thinkers of the Chinese Huayan School as represented by Fazang (643–712) who responded to this need. I would like to shed light on the essence of Huayan lemma philosophy as found in Fazang's main work, *Huayan wujiao zhang* [Treatise on the Five Teachings of Huayan][7].

According to the Flower Ornament Scripture, the *dharmadhatu*—the whole realm of the mind—has the following four kinds of inner structures[8].

1) The realm of all matter and phenomena, where individual things conflict and combine, and discriminating characteristics are created.

2) The realm of absolute principle, where the laws of discrimination conflict in their details but are equal and unified in their general direction.
3) The realm of non-obstruction between principle and phenomena, where principle and phenomena cross and merge without losing the nature of each, creating a world free of obstacles.
4) The realm of non-obstruction between phenomena, where not only principle and phenomena, but also phenomenon and phenomenon are united, and all is one and one is all, and everything is merged without losing the nature of each and the world is free of obstacles.

The realm of all matter and phenomena is the mental world where each thing is separate and independent. This is the layer of mental function that we use as we go about our lives perceiving things in the world objectively. We consider this the realm of all matter and phenomena within "mind = *dharmadhatu*." In the realm of all matter and phenomena, each thing is separate and has its own name. The world that the mind sees in the realm of all matter and phenomena is based on discrimination.

When the realm of absolute principle starts functioning, differences in phenomena (discrimination) remain but one comes to understand that there is something equal in the depth of difference. This is related to what we usually call "abstraction ability." It is like being able to see a concrete building, recognize that it is made of crushed and hardened stone and sand, and understand that, as far as this goes, the artificial and the natural are equal and unified.

The realm of absolute principle is also at work in the minds of organisms other than humans. Organisms transform stimuli that come to their sense receptors into various electronic patterns and convey these to neurons. The neurons find matching patterns among the electronic patterns and categorize them as being of the same class. When organisms act following sensations that have been categorized as, say, "hot" or "cold," we can recognize the workings of the realm of absolute principle. To varying degrees, every organism experiences life and death using a bilogic combining the realm of all matter and phenomena and the realm of absolute principle.

In the human mind, flexibility is increased and it can move freely between the realm of all matter and phenomena and the realm of absolute principle. This is nothing other than the function of the realm of non-obstruction between principle and phenomena within the *dharmadhatu*. The realm of non-obstruction between principle and phenomena is set near the surface of the human mind. Things separated in the realm of all matter and phenomena are understood as equal and unified in the realm of absolute principle, but in the realm of non-obstruction between principle and phenomena communication between the overlapping parts of different things or between different things also becomes possible.

The workings of the realm of non-obstruction between principle and phenomena makes it possible to do metaphorical operations that, in linguistic terms, generate new meanings by overlapping different words. Among human languages, only those used by modern humans (Homo sapiens sapiens) are believed to be capable of using metaphor. We could say, then, that only when the realm of non-obstruction between

principle and phenomena had risen to the surface from where it was hiding in the depths of the *dharmadhatu* mind could an organism with minds like ours first appear on the earth.

In the realm of non-obstruction between principle and phenomena, the transition from logos to lemma occurs smoothly. When "principle and phenomena cross and merge without losing the nature of each," phenomenon that are separated from each other start communicating with each other through the function of absolute principle. To give an example, this situation is like front and back being connected even though the difference between front and back is maintained. In topology, this is expressed as a "Klein bottle," a precise visual expression of lemma intellection.

Retaining the layer of discrimination among phenomena as understood by logos, crossed with the lemmatic function of an absolute principle that sees them as equal and unified, leads to the realization of a world where principle and phenomena merge without losing the nature of each. Baudelaire called such a world "a forest of symbols" where all creation sympathizes with one another through the power of metaphor. Indeed, this is nothing but the realm of non-obstruction between principle and phenomena that poetry seeks to realize through the use of logostic language.

In Buddhism, however, this is not seen as human perfection. Rather, it is thought that humans can reach the Buddha state—human perfection—only when they are able to open up their own minds to the realm of non-obstruction between phenomena that lies beyond the realm of non-obstruction between principle and phenomena. The emphasis in the Kegon Sutra, relative to the teachings of other Bud-

dhist sects, on the mind as the perfection of the *dharmadhatu* has led to it being called *engyo*(円教), meaning "perfect teaching."

The workings of lemma intellection reach their peak in the realm of non-obstruction between principle and phenomena. Phenomenon and phenomenon not only cross and merge with each other, phenomenon and phenomenon also *sosoku sonyu* (相即相入) directly. The first part of the word, *sosoku* (相即), means the merging of two things as one without discrimination. The second part of the word, *sonyu* (相入), means the state where forces go back and forth freely between the two. The state of *sosoku sonyu*, then, represents phenomena merging without losing their individuality as one force (one mind) flows through everything.

This state of *sosoku sonyu* appears only with lemma intellection. Moreover, because it occurs everywhere within the realm of non-obstruction between phenomena, a change even in a miniscule area spreads throughout the whole in an instant. This is truly a world of "all is one and one is all," one with no obstructions that appears as the whole and the parts merge.

In the Kegon Sutra, this state is described using the metaphor of "Indra's net." That is, sacred gems placed at each eye of a net that hangs at the palace of Indra reflect each other such that each gem reflects all others. In the same way, in this realm everything is in a continuous state of *sosoku sonyu* and freely merges without losing the nature of each.

An expression of the human mind, the *dharmadhatu* demonstrates the aspect of the realm of non-obstruction between phenomena when it achieves its highest degree of freedom. The exact same

(equal and unified) mind inhabits the mind of every living thing; this mind, as *dharmadhatu*, contains the realm of non-obstruction between phenomena in its innermost part. Only humans, however, are capable of being aware of this, and have the freedom to polish their minds and enter into the depths of the realm of non-obstruction between phenomena. By setting the realm of non-obstruction between principle and phenomena near the surface of mental function, only humans, that is, modern humans with the human mind we know, are capable of opening up the realm of non-obstruction between phenomena in their minds. This is the fundamental teaching of the Kegon Sutra.

4. Freudian Unconsciousnessa Viewed from the Kegon Sutra

The ideas regarding the nature of mind in the Kegon Sutra resonate marvelously with sciences of the mind created in modern Europe such as psychology and psychoanalysis. The psychoanalysis of Freud and Jung, in particular, encompassed similar ideas to the Buddhist "lemma science of the mind" in that they believed the mechanical application of logos rules was not only futile but harmful, and that lemmatic mental functions should be valued.

Both Freud and Jung developed the concept of the unconscious, something that acts not logostically but lemmatically. Freud, for example, considered mental functions to be composed of two different mechanisms: a primary process and a secondary process. Among these two, the secondary process is the function of reason that handles ordi-

nary reasoning. It is based on logos intellection, and is the ability to separate things and express them in language in accordance with proper syntax.

The primary process that acts beneath it, however, creates images and meanings through direct material processes such as compressing psychic energy or displacing it by moving it to different places. Here, forces whose substance is unclear flow between the words that represent things. Expressions of secondary process, therefore, becomes transformed and distorted strangely through the influence of the primary process.

From here, Lacan thought that the unconsciousness was structured like a language, and that what Freud called primary process corresponded to the metaphor and metonymy of linguistics. He expressed this idea using topology and arrived at an unconscious with a Klein bottle structure, its front and back merged as one.

What Freud called the unconscious shows a surprising similarity with one aspect of the mind as *dharmadhatu* that was distilled from the Kegon Sutra: the realm of non-obstruction between principle and phenomena. If you replace "principle" with "psychic energy," and "phenomena" with "words," the unconscious expressing itself through the compression and displacement of psychic energy corresponds to the lemmatic mental function in the realm of non-obstruction between principle and phenomena, one layer of the mind as *dharmadhatu*. It is not, however, called the unconscious in Eastern thinking, including the Kegon Sutra.

In Eastern thinking, including the Kegon Sutra, there is no discourse on conflict between the conscious and unconscious. Every

mental function, including what Freud called the unconscious, is a function of "principle" and, I might venture to say, the conscious. However, the domains where the realm of non-obstruction between principle and phenomena and the realm of non-obstruction between phenomena function are centered on lemma mental functions, different from logos, and so do not follow the reason of logos that drives surface consciousness.

In this way, a vast realm of the Freudian unconscious is subsumed into the realm of non-obstruction between principle and phenomena within the *dharmadhatu*. As Freud actually claimed, the unconscious is nothing more than the tip of the iceberg breaking the surface of the human mind. What appears above the surface is the tip of the iceberg that operates under the mental function of logos. The essence of the mind of humans as Homo sapiens sapiens is found in the limitless expanse of the realm of non-obstruction between principle and phenomena and can be seen as a complex body with a structure analogous to that of a Klein bottle.

5. The Kegon Sutra and Jung

Reflected in the mirror of the Kegon Sutra in this way, we can correctly understand the uniqueness and originality, within the context of European thinking, of the science of the mind created by Jung. After developing psychoanalysis in collaboration with Freud, he later made a decisive break with Freud and went on to create his own science of the mind. As a result, Jung stepped into a realm that Freud would never

have been able to approach. I think it was then that Jung discovered the realm of non-obstruction between phenomena that lies beyond the realm of non-obstruction between principle and phenomena, and embarked on its study.

In fact, Jung researched Eastern religious texts such as *The Tibetan Book of the Dead, The Secret of the Golden Flower,* and the Gnostic scriptures with great interest. He also went on site to study and conduct fieldwork on Native American religions. What we must not forget here is that these texts and rituals in which Jung was interested assume a "sacred" character and often depart considerably from everyday norms.

Whether Native American or Tibetan, human society is based on linguistic communication so it operates through the agency of the realm of non-obstruction between principle and phenomena as described in the Kegon Sutra. What shamans, ascetic monks, and mystics have sought to do in these societies, however, is to transcend societal norms and dive into the hidden layers at the depths of the human mind. By traversing the whole of the human mind in a cross-sectional way, they have sought to attain the ultimate freedom of mind, freedom from control by anything but themselves.

Through these investigations, they have tried to step beyond the human condition of the realm of non-obstruction between principle and phenomena and open the realm of non-obstruction between phenomena within their own minds. As a result, the texts they have written based on their experiences began to deal with the experience and inner structure of the realm of non-obstruction between phenomena. What this shows us is that Jung's interest shifted to the phase of the

realm of non-obstruction between phenomena as described in the Kegon Sutra.

This greatly distinguished Jung's study from those of Freud and Lacan. All these founders of the sciences of the mind had a deep interest in the lemmatic intellection that is continually active in the depths of the mind, but whereas Freud and Lacan only went so far as to pursue the realm of non-obstruction between principle and phenomena, Jung stepped into the realm of non-obstruction between phenomena.

This can be confirmed from a variety of aspects. Here, let us look at one: the structure of time. The Kegon Sutra proposed the realm of non-obstruction between phenomena as a perfect, peaceful mental universe where everything is connected through dependent origination and merges without loss of individuality as one force flows through everything. There, as described in the following passage, the structure of time appears different than how it is experienced in the realm of absolute principle and the realm of non-obstruction between principle and phenomena:

> Time appears to be both synchronous and distinct. That is, time and existence are not separate from each other. The ten worlds are: the three worlds of the past, future, and present, each of which has a past, future, and present, leading to nine worlds. Moreover, these nine worlds adapt to and enter one other, creating one panoptic expression. This panoptic expression and its individual expressions together make up the ten worlds. These ten worlds retain their individuality, simultaneously revealing themselves and making dependent origination possible, such that they are able to adapt to

and enter into one another. And so, in the Kegon Sutra it is said: "put a long kalpa [a measure of time in Buddhist cosmology, said to be very long] into a short kalpa, or a short kalpa into a long kalpa, or consider one thousand and one hundred great kalpa to be one ksana [another measure of time in Buddhist cosmology, this one very short], and one ksana as one hundred kalpa, or put past kalpa into future kalpa and put future kalpa into past kalpa." In this way (in the realm of non-obstruction between phenomena), time comes into existence through mutual adaption and merging with each other without any obstruction.[9]"

In the realm of non-obstruction between phenomena, where all phenomena and things merge without loss of individuality as one force flows through everything, time does not flow linearly. Naturally, then, one cannot determine causal associations among phenomena. One can only apply the doctrine of causality that has functioned as the basis of modern science as far as the realm of non-obstruction between principle and phenomena, but not as far as the realm of non-obstruction between phenomena. In the Kegon Sutra, these ideas are derived through a thorough deduction of yoga experience and lemma logic. A lemma-based logic has the potential to profoundly expand the concept of time and space as based on logos logic.

In this way, Jung's concept of synchronicity can be seen anew within the idea of a lemma-based science. Doing so, Jung's ideas—which seem terribly isolated in the modern world— can instead be seen as important ideas that stand on the side of the future of science. A lemma-based science is neither a pipe dream nor a delusion, but

achievable human intellectual potential. When realized, the lemma-based science will itself surely become aware of having merged with the Kegon Stura of ancient times without loss of individuality as one force flows through everything.

Notes:

[1]First presented at the IAAP Congress, Kyoto, Japan, 28 August 2016–2 September 2016.

[2]Vasubandhu, *The Treatise in Twenty Verses on Consciousness Only*. The concept is fundamental to all sects of Mahayana Buddhism.

[3]There are a number of modern, annotated translations of the Flower Ornament Scripture and its component chapters such as the Ten Stages Sutra and the Sutra of the Entry into the Realm of Reality.

[4]Carl Jung and Wolfgang Pauli, *The Interpretation of Nature and the Psyche* (Pantheon Books, 1955)

[5]Tokuryu Yamauchi, *Rogosu to renma* [Logos and Lemma] (Iwanami Shoten, 1974).

[6]Nagarjuna, *Fundamental Verses of the Middle Way*.

[7]Fazang, *Huayan wujiao zhang* [Treatise on the Five Teachings of Huayan], translated and annotated by Kiyotaka Kimura (Chuo Koronsha, 1989).

[8]Joichi Suetsuna, *Kegonkyo no sekai* [The World of the Flower Ornament Scripture] (Shunjusha, 1957)

[9]Ibid. 6, p120

あとがき

『レンマ学』の第一部をなす本書は、『チベットのモーツァルト』に始まる三十年以上も続けられてきた私の探究のたどりついたひとつの山頂を示している。その間に続けられたさまざまな訓練、読書、旅、問題の所在場所の位置測定、登頂ルートの検討と決定、装備の点検などをへて、私は一人でベースキャンプを出て山頂に向かった。しかしヒマラヤ地帯を歩いた経験からよく知っているのだが、山頂と思ってたどり着いてみると、そのむこうにはさらに巨大な山塊が聳えているのである。本書がたどりついた山頂なども、もっと巨大な山塊の小さな前山にすぎないのであろう。この「あとがき」を書いていても、私には自分の前にくっきりとその姿をあらわしているその「類推の山」（ドーマル）が見えている。この山は知的世界のグーグル地図にもまだ載っていない。しかもその山は想像以上に遠くにある。

ハイデッガーがライプニッツについて語った次の言葉を、私は自分に向けられた辛辣な警告でもあるものと受け取ってきた。「ライプニッツのばあいのように、あまりに多様な助走が試みられたために、まったく見透しがきかなくなったりします」(『シェリング講義』)。ライプニッツと自分を比較するのもおこがましいが、『チベットのモーツァルト』以後の私も、あまりに多様な助走を試みすぎたために、学的体系の構築に向けた見透しがすっかりきかなくなってしまった。そういう私を『レンマ学』に至る見透しの中に再び立たせてくれたのは、二〇一六年度の南方熊楠賞の授賞式における講演を準備している最中のことであった(『熊楠の星の時間』参照)。

この講演で私は南方熊楠と土宜法龍の間で取り交わされた書簡を再度取り上げたが、そのときはじめて熊楠が展開している科学的思考の拡張をめぐる議論の本質を、「ロゴス」から「レンマ」への知性の拡張として理解する道が開かれたのである。それと同時に、長いこと自分の中で密かな胎動を続けていた『華厳経』という存在が、目の前に大きく浮かび上がってきた。前方をさえぎっていた霧がいっきに晴れたようになって、「レンマ学」に至る道がくっきりあらわれた。するととりとめもないほどに多様に思われたさまざまな助走路が、この道のまわりに集合して意味ありげな枝道として互いに結び合うようになった。私は日本人による創造を待っている新しい知的体系というものを探し求め続けてきたが、それに確実に手を掛けたという実感をこのとき持つことができた。

ここに至るまでに、私はじつに多くの人々からの導きや協力を得てきた。私に大乗仏教の精神を注ぎ込んでくれ、ユーラシア的仏教の学問の手ほどきを与えてくれたチベット仏教の諸先生がた、とりわけケツン・サンポ先生（一九二〇―二〇〇九）の慈愛に満ちた教えによって、私の前に大乗仏教の世界の扉は開かれたのである。サスカッチュワン大学のハーバート・ギュンター博士（一九一七―二〇〇六）とは著作や文通やメールをつうじて、仏教をいっさいのドグマ主義から自由な創造者の精神をもって研究することの大切さを伝えられた。博士はまた仏教思想を現代科学の最先端の思想と結びつけるメチエについて、たくさんのことを御教授くださった。その思想は「レンマ学」の中に姿を変えて着実に生きている。東洋思想を東洋の原理によって研究する方法を打ち立てるという雄大な仕事に専心しておられた井筒俊彦先生を間近に知るという幸運に恵まれなかったとしたら、私の「レンマ学」も生まれてはいなかったかもしれない。井筒先生の存在はつねに私の勇気の源泉であり、自分が間違った道を歩んでいないことを知るための灯台でもあった。「レンマ」という概念を、私は学生時代に聞いた山内得立先生の特別講義において初めて知った。不勉強な私は山内先生の話されている問題の重要性に、そのときは気づいていなかった。ところがのちに中村雄二郎先生（一九二五―二〇一七）によって、私の心の潜在下に沈んでしまっていたこの概念が、ふたたび意識に浮上させられることになったのである。中村先生は早くから『チベットのモーツァルト』という作品の本質が、山内得立先生の提唱した「レンマ」の概念によっていることを見抜いておられ、そのことを惜しげもなく私に御教示くださった。河合隼雄先生（一九二八―二〇〇七）は『華厳経』の重要性に目を開かせてくれた方である。八〇年代の中頃、河合先生を中心におこなわれていた『華厳経研究会』に参加させてもらって学んだことは、私のその後の研究の大きな財産となった。河合先生は日本人の心性を理解するためにはこの仏典を研究することがきわめて重要であると喝破され、大乗仏教の思想にもとづく「華厳的心理学」を日本人がつくりだす必要をつとに語られていた。「レンマ学」はそういう河合先生のご遺志を受け継ぐものでありたい。トマス・アクィナスと仏教と量子論の関係について、理論物理学者であった柳瀬睦男神父（一九二二―二〇〇八）と交わした若い日の会話も、「レンマ学」の中に活かされている。ハイゼンベルクと親交のあった神父は、この量子論の建設者の思想が新プラトン主義を介して東洋思想にもつながりをもっていた可能性を語られていた。「レンマ学」の生命論は、今西錦司先生の生物学思想の強い影響下に構想されている。いずれ「レンマ学」からは『華厳的進化』という一書が生まれることになるであろうが、今西先生の思想じたいが「レンマ学的構造」を持っているのである。

「レンマ学」の構想の出産を促してくれた南方熊楠賞を主宰する和歌山県田辺市の南方熊楠顕彰館の関係者の皆様には、ここであらためて深い感謝の気持ちをお伝えしたい。徳島市般若院の宮崎信也住職には、法蔵・澄観ら中国華厳宗の祖師らの諸著作の閲覧をはじめとして、大乗仏典全般にわたるさまざまなご教示をいただいた。京都大学こころの未来研究センター所長の河合俊雄さんは「京都こころ会議」や「国際臨床士学会」において「レンマ学」について講演をおこなう機会を与えてくださり、そのたびに私の思考は深められていった。南方熊楠と『華厳経』の若い研究者である唐澤太輔さん、野呂靖さん、亀山隆彦さんのお三方は、華厳経をめぐるシンポジウムを何度も自主的に企画して、私に熊楠の思想の現代的意義について話す機会をつくってくれた。そこで話された内容が「レンマ学」には生かされている。『現代思想』の編集長であった栗原一樹さんは、「レンマ学」の構築にとって決定的な重要性を持つ「レンマ的算術」の体系に関わる論文が生まれるときの産婆役を果たしてくれた。膨大な量の資料の検索や収集については明治大学野生の科学研究所の野沢なつみさんと石川典子さんと野沢ふみほさんの協力を得た。本書の中心をなす部分は、『群像』（二〇一八年二月号〜二〇一九年一月号掲載）に連載された。文芸誌にこのような難解な哲学的内容を含む文章が載ることを寛大な心でお許しくださった『群像』の佐藤辰宣編集長、毎回ていねいな編集作業をおこなってくれた森川晃輔さん、書籍化にあたって協力を得た園部雅一さんにも、心からのお礼を申し上げる。

令和元年五月　中沢新一

主要参考文献

「華厳経」（大方広仏華厳経）『国訳一切経（華厳部一～四）』大東出版社、一九二九―一九三二
「十地経」（華厳経十地品）荒牧典俊訳『大乗仏典8　十地経』中央公論新社、二〇〇三
「華厳経如来性起品」高崎直道訳『大乗仏典12　如来蔵系経典』中央公論新社、二〇〇四
「勝鬘経」中村元訳『維摩経』『勝鬘経』現代語訳大乗仏典3』東京書籍、二〇〇三
「不増不減経」高崎直道訳『大乗仏典12　如来蔵系経典』中央公論新社、二〇〇四
「維摩経」長尾雅人訳『大乗仏典7　維摩経・首楞厳三昧経』中央公論新社、二〇〇二
馬鳴「大乗起信論」宇井伯寿、高崎直道訳『大乗起信論』岩波書店、一九九四
世親「唯識二十論」梶山雄一訳『大乗仏典15　世親論集』中央公論新社、二〇〇五
澄観「法界玄鏡」木村清孝・吉田叡禮訳註『新国訳大蔵経　中国撰述部1・1〔華厳宗部〕』大蔵出版、二〇一一
龍樹「中論無畏疏」寺本婉雅訳『梵漢独対校西蔵文和訳中論無畏疏』国書刊行会、一九七四
法蔵「華厳五教章」木村清孝訳『大乗仏典　中国・日本篇　7』中央公論社、一九八九
「華厳経探玄記」『大正新脩大蔵経第三十五巻』大正新脩大蔵経刊行会、一九七七
伊沢正名／松本淳『粘菌～驚くべき生命力の謎～』誠文堂新光社、二〇〇七
井筒俊彦『意識の形而上学―『大乗起信論』の哲学』中央公論新社、二〇〇一
伊藤宏司『ニューロダイナミクス』共立出版、二〇一〇

王維『王維詩集』小川環樹ほか訳、岩波書店、一九七二
大森英樹／前田吉昭『量子的な微分・積分』シュプリンガーフェアラーク東京、二〇〇四
岡潔『岡潔集　第三巻』学習研究社、一九六九
『岡潔集　第五巻』学習研究社、一九六九
『数学する人生』森田真生編、新潮社、二〇一九
鎌田茂雄『華厳五教章』大蔵出版、二〇〇三
亀川教信『縁起の構造』全人社、一九四四
『華厳学』百華苑、一九四九
黒川信重『リーマン予想の150年』岩波書店、二〇〇九
『リーマン予想の探求』技術評論社、二〇一二
『絶対数学原論』現代数学社、二〇一六
黒川信重／小山信也『リーマン予想のこれまでとこれから』日本評論社、二〇〇九
『絶対数学』、日本評論社、二〇一〇
黒沢隆朝『音階の発生よりみた音楽起源論』音楽之友社、一九七八
末綱恕一『華厳経の世界』春秋社、一九五七
鈴木大拙「華厳の研究」『鈴木大拙全集　第五巻』岩波書店、一九六八
石濤『石濤画語録』兪剣華注解、遠藤光一訳、日本美術新報社、一九七七
髙橋秀裕「華厳経に魅了された数学者末綱恕一―下村・西田・大拙との交流をめぐって―」『現代密教二二号』智山伝法院、二〇一一
竹内外史『直観主義的集合論』紀伊國屋書店、一九八〇
田中一之『数の体系と超準モデル』裳華房、二〇〇二

朝永振一郎『量子力学　第2』みすず書房、一九五三
中垣俊之『粘菌　偉大なる単細胞が人類を救う』文藝春秋、二〇一四
『粘菌　その驚くべき知性』PHP研究所、二〇一〇
『かしこい単細胞　粘菌』（絵・斉藤俊行）福音館書店、二〇一五
中村捷ほか『生成文法の新展開』研究社、二〇〇一
中村徹『超準解析と物理学』日本評論社、一九九八
平川彰『大乗起信論』大蔵出版、一九七三
福井直樹『新・自然科学としての言語学』筑摩書房、二〇一二
前田周一郎『束論と量子論理』槙書店、一九八〇
松尾芭蕉『芭蕉自筆 奥の細道』上野洋三・櫻井武次郎校注、岩波書店、二〇一七
『南方熊楠・宜法竜往復書簡』八坂書房、一九九〇
村上俊江「ライプニッツ氏と華厳宗」『華厳思想』法蔵館、一九六〇
望月信亨『仏教大辞典』武揚堂、一九〇九—一九一六
山内得立『ロゴスとレンマ』岩波書店、一九七四
湯次了栄『華厳大系』六条学報社、一九二〇
『華厳五教章経典解説』名著出版、二〇一八
『老子』福永光司訳、筑摩書房、二〇一三
『理想』六九一号『特集ライプニッツ『モナドロジー』300年』理想社、二〇一三
渡辺明『ミニマリストプログラム序説』大修館書店、二〇〇五
アクィナス、トマス『神学大全』山田晶訳、中央公論新社、二〇一四
アシュウォース、J・M／ディー、J『粘菌の生物学』山田卓三訳、朝倉書店、一九八〇

アダマール、ジャック『数学における発明の心理』伏見康治ほか訳、みすず書房、二〇〇二
イエイツ、フランセス『薔薇十字の覚醒』山下知夫訳、工作舎、一九八六
イエルムスレウ、ルイ『言語理論の確立をめぐって』竹内孝次訳、岩波書店、一九八五
エビングハウス、H・Dほか『数』成木勇夫訳、丸善出版、二〇〇四
エリアーデ、M『世界宗教史1』中村恭子訳、筑摩書房、二〇〇〇
ガタリ、フェリックス『機械状無意識　スキゾ分析』高岡幸一訳、法政大学出版局、一九九〇
カレッジ、キャサリン・ハーモン『タコの才能』高瀬素子訳、太田出版、二〇一四
カンデル、エリック・Rほか『カンデル神経科学』日本語版監修金澤一郎・宮下保司、メディカルサイエンスインターナショナル、二〇一四
カンデル、エリック・R／スクワイア、ラリー・R『記憶のしくみ　上・下』監修小西史朗・桐野豊、講談社、二〇一三
ギビンズ、ピーター『量子論理の限界』金子務ほか訳、産業図書、一九九二
クリステヴァ、ジュリア『セメイオチケ　1・2』原田邦夫訳、せりか書房、一九八三―一九八四
『詩的言語の革命　第一報　理論的前提』原田邦夫訳、勁草書房、一九九一
ゲーテ「分析と総合」『ゲーテ全集　第十四巻』木村直司ほか訳、潮出版社、二〇〇三
コーエン『純粋認識の論理学』藤岡蔵六訳、岩波書店、一九二一
ゴドフリー＝スミス、ピーター『タコの心身問題』夏目大訳、みすず書房、二〇一八
コンヌ、アラン『非可換幾何学入門』丸山文綱訳、岩波書店、一九九九
シャープ、ジャスパー／グラバム、ティム『粘菌　知性のはじまりとそのサイエンス』川上新一監修、誠文堂新光社、二〇一七
ジャコブ、フランソワ『ハエ、マウス、ヒト』原章二訳、みすず書房、二〇〇〇

チェン、フランソワ「中国の詩的言語」『記号の横断』中沢新一ほか訳、せりか書房、一九八七
チョムスキー、ノーム『統辞構造論』福井直樹ほか訳、岩波書店、二〇一四
『統辞理論の諸相』福井直樹ほか訳、岩波書店、二〇一七
『デカルト派言語学』川本茂雄訳、みすず書房、一九七六
『生成文法の企て』福井直樹ほか訳、岩波書店、二〇一一
チョムスキー、ノーム／マッギルヴレイ、J『チョムスキー言語の科学』岩波書店、二〇一六
デデキント、リヒャルト『数とは何かそして何であるべきか』渕野昌訳、筑摩書房、二〇一三
ドゥルーズ、ジル『差異と反復』財津理訳、河出書房新社、一九九二
『襞　ライプニッツとバロック』宇野邦一訳、河出書房新社、一九九八
ドゥルーズ、ジル／ガタリ、フェリックス『アンチ・オイディプス』市倉宏祐訳、河出書房新社、一九八六
ノイマン、ジョン・フォン『計算機と脳』柴田裕之訳、筑摩書房、二〇一一
バシュラール、ガストン『科学的精神の形成』及川馥訳、平凡社、二〇一二
バディル、セミル『イエルムスレウ』町田健訳、大修館書店、二〇〇七
パンゴー、ベルナール「どのようにして人は構造主義者となるか」『レヴィ＝ストロースの世界』伊藤晃ほか訳、みすず書房、一九六八
フーコー、ミッシェル『臨床医学の誕生』神谷美恵子訳、みすず書房、一九六八
プラトン「ティマイオス」『プラトン全集　12』種山恭子訳ほか、岩波書店、一九七五
プリブラム、K・H／ギル、M・M『フロイト草稿の再評価』安野英紀訳、金剛出版、一九八八
フロイト、ジークムント「科学的心理学草稿」『フロイト著作集7』小此木啓吾ほか訳、人文書院、一九七四
「夢判断」『フロイト著作集　2』高橋義孝訳、人文書院、一九六八
「快感原則の彼岸」『自我論集』竹田青嗣編、中山元訳、筑摩書房、一九九六

「不気味なもの」『ドストエフスキーと父親殺し／不気味なもの』中山元訳、光文社、二〇一一
「文化への不満」『幻想の未来／文化への不満』中山元訳、光文社、二〇〇七
ベイトソン、グレゴリー『精神の生態学』佐藤良明訳、新思索社、二〇〇〇
ベックス＝マローニー、ウルリケ『ポール・セザンヌ：1839―1906』タッシェン・ジャパン、二〇〇一
ヘルムホルツ「力の保存についての物理学的論述」『世界の名著65』高林武彦訳、中央公論社、一九七三
ホリオーク、キース・J／サガード、ポール『アナロジーの力　認知科学の新しい探求』鈴木宏昭・河原哲雄監訳、新曜社、一九九八
マーギュリス、リン『細胞の共生進化　始生代と原生代における微生物群集の世界　上・下』永井進訳、学会出版センター、二〇〇三
マテ－ブランコ、イグナチオ『無意識の思考』岡達治訳、新曜社、二〇〇四
ミズン、スティーヴン『歌うネアンデルタール』熊谷淳子訳、早川書房、二〇〇六
ヤコブソン、ロマーン『ロマーン・ヤーコブソン選集3　詩学』川本茂雄編、川本茂雄・千野栄一監訳、大修館書店、一九八五
『ヤコブソン・セレクション』桑野隆・朝妻恵里子訳、平凡社、二〇一五
『一般言語学』川本茂雄監修、田村すゞ子・長嶋善郎・村崎恭子・中野直子訳、みすず書房、一九七三
ユング、C・G『無意識の心理』高橋義孝訳、人文書院、一九七七
『元型論』林道義訳、紀伊國屋書店、一九九九
『人間と象徴　上・下』河合隼雄監訳、河出書房新社、一九七五
ユング、C・G／パウリ、W『自然現象と心の構造』河合隼雄・村上陽一郎訳、海鳴社、一九七六

ライプニッツ『単子論』河野与一訳、岩波書店、一九五一
『ライプニッツ著作集2　数学論・数学』中村幸四郎監修、工作舎、一九九七
ラカン、ジャック『エクリ　1―3』宮本忠雄ほか訳、弘文堂、一九七二―一九八一
『精神分析の倫理』ジャック・アラン・ミレール編、小出浩之訳、岩波書店、二〇〇二
ルイス、メアリー・トンプキンズ『セザンヌ』宮崎克己訳、岩波書店、二〇〇五
ルソー、ジャン・ジャック『言語起源論』小林善彦訳、現代思潮社、一九七〇
レイ、A・I・M『量子論　幻想か実在か』林一訳、岩波書店、一九八七
レイン、R・D『経験の政治学』笠原嘉ほか訳、みすず書房、一九七三
『生の事実』塚本嘉寿・笠原嘉訳、みすず書房、二〇〇二
『引き裂かれた自己』天野衛訳、筑摩書房、二〇一七
レヴィ=ストロース、クロード『構造人類学』荒川幾男・生松敬三・川田順造・佐々木明・田島節夫訳、みすず書房、一九七二
レンドヴァイ、エルネ『バルトークの作曲技法』谷本一之訳、全音楽譜出版社、一九九八
Alain M.Robert "Nonstandard Analysis" Dover Publications, 2011
A.Robinson "Nonstandard Analysis and Philosophy" Yale University Press, 1979
B.L.van der Waerden "Sources of Quantum Mechanics" Dover Publications, 2007
David Lindorff "Pauli and Jung" Quest Books, 2004
François Cheng "Empty and Full—The Language of Chinese Painting" Shambhala, 1994
François Jullien "The Great Image Has No Form, or On the Nonobject through Painting" Univ of Chicago, 2012
H.Atmanspacher/C.A.Fuchs (ed.) "The Pauli-Jung Conjecture" Imprint Academic, 2014
Ignacio Matte Blanco "The Unconscious as Infinite Sets" Routledge, 1998

K.Oka “Collected Papers” Springer, 1984
Marcel Detienne et Jean-Pierre Vernant “Les ruses de l’ intelligence : La métis des Grecs” Editions Flammarion, 2009
Oppian “On Fishing” (Loeb Classical Library) Editions Flammarion, 2009
Suzanne Gieser “The Innnermost Kernel: Depth Psychology and Quantum Physics” Springer; Softcover reprint of hardcover 1st ed. 2005, 2010

ら

ま

や

さ

索　引

序、あとがき…………書き下ろし
第一章〜エピローグ…群像二〇一八年二月号〜二〇一九年一月号を改稿
物と心の統一…………第一回京都こころ会議講演（二〇一五年九月）を改稿
レンマ的算術の基礎…『現代思想』二〇一八年一月号を改稿
心のレンマ学…………国際分析心理学会第二十回大会講演（二〇一六年八月）を改稿

装丁／ampersands Inc.

中沢新一（なかざわ・しんいち）
一九五〇年生まれ。東京大学大学院人文科学研究科修士課程修了。明治大学野生の科学研究所所長。思想家。
［著書］
『チベットのモーツァルト』
『雪片曲線論』
『森のバロック』
『カイエ・ソバージュ』シリーズ
『アースダイバー』シリーズ
『野生の科学』
ほか多数。

レンマ学《がく》
二〇一九年 八 月 六 日 第一刷発行
二〇二四年 一 月一〇日 第六刷発行

著者 中沢新一《なかざわしんいち》
発行者 森田浩章
発行所 株式会社講談社
〒一一二―八〇〇一 東京都文京区音羽二―一二―二一
出版 〇三―五三九五―三五〇四
販売 〇三―五三九五―五八一七
業務 〇三―五三九五―三六一五
印刷所 TOPPAN株式会社
製本所 株式会社若林製本工場

ISBN978-4-06-517098-4 N.D.C.914 478p 20cm

KODANSHA